성지행전

Acts of the Holy Land

구약

일러두기

* 이 책의 성경 구절은 《개역개정성경》을 인용했다.

이원희 목사와 함께 떠나는

성지행전

Acts of the Holy Land 구약

이원희 지음

평단

하나님 보시기에 좋은 땅을 소망하며

《성경》은 기록한 연대와 장소 그리고 당시의 풍습을 생각하며 읽어야 이해하기 쉽고 말하고자 하는 의미를 정확히 알 수 있다. 그런데 《성경》은 사건과 그 사건을 기록한 시기가 달라 독자가 이해하는 데 많은 어려움이 있다.

하나님이 베푸신 역사의 현장을 찾아다닌 지 올해로 꼭 65회가 되었다. 출입이 제한된 금지 구역과 신변의 위험, 불편한 교통 그리고 건강과 비용 문제 등 많은 어려움이 있었지만 밟는 땅마다 그 속에서 들려주시는 하나님의 메시지는 말씀을 글로 읽을 때와는 사뭇 달랐다.

특히 벧세메스에서 경험한 은혜는 특별했다. 새끼를 집에 두고도 좌우로 치우치지 않고 에그론에서 벧세메스까지 법궤를 끌고 오는 사명을 다한 후에는 자신의 몸을 번제물로 내어 놓기까지 한 암소의 길이야말로 오늘 내가 걸어갈 길이 아닌가! 성지에서 주신 하나님의 말씀을 전할 수 있다면, 그래서 많은 사람의 삶을 변화시킬 수 있다면 기꺼이 벧세메스로 가는 암소가 되리라고 다짐했다.

사실 성지 답사 초기에는 현장의 모습을 사진에 담고 정보를 얻는 데만 열중하다 보니 막상 그곳에서 일어난 사건과 말씀을 묵상하며 기도하는 일을 소홀히 했다. 그러다 2002년 바울의 전도 여행지를 답사하던 중 로도스Rhodes 섬 동쪽 린도스Lindos 항구의 아름다움에 취해 있을 때 하나님은 성지 답사의 새로운 장을 열어 주셨다.

이렇게 힘들게 일하는 것이 단순히 성지 현장의 정보만 주기 위함이라면 그것이 무슨 의미가 있겠는가. 이제는 성지에서 하나님이 주신 메시지를 전하는 자가 되어야겠다고 결심했다.

이후로 성지 답사는 확연히 달라졌다. 어디를 가든 사진 한 장 더 촬영하는 것에 연연하지 않고 그곳에서 일어난 《성경》의 사건을 묵상하며 하나님 말씀에 더 귀를 기울였다. 그런 나에게 하나님은 가는 곳마다 현장에서 많은 은혜를 주셨다. 그 은혜로 성지 세미나와 성지 집회를 인도하기 시작했고, 더욱 많은 사람과 함께 성지에서 받은 은혜를 나누기 위해 이 글을 쓰게 되었다. 특히 이 책은 《성경》의 역사 순에 따라 항목을 배열하고, 《성경》과 관련된 장소와 풍습 속에서 《성경》을 해석하고, 답사를 통해 얻은 정보와 현장에서 받은 은혜로운 말씀을 중심으로 엮었다.

끝으로 이 책을 출간하기까지 성지 현장을 함께 뛰고 협력해 준 이스라엘 유대학연구소 소장 이강근 박사, 요르단 성지여행사 손종희 사장, 이집트 성지여행사 제진수 사장과 성지 촬영을 함께한 탤런트 한인수 장로와 정영숙 권사, 한국성지미디어 이사진과 진흥문화사 박경진 회장 그리고 함께 성지를 찾고 늘 기도해 준 모든 사람에게 감사를 드린다. 마지막으로 이 책을 출판해 준 평단문화사에도 감사의 마음을 전한다.

하나님, 홀로 영광 받으소서!Soli Deo Gloria!

구리 자택에서

이원희

Contents

Contents

2장

고난은 축복을 담는 그릇

3장

새 부대로 정복에 나서며

Contents

4장

광야를 지나 약속의 땅으로

5장

주님 가신 그 길을 따라

에덴동산을 꿈꾸며 _ 반 호수

파괴된 삶의 현장 _ 에덴의 동쪽

배는 물 위에 떠 있어야 _ 아라랏 산

믿음의 탑을 쌓는 마음으로 _ 바벨탑 건설지

약속의 땅을 찾아가는 길 _ 우르

약속의 땅에도 기근이 _ 세겜과 하란

하나님인가, 세상 땅인가 _ 소돔과 소알

미래를 심는 자 _ 브엘세바의 에셀나무 아래에서

하나님의 시험장으로 가는 길 _ 모리아 산

양보는 축복의 지경을 넓힌다 _ 그랄

이곳에도 하나님이 _ 벧엘

1

약속의 땅을 찾아가는 길

여호와 하나님이 동방의 에덴에 동산을 창설하시고 그 지으신 사람을 거기 두시니라 …… 동산 가운데에는 생명나무와 선악을 알게 하는 나무도 있더라
창세기 2:8~9

에덴동산을 꿈꾸며

_반 호수

에덴동산에서 흘러나온 유프라테스 강 _ 시리아

하나님은 천지 만물을 창조하신 후 동방의 에덴에 동산을 만들고 아담과 하와를 동산에서 살도록 하셨다. 온 세상을 창조하신 하나님은 특별히 에덴동산을 인간에게 첫 번째 삶의 터전으로 주셨다.
에덴동산에서는 금과 보석이 나는 비손Pishon 강을 비롯해 기혼Gihon 강, 앗수르Assur 동편을 흐르는 힛데겔Hiddekel 강, 유프라테스 강이 흘러나왔다. 그리고 동산 중앙에는 선악을 알게 하는 나무와 생명나무가 있었다 창세기 1:1~2:15.

에덴동산은 하나님이 인간에게 주신 최초의 삶의 터전이었다. 에덴동산은 생명이 넘치는 곳으로, 인간을 창조하신 하나님과 영적 교제가 이루어졌을 뿐만 아니라 하나님이 만든 짐승과도 대화하는 아름다운 곳이었다. 하나님은 아담과 하와에게 동산을 관리하고 다스리고 정복하라는 과제(일, work)를 주셨으며 그 속에는 기쁨이 있었다. 하나님이 인간에게 주신 일의 기쁨은 사람이 살아가는 데 얻는 큰 축복이다.

하지만 이런 에덴동산은 노아의 홍수 후에 이 땅에서 사라지고 말았다. 더 이상 세상에서는 영원한 생명(생명나무)을 얻을 수 없게 되었으며, 자연과 정상적인 관계도 어렵게 되었다. 또한 하나님과 영적 관계 역시 단절되고 말았다.

에덴동산의 위치를 둘러싸고 여러 곳이 제기되는데 《성경》에 의하면 에덴동산은 네 강의 중심지에 있었다. 19세기 일부 학자들은 이집트의 백나일White Nile 강과 청나일Blue Nile 강을 에덴동산의 두 강으로 보고 위치를 말했지만 두 강 모두 《성경》에서 언급하는 유프라테스 강과는 일치하지 않는 곳에 있다.

따라서 이후에는 오늘날 유프라테스 강과 티그리스 강 하류를 에덴동산이 있었던 장소로 보는데 이 경우 티그리스 강은 힛데겔 강•과 일치한다. 왜냐하면 《성경》에는 힛데겔 강이 앗수르 동편으로 흐른다고 했는데 그 강은 티그리스 강밖에 없기

• 힛데겔 강 : 티그리스 강인 이 강은 전체 길이가 1,859킬로미터에 달한다. 물의 근원지는 터키 소아시아 반도 동부와 하자르 호이며 터키, 시리아, 이라크를 지나 페르시아 만으로 흘러들어 간다.

때문이다.

나머지 두 강 중에 한 강은 이란 남서부를 흐르는 카룬Karun(기혼) 강, 그리고 다른 한 강은 그 반대편에 있는 와디Wadi(비손 강)[•]로 본다. 이 와디는 인공위성으로 지질 탐사한 결과 지금은 물이 흐르지 않지만 고대에 물이 흘렀던 흔적을 발견한 데 근거한 것이다. 그러나 이곳은 에덴동산에서 네 강이 흘러나왔다는 《성경》의 기록과는 다르게 물의 흐름이 맞지 않다. 그래서 현재는 유프라테스 강과 티그리스 강 상류로 보고 있다. 이 두 강은 아라랏Ararat 산을 근원지로 하는데, 이런 경우 나머지 두 강 역시 아라랏 산에서 나오는 지류로 볼 수 있다.

에덴동산의 네 강 중 유프라테스 강 상류는 가장 찾아가기 쉬운 곳이다. 이 강은 터키에서 시작해 국경을 넘어 시리아로 흐르다 다시 남쪽으로 내려와 알부 카말Albu Kamal에서 국경을 지나 이라크로 흐른다. 그리고 이라크의 수도 바그다드 부근에서 티그리스 강과 30킬로미터 거리를 두고 가까이 만난 후 다시 달걀 모양으로 벌어졌다가 좁아져서 페르시아 만으로 흘러들어 간다.

에덴동산에서 이 강이 흘러나왔다는 기록에 근거해 갈 수 있는 지점 중 가장 북쪽의 유프라테스 강을 찾았다. 유프라테스 강 상류에는 터키에서 건설한 아타투르크Ataturk 댐이 있어 남쪽으로 갈수록 수량이 급격히 줄어든다.

시리아에서 찾은 최북단의 유프라테스 강은 터키 국경의 자라불루스Jarabulus(《성경》의 갈그미스) 남쪽에 있는, 브돌로 추정되는 텔 아마르Tell Ahmar

• 와디 : 아랍어로 '하곡河谷'이란 뜻이며, 사하라와 아라비아 건조 지역에 있는 간헐천을 말한다. 보통 마른 골짜기를 이루어 교통로로 이용되나, 호우가 내리면 홍수 같은 유수가 생긴다.

앗수르 동쪽의 힛데겔 강 _ 이라크

앞에 있는 강이다. 지금은 댐 건설로 큰 호수처럼 강물이 많아졌으며 어부들이 고기 잡는 모습도 볼 수 있다.

티그리스 강은 대부분 터키 일부와 이라크 지역을 흐르고 있다. 다행스럽게도 이라크 전쟁이 일어나기 2년 전인 2001년 7월 이라크를 방문할 수 있었다. 우리 일행이 숙박한 바그다드 만수르 밀리아 호텔Mansur Milia Hotel에서는 바그다드를 관통해 흐르는 티그리스 강이 한눈에 들어온다.

우리 팀은 호텔에서 버스를 이용해 앗수르를 향해 출발했다. 바그다드에서 북서쪽으로 티그리스 강과 나란히 난 도로를 따라 100킬로미터를 달려 사마라Samarra에 도착했다(사마라에 대해서는 바벨탑에서 설명하겠다). 사마라의 유적을 잠시 답사한 후 다시 앗수르를 향해 출발했는데, 사마라에서 앗수르까지는 120킬로미터로 거의 직선길로 나 있었다. 도로 사정이 좋지 않았지만 동쪽으로 이어지는 티그리스 강을 바라보며 가는 길은 그토록 유명한 앗수르를 찾아간다는 설렘으로 전혀 지루하지 않았다.

앗수르에 도착하고 보니 큰 텔Tell• 과 지구라트Ziggurat•• 가 존재해 있었는데 서쪽으로는 티그리스 강이 큰 물줄기로 흐르고 있었다. 힛데겔 강이 앗수르 동편을 흘렀다는 《성경》의 기록으로 보아 힛데겔은 정확히 티그리스 강을 말한다. 앗수르 동편으로 흐르는 힛데겔 강 그 자리에 서 있다는 것이 믿어지지 않을 정도로 감격스러웠다. 지금은 사람이 살지 않는 폐허가 된 유적지에서 유유히 흐르는 티그리스 강과 강 건너편에 펼쳐진 비옥한 평원을 바라보며 그 옛날 에덴동산을 적셨던 힛데겔 강을 떠올려 보았다.

오늘날은 반Van 호수를 에덴동산으로 보는 견해가 일반적인데, 반 호수는 터키 동부 아라랏 산 남쪽에 자리하고 있다. 터키 수도 이스탄불에서 국내선 비행기를 이용해 반 호수 근처에 있는 공항까지 가는데 버스를 이용하면 1,500킬로미터가 넘는 거리여서 하루에 가기에는 어렵다.

공항에 내려 반Van이라는 도시에 있는 작은 호텔에 짐을 풀었다. 그리고 바로 호텔에서 나와 택시를 빌려 남서쪽 도로를 따라 40킬로미터를 달렸다. 게바스Gevas에 도착해 보니 여기서 15킬로미터 정도 거리에 악다마

• **텔** : 서남아시아에서 소아시아, 이집트 일부에 걸쳐 들 가운데에 만들어진 인공 언덕.

•• **지구라트** : 메소포타미아 각지에서 볼 수 있는 고대 건조물. 구약에 나오는 바벨탑은 바벨론의 지구라트를 가리킨다.

르Akdamar 유적지가 있었다.

호수를 끼고 달리는 반 호수는 한여름인데도 북쪽의 눈 덮인 아라랏 산과 호수 중앙에 있는 푸른 풀로 단장한 작은 섬 그리고 그 위에 세워진 교회가 한데 어우러져 그야말로 감탄을 자아내는 아름다운 모습이었다.

반 호수는 해발 1,646미터 높이의 고지대에 있는 면적 3,765제곱킬로미터, 호수변 길이가 430킬로미터나 되는 바다 같은 호수이다. 식수로 사용할 만큼 물이 깨끗하며 네 개의 호수 섬으로 이루어져 있다. 그중 악다마르 섬에 있는 신성한 교회Kutsal Hac Kilisesi를 찾

오늘날 에덴동산으로 보는 반 호수. 호수 중앙의 악다마르 섬과 신성한 교회 그리고 멀리 눈 덮인 아라랏 산이 보인다. _ 터키

기 위해 게바스에서 작은 유람선을 탔다. 이 섬을 배로 도는 데는 한 시간 정도 걸린다.

10세기경에 세워진 신성한 교회(일명 악다마르 교회)는 외벽이 사방으로 부조가 새겨져 있었다. 그중 포도나무 가지 사이에 앉아 있는 왕의 모습이 특히 시선을 끌었는데, 그 밑에는 아담과 하와의 부조도 보였다. 그리고 바로 옆에 아담이 동물의 이름을 지었다는 글도 있었다. 또 다른 쪽에는 세례 요한과 엘리야 선지자를 포함해 다윗과 골리앗 등 《성경》 속 이야기와 성인의 부조가 여럿 있었다.

아담의 불순종이 없었다면 이곳 어디엔가 에덴동산이 지금껏 자리하고 있지 않았을까. 그러나 아담에게 주었던 에덴동산은 복원할 수 없어도 이 땅에 사람의 몸을 입고 오셔서 십자가에서 죽고 부활하심으로 죽음의 권세를 이기고 영원한 생명을 주신 예수 그리스도로 말미암아 우리 삶 속에 생명나무가 자라는 에덴동산을 만들 수는 있을 것이다. 다시 한 번 생명이 넘치고 삶(일)의 기쁨이 넘치는 에덴동산이 지금 우리가 살아가는 삶 속에서 이루어지기를 꿈꿔 본다.

여호와 하나님이 에덴동산에서 그를 내보내어 그의 근원이 된 땅을 갈게 하시니라 …… 동산 동쪽에 그룹들과 두루 도는 불칼을 두어 생명나무의 길을 지키게 하시니라 창세기 3:23~24

〈아담과 하와의 범죄〉, 반 호수 신성한 교회 벽화에 새겨진 부조 _ 터키

파괴된 삶의 현장

_ 에덴의 동쪽

"최초의 인간 아담과 하와는 하나님이 금한 생명나무의 실과를 따먹고 그 불순종의 결과로 에덴동산에서 쫓겨났다. 하나님은 동산 동쪽에 그룹과 불칼을 두어 아담과 하와를 동산에 들어오지 못하도록 지키셨다. 에덴의 동쪽으로 옮겨간 두 사람은 가시와 엉겅퀴가 자라는 그 땅에서 평생토록 땅을 갈며 살다가 죽었다 창세기 3장."

아담과 하와가 누린 에덴동산에서의 달콤했던 신혼 생활은 하나님이 금한 나무의 실과를 따먹는 순간 사라졌다. 하나님은 동산에 있는 모든 나무의 실과는 먹도록 허락했으나 오직 하나 동산 중앙에 있는 선악을 알게 하는 나무의 실과는 먹는 것을 금했다. 이는 창조주 하나님과 피조물 인간 사이의 넘지 말아야 할 경계선이었다.

그러나 집요하게 파고드는 뱀의 유혹에 넘어간 하와는 실과를 따먹고 아담에게까지 먹게 해 하나님에게 불순종하는 결과를 낳고 말았다. 이후 하나님은 아담과 하와를 에덴동산에서 쫓아내고 에덴의 동쪽을 그룹과 두루 도는 불칼로 지키게 하셨다.

아담과 하와는 왜 에덴의 동쪽으로 갔을까?

앞서 언급한 대로 에덴동산을 아라랏 산 남쪽으로 본다면 북쪽은 터키에서 가장 높은 만년설이 있는 해발 5,156미터의 산이 가로막고 있고, 남쪽은 시리아 사막이 끝없이 펼쳐져 있다. 서쪽은 해가 지는 쪽이니 아마 해가 뜨는 방향을 향해 가지 않았을까 생각해 본다. 고대 사람은 해가 뜨는 곳을 생명으로, 해가 지는 쪽을 죽음의 지역으로 생각했다. 그래서 고대 이집트 사람의 무덤인 피라미드는 나일 강을 기준으로 해가 지는 서쪽에 있다. 또한 동남쪽은 유프라테스와 티그리스 강을 따라 비옥한 지역이 펼쳐져 있다.

그러나 에덴동산은 지리적 의미보다 인간의 삶의 장으로서 영적, 도덕적 의미가 더 중요하다. 하나님이 에덴동산에서 인간에게 주신 축복 가운데 하나는 일의 즐거움이었다. 아담과 하와에게 주어진 일은 하나님이 그들에게 주신 에덴동산을 잘 관리하는 것이었다.

> 하나님이 그들에게 복을 주시며 하나님이 그들에게 이르시되 생육하고 번성하여 땅에 충만하라 땅을 정복하라 바다의 물고기와 하늘의 새와 땅에 움직이는 모든 생물을 다스리라 하시니라 창세기 1:28

아담과 하와는 에덴동산을 가꾸는 일에 보람을 느꼈고 그들의 생활터전에서 마음껏 기쁨을 누렸다. 에덴동산에서는 일이 있었고 그 일은 하나님이 주신 동산을 잘 관리하고 다스리는 오늘날 정원관리사와 같았다.

그러나 그 생활은 하나님에게 불순종한 결과 에덴동산에서 쫓겨나면서부터 깨져 버렸다. 에덴의 동쪽, 그곳은 더 이상 일의 기쁨이 있는 곳이 아니었다. 가시와 엉겅퀴가 자라고 생존을 위해 그것을 뽑고 수고의 땀을 흘리고 해산의 고통을 겪으며 살아야 하는 파괴된 삶의 현장이 되어 버렸다.

에덴은 초원 지대를 의미하는 수메르 아카드어 '에디누'에서 유래했다. 《70인역》에는 '기뻐하다'라는 뜻의 동사 '알라즈alaz'를 어원으로 해 '파라데이그스paladegs'로 쓰였는데 여기

〈선악을 알게 하는 나무와 뱀〉 _ 이탈리아 밀라노 두오모 성당

〈원죄〉, 미켈란젤로 작 _ 바티칸 시스티나 예배당

서 에덴동산과 파라다이스라는 말이 나왔다. 파라다이스Paradise(낙원)는 헬라어 '파라데이소스'로 번역하고 '울타리를 친 과수원'이란 뜻이다.

인간의 범죄로 발생한 가시와 엉겅퀴는 일의 분량을 늘려 놓았고, 땀 흘리고 힘들게 일하며 살도록 했다. 그러다 보니 생활 현장에는 생존을 위한 경쟁이 일어나고 사람들은 힘들게 일할 뿐만 아니라 살기 위해 서로 다퉈야 했다.

이제 에덴의 동쪽은 일의 즐거움이 사라졌을 뿐만 아니라 시기와 미움이 생기고 살인과 하나님을 거역하는 도덕적, 영적 암흑의 장소가 되어 버렸다. 영원한 생명이 사라지고 죽음을 정해 놓고 사는 그런 삶이 된 것이다. 그리하여 사람이 사는 세상, 에덴의 동쪽은 가인의 시기와 살인을 시작으로 점점 더 부패와 타락, 범죄와 생존경쟁의

치열한 삶의 전투장이 되어 갔다.

이는 지금도 변함이 없다. 아니, 우리 삶의 현장은 더욱 치열한 생존경쟁으로 빠져들고 있는 것 같다. 이제는 국가 간에도 공산주의니 민주주의니 하는 이념은 사라지고 국가의 이익을 우선하는 경제 중심으로 바뀌었다.

하나님이 인간에게 주신 일의 즐거움을 다시 회복할 수는 없을까. 오늘 우리 현실은 일을 즐기면서 하기에는 그 양이 너무 많다. 아직도 밤늦게까지 일해도 힘들게 사는 이들이 많고 굶주림 속에서 죽어 가는 사람도 너무 많다.

그러나 아무리 힘들어도 자기가 좋아하는 일이라면 그 가운데서도 즐거움을 누릴 수 있다. 그러니 하나님의 일을 즐기면서 한다면 얼마나 복된 삶인가.

자신에게 맞는 일을 하는 사람이 복된 사람이다. 우리의 재능과 능력을 아시는 하나님은 우리에게 맞는 사명을 주신다. 그리고 감당할 시험밖에 허락하시지 않는다.

바울은 수많은 고난과 핍박과 위험 중에도 기뻐했으며 또한 우리에게도 항상 기뻐하는 것이 하나님의 뜻이라고 권면했다(데살로니가전서 5:16). 그러나 가장 근본적인 해결은 오직 예수 그리스도 한 분뿐이다. 그것은 모든 불행이 죄로부터 왔기 때문이다. 예수 그리스도는 에덴의 동쪽과 같은 이 세상에 육신의 몸을 입고 오셨다. 가시에 찔리고 채찍에 맞으며 인간처럼 굶주리고 피곤해하시다 마침내 십자가에서 죽으셨다. 예수 그리스도는 인간의 죄뿐만 아니라 생활의 모든 짐을 대신 지셨다. 그리고 이렇게 말씀하셨다.

수고하고 무거운 짐 진 자들아 다 내게로 오라 내가 너희를 쉬게 하리라 나는 마음이 온유하고 겸손하니 나의 멍에를 메고 내게 배우라 그리하면 너희 마음이 쉼을 얻으리니 마태복음 11:28~29

하나님에 대한 근본적인 불순종의 죄가 불러온 저주를 끊는 길은 오직 예수 그리스도뿐이다. 그리스도에게 나아가는 자마다 생명을 얻을 뿐만 아니라 참된 평안과 기쁨과 마음의 쉼을 얻을 수 있다.

일곱째 달 곧 그 달 열이렛날에 방주가 아라랏 산에 머물렀으며 물이 점점 줄어들어 열째 달 곧 그 달 초하룻날에 산들의 봉우리가 보였더라 창세기 8:4~5

방주가 머문 아라랏 산 _ 터키

배는 물 위에 떠 있어야

_아라랏 산

"에덴에서 쫓겨나 그 동쪽에서 살던 아담과 하와는 최초로 인간의 몸을 통해 가인과 아벨을 낳았다. 그러나 이후 인간의 역사는 가인이 동생을 시기해 살인한 것을 시작으로 타락과 부패, 범죄가 날로 커져 갔다. 가인의 후손인 라멕은 하나님이 제정한 일부일처제의 가정제도를 깨뜨려 일부다처제의 시조가 되었을 뿐만 아니라 가인보다 더 큰 살인을 저질렀다. 하나님이 보시기에 사람의 죄악은 세상에 가득해졌고 그 마음으로 생각하는 모든 계획이 항상 악했다.

이에 하나님은 모든 창조물을 땅에서 멸하기로 하셨다. 그러나 하나님을 믿는 의인, 노아에게는 방주를 만들어 홍수 심판에서 구원받도록 하셨다. 홍수 후에는 노아의 세 아들 셈과 함과 야벳으로 인해 세상에 다시 생명이 번성하기 시작했다 창세기 5:1~10:32."

사람의 마음은 그대로 두면 좋은 변화를 가져올 수 없다. 그래서 항상 하나님의 말씀으로 마음을 다스리고 관리해야 한다. 사울에게서 하나님의 영이 떠났을 때 사울의 마음이 악한 영에 사로잡혀 다윗을 죽이려고 하지 않았는가.

원죄를 갖고 태어난 사람이 자신의 마음을 다스린다는 것은 한계가 있다. 그래서 우리 마음은 언제나 성령님이 붙잡아 주셔야 한다. 분노를 가라앉히고 원망하는 자리에서도 오히려 감사하고 늘 겸손하도록 성령님에게 우리 마음을 내어 드리고 관리를 맡겨야 한다.

가인은 하나님이 자신의 제사를 받지 않고 동생의 제사만 받으신 것에 시기하는 마음이 생겨 결국 동생을 죽이는 데까지 이르렀다. 예수님은 형제를 미워하는 자마다 살인하는 자라고 말씀하셨다. 마음을 다스리지 못하면 미워하는 마음이 자라 살인에까지 이를 수 있기 때문이다.

가인의 후손 라멕 역시 자신의 상처를 다스리지 못해 가인보다 더 큰 살인을 저질렀다. 에덴의 동쪽에서 살게 된 사람들이 다 이러했다. 그들의 타락은 하나님이 인간을 지으셨음을 탄식할 정도로 커졌다. 하나님이 인간 창조를 한탄(후회)했다는 말은 인간적인 후회가 아니라 죄악으로 인간의 영혼이 황폐하게 된 현실을 바라보시고 찢어질 듯한 마음의 고통을 표현한 것이다. 곧 인간의 죄악을 바라보며 극한 심적 고통을 겪으시는 하나님의 지고한 사랑을 표현한 말이다.

그러나 노아는 그런 가운데서도 하나님이 보시기에 의인이었다. 하나님은 노아를 통해 세상을 홍수 심판에서 구원하고 다시 인류의

〈노아 가족의 방주 제조〉_ 이탈리아 베네치아 마르코 성당

역사를 이어가게 하셨다.

처음으로 인류가 번성한 지역은 에덴동산 동쪽이었다. 지리적으로 보면 유프라테스와 티그리스 강을 중심으로 한 비옥한 메소포타미아 지역이다. 인류 최초의 문명이 발생한 곳이 메소포타미아라는 점에서 이는 주목할 만한 부분이다.

노아는 하나님이 설계한 대로 고퍼gopher(고페르) 나무를 사용해 방주를 만들었다. 이 나무가 정확히 어떤 나무인지는 밝혀진 바 없지만, 잣나무나 전나무 종류로 보고 있다. 그러나 《성경》에 나오는 전나무•와 잣나무를 구별하는 것은 쉽지 않다.

《개역개정성경》에는 히브리 음역 그대로 고페르 나무로 번역해 놓았다(창세기 6:14). 노아의 방주가 홍수 후에 머문 아라랏 산에는 이 나무가 자란 흔적이 없으므로 노아가 방주를 만든 곳은 전나무가 자라는 메소포타미아

• 전나무 : 《개역개정성경》에서 잣나무로 번역된 전나무Fir tree는 히브리어 '티르하르'(이사야 41:19)와 '브로쉬'(시편 104:17)이며, 《영어개역표준성경Revised Standard Version》에는 '삼나무cypress'로 번역해 놓았다. 레바논 고산 지역에서 잘 자라는 진짜 잣나무는 '브로쉬'로 번역하기에 가장 적절하다. 노아가 방주를 만든 재목으로 삼았던 잣나무는 히브리어 '아체 고페르'로 〈창세기〉 6장 14절 한 곳에서만 나온다. 그래서 학자들은 이 나무를 소나무류와 같이 수지가 많은 나무로 생각한다.

남부의 어느 한 지역으로 볼 수 있다.

그러므로 노아가 방주를 만든 곳과 홍수 후 방주가 머문 아라랏 산과는 상당한 거리가 있음을 알 수 있다. 이는 노아가 방주에 들어가 7일을 기다린 후 40일 동안 비가 내리고 그 물이 150일 동안 땅 위에 가득 차고 다시 물이 빠지는 150일과 땅이 마르는 70일을 합해 417일을 방주에서 지냈다는 《성경》 기록을 뒷받침해 준다.

그렇다면 노아의 방주가 홍수 후에 멈춘 곳은 어디일까? 《성경》에는 아라랏 산•에 머물렀다고 기록하고 있다. 처음부터 이 산이 아라랏 산으로 불린 것은 아니다. 페르시아 사람은 '노아의 산'이라 불렀고, 이 산 동쪽에 사는 아르메니아 사람은 산이란 뜻의 '마시스Masis'라고 불렀다. 이슬람 경전 《코란》은 '가장 높은 곳'이라는 뜻의 '알유디Alyudi'로 기록하고 있다.

《성경》 기록에 근거해 우리 일행은 방주가 머문 아라랏 산을 찾았다. 아라랏 산으로 가는 길에는 검은색 돌로 된 화산석도 곳곳에서 눈에 띄었다. 문득 노아의 홍수 때 하늘에서만 비가 내린 것이 아니라 땅이 갈라져 지하에서도 물이 솟았다는 말씀이 생각났다.

• 아라랏 산 : 19세기 이래로 터키와 이란의 국경을 이루는 산으로 둘레가 130킬로미터에 이른다. 터키 동쪽에 있으며 해발 5,156미터로 터기에서 가장 높은 산이다. 이 산의 2,500~3,000미터는 안개 지역이며 해발 3,000미터부터 눈이 쌓여 있고, 3,500미터부터는 가파른 경사를 이루며, 4,900미터부터는 한여름에도 눈으로 덮여 있다.

노아가 육백 세 되던 해 둘째 달 곧 그 달 열이렛날이라 그 날에 큰 깊음의 샘들이 터지며 하늘의 창문들이 열려 사십 주야를 비가 땅에 쏟아졌더라 창세기 7:11~12

방주가 머문 곳 _ 터키

큰 깊음의 샘이 터질 때 지각 변동이 일어났을 것이며 필수적으로 용암 분출과 화산 폭발이 뒤따랐을 것이다. 차창 옆으로 보이는 화산석은 그런 사실을 실감 나게 했다. 아라랏 산이 있는 도우베야짓Dogubeyazit에 이르자 앞으로는 넓은 평원이 펼쳐지고 그 뒤로 그림 같은 아라랏 산이 한여름임에도 하얀 모자를 뒤집어쓴 듯 그 자태를 드러내고 있었다.

도우베야짓에서부터는 이란 국경 쪽으로 5킬로미터를 가면 고고학자 론 와이어트Ron Wyatt와 데이비드 파솔드David Fasold 교수가 주장하는 방주 모양의 화석 자국이 있는 마샤르 마을이 나온다. 그러나 그 화석 자국을 찾아가는 길이 쉽진 않다. 누훈 게미시Nuhun Gemisi(노아의 방주)라는 표지판만 있기 때문이다. 우리는 택시 기사의 도움으로 쉽게 입구를 찾아 산으로 오르는 길로 향했다.

마을과 군부대를 지나 산을 올라가자 드디어 방주 모양의 화석 자국이 눈에 들어왔다. 조사한 바로는 그 길이가 《성경》에 기록된 방주의 길이 300규빗(약 135미터)과 거의 일치한다. 그러나 넓이는 49미터로 《성경》 기록의 50규빗(약 22.5미터)과는 차이가 났다. 이는 배가 파손되면서 넓어졌기 때문이라고 한다.

배 모양의 이 화석을 보고도 방주 자리에 대한 진위 논란은 계속되고 있다. 그러나 아라랏 산에 있는 나에게는 세상을 물로 심판할 때 오직 노아와 그 가족만이 구원받아 이곳에서부터 다시 인류가 번성하기 시작했다는 사실이 큰 감동으로 다가왔다.

방주는 교회를, 물은 세상을 상징한다. 방주가 물 위에 떠 있어서 방주 안에 있는 노아의 가족이 구원을 얻은 것처럼 교회는 세상을 떠나서는 의미가 없다. 배는 물 위에 떠 있어야 하는 것처럼 교회는 세상에 있으면서 동시에 세속에 빠져서는 안 된다는 것을 방주가 머문 이 자리에서 다시 한 번 확인해 본다.

이에 그들이 동방으로 옮기다가 시날 평지를 만나 거기 거류하며 서로 말하되 …… 성읍과 탑을 건설하여 그 탑 꼭대기를 하늘에 닿게 하여 우리 이름을 내고…… 창세기 11:2~4

바벨탑을 쌓은 곳으로 추정하는 신전탑 _ 이라크 보르시파

믿음의 탑을 쌓는 마음으로

_바벨탑 건설지

홍수 심판 후 하나님은 노아의 제사를 받고 다시는 사람으로 인해 땅을 저주하지 않을 것이라고 말씀하셨다. 그리고 노아와 그 후손과 언약을 세워 모든 생물을 홍수로 멸하지 않을 것이라는 표시로 구름 속에 무지개를 두셨다. 이후 이 땅에는 노아의 세 아들 셈, 함, 야벳을 통해 인류가 다시 번성하기 시작했다.

〈창세기〉 10장을 보면 당시 인구는 오늘날 터키 전 지역과 아프리카 북부 팔레스타인, 지중해 섬 그리고 이란 지역까지 퍼져 나갔다. 그중 셈족 일부는 동방으로 퍼져 나가다 시날 평지를 만나 그곳에 정착했다. 이들은 물로 심판하지 않겠다는 하나님의 약속을 믿지 못하고 바벨탑을 쌓았다. 이에 하나님은 바벨탑을 완성하지 못하도록 그들의 언어를 혼잡게 해 온 땅에 흩어지게 하셨다창세기 11:1~9.

바벨탑을 쌓은 사람들은 유프라테스와 티그리스 강 서쪽에서 온 사람들이다. 오늘날 요르단과 시리아 사막, 사우디아라비아의 광활한 사막이 펼쳐진 지역으로 이동생활을 하는 곳이다. 그런 그들이 비옥한 시날 평지를 만나자 정착 생활로 생활양식을 바꾼 것이다.

이집트의 돌 문화와는 달리 메소포타미아 중남부 지역은 평지 중심의 흙 문화이다. 그래서 이집트의 기록물은 대부분 돌에 새겼지만, 메소포타미아에서는 진흙에 기록해 말린 토판을 이용했다. 또한 사막의 유목업과 달리 농경문화로 바뀌면서 강물을 활용한 관개수로가 발달했다. 그러나 해마다 범람하는 홍수는 이들에게 가장 큰 두려움이 되었다.

유프라테스 강은 바벨론에서 북쪽으로 이라크와 시리아 국경까지 525킬로미터, 시리아 국경에서 터키 갈그미스(카르케미시Carchemish) 국경까지 550킬로미터, 터키 국경에서 케밤Kebam까지 418킬로미터, 이곳에서 두 갈래로 갈라져 동쪽으로는 예디수Yedisu 북쪽까지 231킬로미터, 북쪽으로는 에르주룸Erzurum까지 355킬로미터로 바벨탑을 쌓은 곳에서부터는 상류까지 총 1,724킬로미터나 된다.

티그리스 강은 바벨론 근교 아지지야Aziziya에서 북쪽으로 앗수르까지 465킬로미터, 앗수르에서 시리아와 터키, 이라크 3개국 국경까지는 248킬로미터, 이곳에서 하즈로Hazro 북쪽까지 284킬로미터로 바벨탑을 쌓은 곳에서부터 상류까지는 총 997킬로미터가 된다. 이 두 강의 상류에서 비가 내려 바벨탑을 쌓은 고대 바벨론 시 남쪽까지 흘러오려면 유속의 차이가 있겠지만 족히 30일 이상 걸린다.

왜 시날 평지에 살던 사람들은 하나님의 약속을 믿지 못하고 바벨탑을 쌓았을까? 이는 지리적인 측면에서 그 요인을 찾을 수 있다.

시날 평지 _ 이라크 남부 © 이강근

시날 평지는 메소포타미아 남쪽 지역으로 평지와 충적토로 이루어져 있다. 사람들은 그 충적토로 농경 생활을 했다. 그런데 2,000킬로미터 이상 되는 유프라테스 강의 상류나 1,800킬로미터에 이르는 티그리스 강 상류의 물이 일시에 흘러내려 오면 시날 평지는 순식간에 범람하게 될 뿐만 아니라 피할 만한 높은 지대도 없어 생명의 위협을 느낄 수밖에 없었다. 이렇듯 홍수를 예측할 수도 없는 지리적 여건은 이들로 하여금 다시는 홍수로 심판하지 않겠다는 하나님의 약속을 믿기 어렵게 했다.

이는 지금을 살아가는 우리도 마찬가지다. 믿음생활을 하기에 그 환경이 극히 어려운 사람이 있는 반면, 믿음을 갖기에 좋은 환경에 있는 사람도 있다. 어떤 환경이 하나님을 믿을 수 있는 좋은 환경인가?

세상 지식으로 가득 찬 사람이 영적 진리를 쉽게 받아들일 것 같지만, 오히려 세상 지식이 영적 지식을 가로막고 있는 경우가 많다. 건강하면 믿음생활을 더 잘할 것 같지만 오히려 건강 때문에 쾌락과 정욕에 빠지기 쉽다. 물질이 많으면 하나님을 의지하기보다는 세상 물질에 의지한다. 세상 권력과 명예를 가지고 있으면 그것을 유지하기 위해 사람을 의지하고 사람의 눈치를 보게 된다.

세상의 모든 좋은 조건은 오히려 하나님 없이도 살 수 있다는 생각을 하게 한다. 반면 세상의 조건이 더 좋지 못한 상황에 부딪힐수록 하나님 없이는 살 수 없다는 절대적인 믿음으로 이끈다. 이는 열악한 조건이 오히려 믿음을 갖게 하기 때문이다.

《성경》에는 예수님의 옷자락을 만져 혈우병을 치료받은 여인이 나온다. 그는 치료를 위해 모든 노력과 돈을 허비한 후에야 예수님의 옷자락만 만져도 나을 수 있다는 믿음을 갖게 되었고 마침내 행동으로 옮겼을 때 실제로 나음을 입었다.

2001년 바벨탑을 쌓은 사람들이 살았던 곳을 답사하기 위해 이라크 바그다드를 방문했다. 당시 이라크는 비행 금지 구역으로 지정되어 있어서 육로로만 입국할 수 있었다. 우리는 새벽에 요르단 암만에서 여섯 명 정도 타는 승용차를 나눠 타고 출발했다. 시내를 벗어나 30번 도로를 따라 동쪽으로 가자 끝없는 사막이 펼쳐졌다. 도로가 끝나는 알 아즈락Al Azraq까지 가서 다시 5번과 10번 도로를 따라 사막길을 달려 이라크 국경인 알 카르마Al Karma에 도착했다.

국경에서 까다로운 입국 절차를 마친 후 이라크 순례를 위해 버스에 올랐다. 암만에서 출발할 때 이라크 바그다드까지 열다섯 시간이 걸린다고 했는데 국경에서 바그다드까지는 450킬로미터 거리인데다 도로 사정이 좋지 않아 5~6시간은 더 가야 했다.

사막을 달린 지 열세 시간 정도 지났을까. 유프라테스 강이 가까

이슈타르 문(좌)과 느부갓네살 궁전(우) _ 바벨론

이 오면서 대지는 이제껏 보지 못한 푸른 정경이 펼쳐졌다. 드디어 유프라테스 강이 보이고 강과 나란히 있는 남쪽 도로를 따라가다 강 건너 동쪽 바그다드로 향하는 길은 왜 인류 최초의 문명이 이곳에서 발생했는지 보여 주듯 다른 사막과는 너무나 대조적인 모습이었다.

하루 종일 차를 탄 끝에 도착한 바그다드. 만수르 밀리아 호텔에서 내려다보는 바그다드 시내는 아름다운 야경 속에서 유유히 흐르는 티그리스 강이 장관이었다.

바그다드는 시날 평지 북쪽에 있다. 시날 평지는 메소포타미아 문명이 발생한 지역 중 가장 비옥한 유프라테스와 티그리스 강 하류에 자리하고 있다. 시날 평지에는 바벨탑을 쌓은 곳으로 주장하는 두 장소가 있다. 먼저 바그다드 남쪽으로 88킬로미터 떨어진 고대 바벨론 도시 근교와 그보다 더 남쪽으로 20킬로미터 떨어진 오늘날 보르시파Borsippa(《성경》의 구다)이다.

이튿날 고대 바벨론 도시를 찾았다. 입구에는 이슈타르 문Ishtar gate이 복원돼 있었는데 본래 문은 바그다드의 한 박물관에 있었다. 문에는 사자, 황소, 꼬리가 있는 용과 비슷한 괴수Mushuhush가 새겨져 있었다. 문 안으로 들어가니 붉은 벽돌로 지어진 느부갓네살(네부카드네자르Nebuchadnezzar) 궁전이 복원되어 있고 그 안에는 고대 7대 불가사의 중 하나인 공중정원도 보였다.

이곳을 나와 지척에 있는 바벨탑을 쌓은 장소로 추정되는 곳을 찾았다. 현장에 도착해 보니 깊은 웅덩이 벽에는 당시 진흙으로 쌓은 흔적이 생생하게 남아 있었다. 그러나 《성경》에는 바벨탑을 좀 더 높이 쌓기 위해 벽돌을 굽고 역청으로 발랐다고 기록하고 있는데 이곳에서는 구운 벽돌을 찾아볼 수 없었다.

고대 바벨론 시를 배경으로 흙벽돌을 앞에 놓고 사진 찍기 위해 웅덩이 건너편으로 갔다. 그 순간 한 안전요원이 손짓하며 급하게 달려왔다. 알고 보니 고대 바벨론 시 부근에 후세인 별장이 있어 그 방향으로는 사진 촬영을 해서는 안 되었다. 이때까지도 이라크는 치안이 불안한 상황이었다.

역청을 발라 쌓은 구운 진흙 벽돌 _ 이라크 갈대아 우르

아브라함에게 젖을 먹였다고 전해지는 동굴 위에 세워진 사원 _ 이라크 보르시파

우리 일행은 이곳을 떠나 바벨탑을 건설한 것으로 추정되는 또 다른 장소인 보르시파로 갔다. 바벨론에서 보르시파까지는 20킬로미터밖에 되지 않아 바로 도착할 수 있었다. 보르시파는 북이스라엘이 앗수르에 의해 멸망한 후 사마리아로 강제 이주해 간 사람들이 살던 《성경》의 구다로 본다.

보르시파에는 바벨탑을 연상시키는 높은 기둥이 남아 있다. 그 기둥 옆으로 '이브라힘 사원'이 있는데, 사원 지하로 들어가자 아브라함의 어머니가 아브라함에게 젖을 먹이다 젖 몇 방울이 떨어져 바위가 하얗게 변했다는 동굴이 있었다. 우리가 방문했을 때도 이곳을 찾는 참배객이 있었다.

바벨탑을 쌓던 사람들은 하나님의 약속을 믿지 못했다. 더욱이 그들은 하늘 꼭대기에 닿기까지 탑을 쌓으려 했다. 이는 자신들을 위해 이름을 내고 땅에서 흩어지지 않기 위해서였다. 그것은 땅에 가득하라는 하나님의 뜻이 아니었는데도 그들은 조금이라도 더 높이 쌓으려고 흙벽돌을 불에 구워 역청으로 발랐다. 이 지역은 지금도 땅 표면 곳곳에 역청 덩어리가 남아 있다.

조금이라도 더 높이 탑을 쌓으려는 그들의 모습을 떠올리며 오늘 우리 삶 속에서도 하나님의 약속을 믿지 못하고 세상의 권력, 물질, 명예와 같은 욕심의 탑을 더 높이 쌓으려고 하지는 않는지 생각해 보았다.

단층 건물이면 단층 건물에 맞게, 고층 건물이면 고층에 맞게 기초를 쌓아야 무너지지 않는다. 그래서 물질은 타락하지 않을 만큼 소유해야 하고, 권력은 겸손한 만큼 얻어야 하며, 명예는 자신의 지위와 실력만큼 가져야 하고, 결혼 생활은 하나님이 주신 배필로 만족해야 한다. 이보다 더 높이 쌓게 되면 권력은 사람을 탄압하고 물질은 자신을 타락시키며 명예

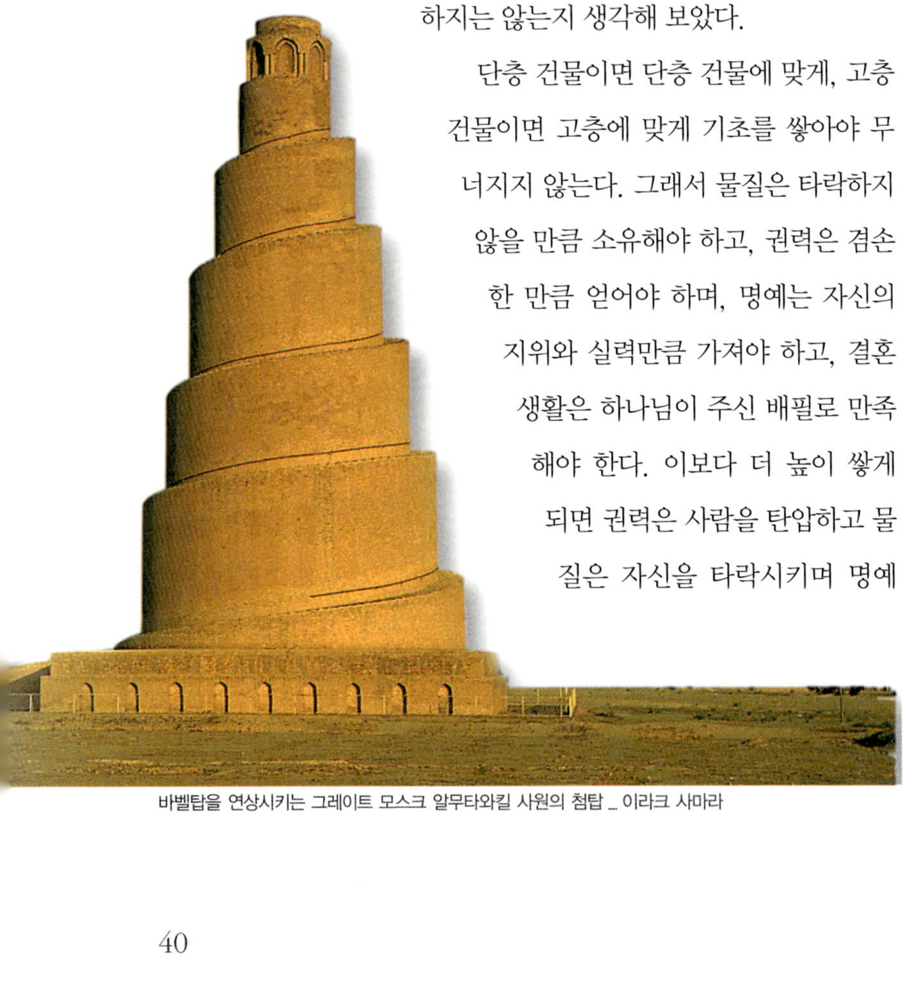

바벨탑을 연상시키는 그레이트 모스크 알무타와킬 사원의 첨탑 _ 이라크 사마라

는 자신을 곤두박질하게 하고 결혼생활은 파탄으로 끝맺게 된다.

탑은 그 기초만큼 쌓아야 한다. 하늘 꼭대기까지 쌓으려면 그것에 맞게 기초를 쌓아야 하는데 바벨탑을 쌓은 사람들처럼 하늘 꼭대기까지 쌓으려고 하면서 세상 기초를 세우면 무너질 수밖에 없다. 세상 것은 세상 것으로 기초를 쌓지만, 하늘의 것을 쌓으려면 예수 그리스도를 믿는 믿음의 기초로 쌓아야 한다.

바벨탑 추정지에 남아 있는 폐허를 보면서 세상의 탑은 결국 무너질 수밖에 없음을 새삼 되새겨 보았다. 오직 하늘에 하나님의 약속을 믿는 믿음의 탑을 쌓아야겠다는 다짐을 하면서 다시 바그다드로 향하는 버스에 올랐다.

여호와께서 아브람에게 이르시되 너는 너의 고향과 친척과 아버지의 집을 떠나 내가 네게 보여 줄 땅으로 가라 창세기 12:1

약속의 땅을 찾아가는 길

_우르

시나이 반도 _ 이집트

"바벨탑을 쌓던 사람들이 온 땅으로 흩어진 이후 이들의 후손 중 셈의 후손인 데라와 그 세 아들 아브라함, 하란, 나홀의 가족은 우르에서 살았다. 하란이 죽고 아브라함은 하나님의 부름에 따라 아버지와 동생, 조카 롯과 함께 고향을 떠나 하란에 이르렀다.

하란에 오랫동안 머물렀던 아브라함은 아버지 데라와 동생 나홀의 가족을 남겨 둔 채 조카 롯과 함께 하나님이 약속한 땅을 향해 남쪽으로 내려가 마침내 가나안에 도착했다 창세기 11:10~12:5."

아브라함이 살던 갈대아는 인류 최초의 문명이 발생한 메소포타미아 지역이다. 메소포타미아라는 말은 '두 강 사이'라는 뜻이다. 특히 아브라함의 고향인 갈대아에서도 우르는 유프라테스와 티그리스 강의 하류 지역으로 비옥한 메소포타미아 중에서도 노른자와 같은 곳이다.

고대에는 바다가 지금의 페르시아 만보다도 내륙으로 더 들어와 우르는 바다에서 불과 30킬로미터밖에 떨어져 있지 않았다. 이런 지리적 여건 속에 우르는 수메르 문명의 중심지가 되었고 다른 지역보다도 문명이 발달했다. 항구와 가까이 있어 무역 활동으로 부를 축적할 수 있었으며 비옥한 토지에서는 풍부한 곡식도 확보했다. 그러나 이곳의 발굴을 통해 도박판(혹은 오락판)과 달 신을 섬긴 흔적도 발견했는데, 그만큼 비옥한 지리적 여건으로 좋은 생활환경을 가지고 있었던 데 반해 도덕적으로는 타락하고 우상 숭배가 만연한 도시였다.

하나님은 이런 환경에서는 선민으로서 새로운 신앙을 시작할 수 없기에 이곳에 살던 아브라함을 불러내어 가나안 땅으로 인도하셨다. 이는 환경이 좋다고 해서 영적으로 축복받는 것이 아님을 보여준다.

우르에서 출토한 도박판 _ 이라크

어떤 것이 좋은 신앙의 환경일까? 생활환경이 좋을 때는 하나님을 믿고 의지하기가 어렵다. 그러나

우르에서 출토한 우르 생활상 _ 대영 박물관

열악한 환경일수록 하나님을 더 절실히 원하고 하나님을 향한 강한 믿음을 갖게 된다. 시련을 통해 하나님을 더욱 신뢰하게 된다면 오히려 그 환경이 영적 축복의 장이 아닐까. 수많은 믿음의 사람이 받았던 축복은 모두 견디기 어려운 시련 속에서 이루어졌다. 믿음의 고난은 영적 축복을 받는 그릇과 같다. 그래서 〈야고보서〉는 시험을 당하면 오히려 기쁘게 여기라고 말하고 있다.

> 내 형제들아 너희가 여러 가지 시험을 당하거든 온전히 기쁘게 여기라 이는 너희 믿음의 시련이 인내를 만들어 내는 줄 너희가 앎이라 야고보서 1:2~3

하나님이 아브라함에게 고향을 떠나가라고 말씀하신 곳은 보여 준(지시한) 땅이 아니라 보여 줄(지시할) 땅이었다. 곧 목적지가 정해진 곳이 아니라 그저 목적지에 도착할 때까지 하나님이 인도하시는 대로 따라가야 하는 여정이었다. 목적지가 없는 여정은 가는 길이 힘들고 어려움이 찾아올 때 계속해서 가기가 망설여진다. 그러나 목적지가 정해져 있으면 아무리 힘들어도 참고 견디며 용기를 내어 가게 된다.

기도할 때 응답과 성취의 때를 안다면 기도하다가 절대 낙심하지 않는다. 그러나 기도하면서도 낙심하는 것은 내가 생각하는 때에 기도의 응답이 없고 자꾸 지체되기 때문이다.

한때 진로를 앞두고 기도한 적이 있었다. 대구에서 목회하던 중 처음으로 성지 순례를 다녀왔다. 이전부터 성지에 관심이 있었지만 처음 간 성지 순례에서 평생 잊지 못할 은혜를 받았다. 특히 광야에서 받은 은혜는 성지를 통해 말씀을 전하는 길로 나를 이끌었다. 한국에 돌아온 후 성지 연구를 위해 하나님에게 길을 맡기고 기도하기 시작했다. 그러나 1년이 지나도 아무런 응답이 없었다. 〈시편〉 기자의 고백처럼 "주여 어느 때까지니이까?"라는 말씀이 자꾸 떠올랐다.

어느 날 가족을 불러 놓고 하나님에게 한번 매달려 보자고 선포하고 밤새 기도했다. 그러나 하나님은 그날 밤도 아무런 응답이 없었다. 하나님을 위해 좀 더 효과적으로 일하고 싶은데 하나님의 응답이 없는 것은 내 뜻이 하나님의 뜻과 맞지 않는 것인가라는 생각이 들었다.

그러나 그날 이후 7일 만에 하나님의 응답을 듣는 일이 있었다. 서울 영신여자고등학교의 교목으로 초빙을 받은 것이다. 이후로는 방학을 이용해 10년 동안 매년 성지를 다니면서 하나님이 역사하신 현장을 찾았고 그곳에서 주시는 하나님의 은혜를 체험했다. 그 일로 중요한 깨달음을 얻었다.

'내 때를 포기하면 하나님의 때까지 인내할 수 있다.'

그렇다. 아브라함도 목적지가 정해지지 않은 상태에서 고향을 떠나 그저 하나님이 인도하시는 대로 갔기 때문에 중간에 하란에서 오랫동안 머물렀을 것이다.

사람이 고향을 떠날 때는 더 좋은 곳을 기대하며 간다. 지리적으로 보면 아브라함이 갈대아 우르를 떠나간 곳은 유프라테스 강을 따라 북서쪽으로 난 길이었다. 가나안으로 가는 직선 길은 서쪽 길이지만 그곳은 사막 지역이기 때문에 갈 수가 없다. 따라서 유프라테스 강을 따라 북서쪽으로 가야 하는데 그 길은 상류로 올라갈수록 남쪽과 비교하면 척박할 수밖에 없다. 그런데 아브라함은 강을 따라 오늘날 터키 국경 근처에 있는 하란까지 올라갔다.

우르에서 하란까지는 지금의 도로 기준으로도 1,100킬로미터가 넘는 거리이다. 이 길을 대가족이 가축을 이끌고 쉬지 않고 하루에 10킬로미터를 간다 해도 110일이나 걸린다. 게다가 가축, 특히 양은 하루에 심하게 몰 수가 없고, 장막을 치고 걷었다 하기도 결코 쉽지 않기 때문에 하란까지는 족히 수개월에서 몇 년까지 걸렸을 것이다.

그런 환경에서 하나님이 약속하신 땅에 대한 믿음은 흔들릴 수밖에 없었을 것이다. 언제까지 이대로 계속 가야 할 것인가? 하나님이 약속하신 땅은 우르보다 정말 더 좋은 곳일까? 혼자도 아니고 아버지와 동생 가족까지 모두 고향을 떠났는데 고향보다 좋지 않은 곳이라면 어떻게 설명해야 하나? 지금이라도 포기하고 고향으로 돌아갈까? 수많은 갈등과 고민이 한 걸음 한 걸음 내디딜 때마다 아브라함

갈대아 우르의 지구라트, 지구라트는 일종의 신전탑이다. _ 이라크

의 뇌리를 파고들었을 것이다.

이러한 모습은 우리 신앙생활에도 자주 나타난다. 아브라함처럼 약속의 땅, 하나님 나라를 향해 믿음으로 나아갈 때 점점 더 어려운 환경이 다가오고, 바르게 믿으려고 할수록 인간관계는 틀어지고 생활은 어려워지고 모든 일이 잘 풀리지 않을 때 우리는 언제까지 하나님의 약속을 믿고 믿음생활을 계속할 수 있을까. 예수님을 믿으면 세상에서도 잘되고 형통해야 할 텐데 오히려 믿기 전보다 더 상황이 어려워진다면 어떻게 계속 믿음의 길을 걸어갈 수 있겠는가.

이런 상황에서 우리가 실망하는 이유는 내 때를 하나님 때에 맞추려 하기 때문이다. 하나님은 가장 좋은 때에 약속의 땅을 허락하신다. 그때까지 하나님은 우리에게 믿음을 요구하신다. 그래서 아브라함에게 '보여 준 땅'이 아니라 '보여 줄 땅'으로 가라고 말씀하셨다.

아브라함의 집터 _ 이라크 갈대아 우르

그것은 우리에게도 마지막 결과는 하나님 권한 안에 있음을 말씀하시는 것이다. 그러므로 우리는 선을 행하다가 내 때를 생각해 낙심하지 말아야 한다.

> 우리가 선을 행하되 낙심하지 말지니 포기하지 아니하면 때가 이르매 거두리라 갈라디아서 6:9

바그다드에서 바벨론과 그 주변 지역을 답사한 우리 팀은 다음날 남쪽에 있는 우르를 찾았다. 바그다드에서 우르까지는 고속도로나 국도를 이용할 수 있는데 당시만 해도 치안이 좋지 않아 불편하지만 인가가 많은 국도를 이용했다.

이른 아침에 출발했는데도 해가 뜨자마자 온도가 급상승해 버스 안에서 손수건에 물을 묻혀 얼굴을 닦아 가며 더위를 식혀야 했다. 갈수록 뜨거워지는 날씨와 그야말로 사투를 벌이다시피 하며 여섯

지구라트가 보이는 우르 _ 이라크

시간도 더 지나서야 우르에 도착했다.

1년 중 가장 더운 8월에 그것도 한낮에 이라크 남쪽에 있는 우르에 도착하자 기온은 이미 섭씨 55도를 넘는 살인적인 더위를 보이고 있었다. 습기가 없어 그늘에서는 견딜 만하다 해도 버스에서 내려 유적지까지는 한참을 걸어가야 했다. 모자를 쓰고 옷으로 그늘을 만들어 카메라를 덮어 가며 사진 찍기를 한 시간여, 우르의 지구라트(신전터)와 왕국 터와 무덤 그리고 아브라함의 집터까지 촬영하고 나서야 버스에 올랐다. 귀국해서 사진을 현상해 보니 한 통은 필름이 변색해 있었다. 우르의 좋은 사진을 남기지 못한 것이 아쉬웠다.

언뜻 하나님이 이곳에 살던 아브라함을 부르신 것은 너무 더워 살기 어려워서 떠나라고 하신 것이 아닐까라는 생각을 해보았다. 그만큼 더운 날씨지만 학교 방학을 이용해야 하는 상황에서 이라크는 가장 더운 여름에 찾아올 수밖에 없었다.

다시 숙소로 돌아오는 길은 갈 때보다 더 더위에 지쳐 힘들었다.

아니나 다를까, 얼마 달리지 않아 버스는 엔진 가열로 멈춰 서버렸다. 엔진에 물을 부어 식혀 가며 다시 바그다드로 향했다.

아브라함의 고향 한 곳을 방문하는 데 하루를 다 보냈다. 아침에 우리와 함께 우르로 떠났던 스페인 순례팀은 아직 호텔에 도착하지 않았다. 빠른 고속국도를 이용했는데도 저녁 식사 때 즈음에야 도착했다. 알고 보니 고속국도에서 테러를 당해 소지품을 모두 빼앗기고 간신히 돌아온 것이다.

언뜻 예수님이 말씀하신 좁은 길과 넓은 길이 생각났다. 빠르고 쉬운 길이지만 마을이 없어 테러의 위험이 있었던 고속국도에 비해 어렵고 시간도 많이 걸리는 국도는 마을과 인가가 많아 테러 위험이 없는 길이었다.

지금은 일반인이 갈 수 없는 아브라함의 고향 갈대아 우르, 다시 한 번 가보고 싶은 곳이지만 내 생애에는 힘들 것 같다. 성지 답사 중 가장 큰 어려움을 겪은 곳이지만 하나님이 왜 이곳에 살던 아브라함을 불러내어 약속의 땅 가나안으로 인도하셨는지 깨닫게 해준 하루였다.

그 땅에 기근이 들었으므로 아브람이 애굽에 거류하려고 그리로 내려갔으니 이는 그 땅에 기근이 심하였음이라 창세기 12:10

고대 세겜의 텔 발라타 _ 이스라엘

약속의 땅에도 기근이

_세겜과 하란

"조카 롯과 함께 가나안 땅에 들어간 아브라함은 세겜에 이르렀을 때 하나님에게 제사를 드린 후 점점 더 남쪽으로 내려가 헤브론까지 가서 살았다. 그러나 하나님이 약속하신 땅에도 기근이 들어 아브라함은 기근을 피하고자 이집트로 내려갔다. 이집트 가까이에 닿았을 때 아브라함은 아내 사라의 아름다운 외모 때문에 위협을 느끼고 이집트 사람에게 아내를 누이라고 함으로써 아내를 빼앗길 위험에 처했다. 하지만 그 속에서도 하나님의 도움으로 오히려 많은 재물을 가지고 다시 가나안으로 돌아왔다 창세기 12:6~20."

약속의 땅을 향해 가는 여정에서 펼쳐지는 어려운 지리적 환경은 약속의 땅에 대한 갈등과 회의를 갖게 하기에 충분했다. 이에 하란에 도착한 아브라함은 그 땅이 어디인지 알지 못하는 상황에서 계속 길을 갈 것인가 하는 고민에 빠졌을 것이다. 그래서 하란에서 가던 길을 멈추고 오랫동안 머물렀다.

〈창세기〉 12장 5절에 "하란에서 모은 모든 소유와 얻은 사람"이라는 말은 하란에서 보낸 세월이 상당히 오랜 기간이었음을 암시해 준다. 아브라함이 몇 세 때 우르를 떠났는지 《성경》에는 기록이 없으나 당시 20세 이전에 결혼하는 풍습에 의하면 조카 롯이 결혼하고 자녀에 대한 언급이 없는 것을 보아 대략 50세 이전으로 보인다.

아브라함이 하란을 떠날 때 75세이니까 적어도 25년은 하란에서 보낸 것 같다. 그만큼 목적지가 정해지지 않은 약속의 땅을 향해 믿음의 길을 간다는 것이 쉽지 않다. 결국 아버지 데라와 동생은 하란에 남았지만, 하나님의 음성을 직접 들은 아브라함은 갈등을 접고 길을 떠나 마침내 가나안에 도착했다.

아브라함이 가나안으로 가다가 오랫동안 머문 하란은 오늘날 터키 지역이다. 우리는 아브라함이 하란에서 가나안으로 내려왔던 발리크 강을 따라 북쪽으로 올라가 하란 남쪽의 악차칼레Akcakale 국경으로 갔다. 이곳 국경에서는 자동차로 30분이면 하란에 갈 수 있다. 우리는 시리아 쪽에 승용차를 대기해 놓고 국경을 넘어 하란에 갔다가 돌아오는 계획을 세웠다. 그러나 국경에 도착하고 보니 국경을 넘은 당일에는 같은 장소로 되돌아올 수 없다는 규정이 있었다. 답사를 미루려던 순간 하란 서쪽에도 국경이 있다는 말을 듣고 결국 서쪽에 자리한 자라불루스Jarabulus 국경을 통해 시리아로 다시 넘어오기로 하고 악차칼레 국경을 넘었다.

흙집으로 된 하란의 가정집 _ 터키

하란은 지금까지도 더운 날씨로 대부분의 농가가 흙집을 지어 살고 있었다. 성벽과 성채, 성문도 아직 남아 있었다. 아마 그 옛날 아브라함도 이런 흙집에서 살았을 것 같았다. 우리는 흙집에서 살고 있는 한 가정집을 방문했다. 중동 지역 대부분이 손님에게 친절하지만, 이 집 주인 역시 낯선 외국인을 친절하게 맞이해 주었다.

집 안은 흙집의 특성처럼 생각보다 훨씬 시원했다. 주인의 말을 들으니 겨울에는 오히려 춥지 않다고 했다. 국경에 승용차를 대기해 놓고 온 터라 차를 대접하겠다는 주인의 호의를 거절하고 서둘러 북쪽으로 48킬로미터 떨어진 샤늘르우르파Sanliurfa로 갔다.

샤늘르우르파에는 욥의 무덤과 아브라함 연못으로 불리는 곳이 있다. 잠시 아브라함이 태어났다는 집터를 방문했다. 허리를 숙여야 할 만큼 작은 입구를 지나 지하로 들어가자 철조망을 통해서만 아브라함의 출생 장소를 볼 수 있었다. 이슬람에서도 아브라함을 믿기 때문에 이곳을 거룩한 장소로 여겨 손을 씻는 수도를 따로 설치해 놓았

자라불루스 국경에 있는 《성경》의 갈그미스

다. 순례를 마치고 나갈 때는 허리를 굽혀 뒷걸음으로 나가야 했다.

샤늘르우르파는 아브라함의 고향이다. 〈창세기〉 12장 1절에는 아브라함이 갈대아 우르를 떠났다고 기록하고 있는데, 이를 근거로 학자 중에는 하란 근교에 있는 우르파를 아브라함의 고향으로 주장하기도 한다. 만약 이곳이 아브라함의 고향이라면 아브라함은 이곳을 떠나 갈대아 우르에 가서 살다가 그곳에서 하나님의 부름을 받은 것이다.

아브라함의 출생지를 떠나 다시 국경으로 가기 위해 버스 정류장으로 갔다. 이곳 버스는 우리나라 봉고차와 같다. 터키와 시리아의 국경은 오후 6시에 닫히기 때문에 그 안에 국경에 도착해야 했다. 그러나 버스 기사는 출발 시간이 되어도 손님이 다 채워질 때까지 기다리고 있었다. 하는 수 없이 다 차지 않은 손님의 요금을 대신 치르는 조건으로 버스를 출발시켰다.

샤늘르우르파에서 서쪽으로 96킬로미터를 달린 후 니지프Nizip에 도착했다. 이곳에서 국경까지는 다시 30킬로미터를 가야 하는데 택시가 없었다. 시간 전에 도착하지 못하면 터키에서 숙박해야 하고 비용도 추가되는 것은 물론 국경에서 만나기로 한 기사와의 약속 또한 문제였다. 우리는 버스 기사에게 부탁해 국경까지 버스를 빌렸다. 성지를 답사하다 보면 예기치 못한 많이 일이 생기지만 이번처럼 버스를 빌려 국경까지 가기는 처음이었다.

다행히 5시까지 자라불루스 국경에 도착할 수 있었다. 그러나 문제는 또 있었다. 자라불루스 국경은 현지인에게만 개방되고 외국인에게는 한 번도 개방하지 않은 곳이었다. 다시 왔던 하란 남쪽에 있는 국경으로 돌아갈 수도 없는 상황. 이곳 책임자도 외국인을 이 국경으로 통과시키는 경우는 처음인지라 선뜻 행동을 취하지 못했다. 그러나 하나님의 도우심은 이곳에서도 일어났다.

국경이 문을 닫는 6시가 지나고 30분쯤 되었을 때 본부의 허락이 떨어졌는지 입국 허락을 받았다. 그 옛날 아브라함이 하란을 떠나 가나안으로 향할 때는 국경이 없었을 텐데 지금은 이토록 어렵게 국경을 넘어 남쪽으로 내려가야 했다. 그러나 아브라함은 국경을 넘는 것보다 아버지와 동생을 하란에 남겨 두고 떠나는 아픔과 정말 하나님이 약속하신 땅인가 하는 더 큰 갈등 속에 이 길을 따라갔을 것이다.

마침내 아브라함은 하나님이 약속하신 가나안 땅에 도착했다. 그러나 이게 어떻게 된 일인가? 하나님이 약속하신 땅은 갈대아 우르에 비해 형편없는 곳이었다. 그가 첫발을 디딘 세겜은 대부분이 돌로 이루어진 산악 지대였다.

"세겜의 풍년은 메소포타미아의 흉년만도 못하다"라는 말이 있다. 그 정도로 세겜은 아브라함이 살던 우르와는 비교도 안 되는 형편없는 땅이었다. 아브라함에게는 절망이 밀려들 법한 순간이었다. 그때 하나님은 아브라함에게 나타나 말씀하셨다.

"이 땅을 네 자손에게 주리라."

이에 아브라함은 그 땅을 허락하신 하나님에게 제단을 쌓은 후 계속해서 남쪽으로 내려가 벧엘에서 여호와의 이름을 불렀다. 그리고 더 남쪽으로 내려가 헤브론까지 이르러 장막을 쳤다.

하나님은 왜 그런 척박한 땅에서 새로운 축복의 역사를 시작하셨

헤브론 산악 지대

을까? 아브라함을 통해 믿음의 새 장막을 가나안 땅에 열어 주신 하나님은 훗날 인류 구원을 위한 예수 그리스도의 탄생과 죽음과 부활을 이곳에서 이루셨다.

아브라함이 가나안 땅에서 첫 번째로 제사를 드린 세겜은 현대 이스라엘 내 팔레스타인 자치지구 중 한 곳이다. 이스라엘 정세에 따라 도시로 들어가는 입구가 수시로 봉쇄되기 때문에 답사 시기를 잘못 맞추면 방문하기가 어렵다.

2000년 1월 세겜을 처음 방문했을 때는 도단과 세겜, 벧엘, 예루살렘으로 이어지는 팔레스타인 지역의 중앙 산악길이 통제되지 않아 승용차로 답사하는 데 별다른 어려움이 없었다. 그러나 지금은 팔레

그리심 산(좌)과 에발 산(우)

스타인으로 들어가는 곳을 장벽과 철조망으로 막고 통로를 한 곳만 열어 두고 있다. 특히 팔레스타인은 지역마다 반이스라엘 성향이 다르고 치안 상태도 달라 때로는 위험하기도 하다.

한창 밀레니엄이라 해서 세인의 관심이 많았던 2000년 첫 달 갈릴리 티베리아에서 승용차를 타고 요셉이 팔린 도단을 거쳐 세겜에 도착했다. 멀리서 보면 세겜은 에발Ebal 산과 그리심Gerizim 산 사이의 골짜기에 도시가 형성된 것을 한눈에 볼 수 있다. 지금은 도시가 확장되었지만, 고대에는 골짜기의 극히 일부분만이 세겜이었다.

아브라함과 야곱이 머물렀던 고대 세겜은 오늘날 텔 발라타Tell Balatah라고 부르는 유적지이다. 우리가 방문했을 때 이곳은 발굴을 마치고 철조망으로 둘려 있었다. 아쉬움 속에 철조망 밖에서 세겜 유적지를 사진에 담고 돌아가려는데 아이들이 손짓으로 부르고 있었다. 알고 보니 자기들이 유적지 안으로 들어가 놀기 위해 만든 개구멍을 가리키며 들어오라는 것이었다. 한 장이라도 더 좋은 사진을 찍으려는 마음에 비가 내려 진흙투성이가 된 유적지도 아랑곳하지 않고 철조망을 뚫고 들어갔다.

이곳은 돌로 쌓은 성벽이나 성문 흔적이 그대로 남아 있었다. 특히 여호수아가 세웠다는 언약의 석비도 볼 수 있었는데 참으로 감격스러운 순간이었다. 세겜은 일반 성지 순례와는 다른 잊을 수 없는 감격이 있었다.

사진 촬영을 마치고 나오자 아이들이 "원 달러" 하며 돈을 요구했다. 안타까운 생각도 들었지만 이 아이들 덕분에 유적지에 들어가 여호수아의 언약비를 직접 손으로 만져 볼 수 있었으니 고마운 마음도 있었다. 뜻깊은 사진을 남기고 세겜을 떠나면서 그 옛날 아브라함과 야곱의 여정 속에 역사하신 하나님의 섭리가 마음 깊은 곳에 임재함이 느껴졌다.

세겜을 떠나 벧엘로 향하는 길은 산악 지대로 이어지기 때문에 옛날 길과 별 차이가 없다. 다만 지금은 자동차가 다니는 포장길이라는 차이뿐이다. 세겜에서 57번 도로를 따라 남쪽으로 내려오면 바로 60번 도로와 만난다. 그리고 계속해서 60번 도로를 따라 산악 지대 남쪽으로 내려가면 실로를 지나 벧엘에 이른다. 이 길은 이스라엘의 족장이 지나갔던 길이라 해서 족장길로 불린다.

벧엘은 예루살렘 중심지에서 북쪽으로 15킬로미터밖에 떨어져 있지 않지만 60번 도로를 따라가면 25킬로미터 거리이다. 키르벳 벧엘Khirbet Beit El로 표시된 벧엘에 도착했으나 옛 유적의 흔적을 찾기가 쉽지 않았다. 마을 사잇길로 들어가자 신당 제단으로 사용되었을 것으로 보이는 사각형 돌탑만이 남아 있었다. 주위는 온통 쓰레기장이었고 옆에서는 한 팔레스타인 소년이 쟁기로 밭을 갈고 있었다.

벧엘은 《성경》에서 중요한 사건이 많이 일어난 곳이다. 아브라함이 가나안에 도착했을 때 동쪽 산으로 옮겨 장막을 쳤는데 서쪽은 벧엘, 동쪽은 아이였다. 그리고 이 땅 벧엘에서 처음으로 여호와의 이름을 불렀다.

> 거기서 벧엘 동쪽 산으로 옮겨 장막을 치니 서쪽은 벧엘이요 동쪽은 아이라 그가 그 곳에서 여호와께 제단을 쌓고 여호와의 이름을 부르더니 점점 남방으로 옮겨갔더라 창세기 12:8~9

벧엘 유적지에서 밭을 가는 소년

감동스런 사건이 있던 이곳이 방치되어 쓰레기로 덮이고 밭으로 변해 버린 모습을 보면서 다시 한 번 아브라함에게 주신 약속의 땅에 대한 회복을 기원했다.

아브라함이 가나안에 도착해 헤브론에서 자리도 잡기 전에 그 땅에는 기근이 찾아왔다. 그가 살던 갈대아 우르는 기근이라는 것이 없었다. 티그리스와 유프라테스 두 강은 비와 상관없이 상시로 흘렀으며 관개수로를 통해 언제나 풍부한 물을 공급받아 양식 걱정을 할 필요가 없었다. 그러나 하나님이 주신 약속의 땅에는 기근이 있었다.

《성경》을 보면 가나안 땅에 수시로 기근이 찾아왔음을 알 수 있다. 이삭 때도 기근이 있었으며, 엘리야 때는 3년 이상 비가 오지 않았다.

아브라함은 기근을 피하고자 이집트로 내려갔다. 믿음의 사람답

지 않게 하나님에게 기도 한마디 없이 자신의 판단에 따라 죄의 세상으로 상징되는 이집트로 내려간 것이다. 결국 그곳에서 아내를 바로에게 빼앗길 뻔한 위기를 겪기도 했다.

이는 믿음의 삶을 사는 우리에게도 마찬가지다. 약속의 땅에도 기근이 찾아오는 것처럼 믿음의 생활에도 고난과 역경은 찾아온다. 문제는 그런 고난이 있을 때 그것을 극복하기 위해 믿음의 자리를 떠나 세상으로 가서는 안 된다. 잠깐은 해결되는 것 같지만 결국은 약속에 땅에서 얻은 영적 축복을 상실하게 된다.

그래서 이삭 때 그 앞에 나타난 하나님은 "애굽으로 내려가지 말고 내가 네게 지시하는 땅에 거주하라"(창세기 26:2)고 말씀하셨다. 이삭은 하나님 말씀에 순종해 가나안 땅을 떠나지 않음으로써 그해 그 땅에서 농사 지어 백 배나 되는 소득을 얻을 뿐 아니라 큰 거부가 되었다. 이는 믿음의 자리에 고난이 있어도 세상으로 나가지 않고 그 자리를 지키면 기근 가운데서도 놀라운 축복을 받게 됨을 보여준다.

하나님은 고향을 떠나는 아브라함에게 유프라테스 강에서부터 이집트 시내(애굽 강)까지 그의 후손에게 약속의 땅으로 허락해 주셨다.

> 그 날에 여호와께서 아브람과 더불어 언약을 세워 이르시되 내가 이 땅을 애굽 강에서부터 그 큰 강 유브라데까지 네 자손에게 주노니 창세기 15:18

그러나 그의 후손은 기근과 환난을 당할 때 약속의 땅을 떠났고, 풍요로움을 누릴 때 하나님을 버렸다. 이에 하나님은 그들을 약속의 땅에서 쫓아내 아브라함이 살던 갈대아(바벨론)로 사로잡혀가게 하셨다. 그들이 그곳에서 약속의 땅을 갈망하며 회개하자 하나님은 다시 가나안 땅으로 돌아오도록 바사(페르시아) 고레스 왕의 마음을 움직여 해방령을 내리게 하셨다.

하나님은 왜 메소포타미아와 나일 강의 비옥한 지역 사이에 있는 척박한 가나안을 약속의 땅으로 주셨을까? 두 문명과 두 강대국 사이에 있는 가나안은 약할 때는 남북으로 모두 약탈당하게 되고, 강하면 양쪽으로부터 이익을 얻을 수 있는 지리적 요건에 있다. 곧 하나님을 갈망하고 하나님이 함께하셔야만 삶의 터전을 유지할 수 있는 곳이다. 나라의 강하고 약함은 오직 하나님에게 달려 있음을 이스라엘 역사를 통해서도 분명히 알 수 있다.

이스라엘 역사에서 하나님이 아브라함에게 축복으로 주신 유프라테스 강에서부터 애굽 강(시내)•까지의 땅을 누린 것은 다윗과 솔로몬 때뿐이었다. 지금은 그중 극히 일부분인 단에서 브엘세바Beersheba까지만 차지하고 있고 그나마도 팔레스타인과 분쟁 가운데 있다.

가나안, 곧 약속의 땅은 장차 우리가 가게 될 하나님 나라를 가리킨다. 그러므로 어떤 환난이나 고통, 시련이 있어도 절대 믿음의 자리, 하나님이 약속하신 땅을 떠나 세상으로 나가서는 안 된다.

하나님은 유프라테스 강에서 애굽 강까지 주시지만 믿음의 그릇이 적으면 단에서 브엘세바까지밖에 누리지 못한다. 하나님의 축복은 믿음의 그릇만큼 받는 것이다. 그러므로 믿음의 자리를

• **애굽 강** : 이집트의 나일 강을 말하는 것이 아니라, 이스라엘 국경에서 40킬로미터 남쪽에 있는 엘 아리시로 하나의 와디이다.

애굽 강인 오늘날 엘 아리시 _ 이집트

끝까지 지키는 자는 약속된 축복을 모두 받게 됨을 잊지 말자. 이것이 홍해가 누웨이바에서 여섯 시간을 달려 도착한 애굽 강에서 받은 은혜다.

네 앞에 온 땅이 있지 아니하냐 나를 떠나가라 네가 좌하면 나는 우하고 네가 우하면 나는 좌하리라 창세기 13:9

하나님인가, 세상 땅인가
_소돔과 소알

롯 동굴에서 본 소알 _ 요르단

아브라함은 이집트에서 가나안으로 돌아온 후 많은 소유로 조카 롯과 헤어지게 되었다. 이후 롯은 전쟁으로 사로잡혀 갔고 아브라함은 다메섹 근교 호바까지 쫓아가 롯과 그 가족을 구했다.
하나님은 아브라함에게 헤브론에서 아들이 있을 것과 소돔과 고모라의 멸망 계획을 천사를 통해 알려 주셨다. 이에 아브라함은 "의인을 악인과 함께 멸하려 하시나이까"라며 간구했지만 의인 열 명이 없어 소돔과 그 주위 성은 유황불로 멸망에 이르렀다.
그 일이 있기 전 롯은 두 딸과 함께 성을 빠져나왔지만, 그의 아내는 뒤를 돌아본 결과 소금기둥이 되어 버렸다. 이후 롯은 소알의 한 굴에서 두 딸로 인해 동침함으로 모압과 암몬의 조상이 되었다 창세기 13:1~19:38.

악을 선으로 바꾸시는 하나님은 비록 아브라함이 자신의 판단에 따라 기근을 피하고자 이집트로 내려갔으나 오히려 많은 재물을 얻어 다시 약속의 땅, 가나안으로 돌아오도록 하셨다. 그 자신뿐만 아니라 조카 롯도 거부가 되었다.

그러나 사람이 부유해지면 오히려 불행을 경험하는 경우가 흔히 있다. 아브라함과 롯은 고향 갈대아 우르를 떠나 어렵고 힘든 여정 가운데서도 함께했지만, 생활이 넉넉해지자 더 이상 같이 도우며 살기가 어려워졌다.

옛날 우리나라에는 품앗이와 계契가 있었다. 서로 돕지 않으면 농사를 지을 수 없어서 일손을 도우며 품앗이로 살았다. 계모임 역시 한 번에 큰일을 치르기가 어렵다 보니 함께 일을 해결하고 그 후에 조금씩 다른 사람을 도우며 살기 위해 생겨난 것이다. 그러나 생활의 여유가 생기면서 지금은 그런 것이 사라지고 있다. 이웃의 도움을 빌리지 않아도 충분히 살아갈 수 있는 환경이다 보니 오늘 우리 이웃은 내 관심밖에 놓일 수밖에 없다.

이집트에서 나온 아브라함과 롯은 벧엘과 아이 사이, 이전에 장막을 쳤던 곳에 이르렀다. 이곳은 산악 지대로 많은 양을 치기에는 초지가 턱없이 부족했다. 그러자 아브라함과 롯의 양치기들이 부족한 초지로 인해 서로 다투게 되었고, 아브라함은 롯에게 먼저 좋은 곳을 선택하도록 우선권을 주었다.

믿음의 사람에게는 선택의 기준이 어디에 있느냐가 중요하다. 그 선택에 따라 결과가 나타나기 때문이다.

이집트에서 나온 아브라함과 롯이 헤어지기 전에 거했던 아이 _ 이스라엘

하나님을 선택할 것인가, 세상을 선택할 것인가? 《성경》은 하나님과 재물을 겸하여 섬길 수 없다고 가르치고 있다. 그러나 롯은 세상 기준에 따라 자신의 삶의 터전을 선택했다.

> 이에 롯이 눈을 들어 요단 지역을 바라본즉 소알까지 온 땅에 물이 넉넉하니 여호와께서 소돔과 고모라를 멸하시기 전이었으므로 여호와의 동산 같고 애굽 땅과 같았더라 그러므로 롯이 요단 온 지역을 택하고 동으로 옮기니 그들이 서로 떠난지라 아브람은 가나안 땅에 거주하였고 롯은 그 지역의 도시들에 머무르며 그 장막을 옮겨 소돔까지 이르렀더라 소돔 사람은 여호와 앞에 악하며 큰 죄인이었더라 창세기 13:10~13

아브라함은 메소포타미아의 갈대아 우르에서도 살아 보았고, 이번에는 이집트 문명지를 보고 왔다. 이 두 문명의 발생지를 발로 밟고 하나님이 약속하신 가나안 땅을 경험한 아브라함은 비록 비옥한 환경은 아니라도 발달한 문명 속에서 죄악에 빠져 사는 것보다 하나

롯이 선택했던 소알 들 _ 요르단

님을 향한 신앙으로 마음껏 살아갈 수 있는 곳이 여호와를 섬기는 자에게는 축복된 삶의 장임을 알았다. 그래서 생존과 관련된 중요한 선택의 자리에서도 조카에게 먼저 우선권을 주었던 것이다.

결국 롯은 《성경》 표현대로 여호와의 동산 같은 요르단 계곡으로 펼쳐진 비옥한 지역을 선택해 떠났고 아브라함은 가나안 땅에 그대로 남았다. 문제는 롯이 하나님이 약속하신 가나안을 떠났다는 것이다. 비록 그곳이 양을 치기에 좋고 문화가 발달한 소돔과 그 주변 지역이라 하더라도 그곳 사람들은 여호와 앞에 악하며 큰 죄인이라는 점이다. 롯은 세상의 좋은 조건만 보고 그곳의 악함은 보지 못했다. 이런 선택의 결과는 천국과 지옥만큼이나 차이가 난다.

롯이 떠난 후 하나님은 아브라함에게 다시 한 번 나타나 약속의 축복을 확인시켜 주셨다.

> 롯이 아브람을 떠난 후에 여호와께서 아브람에게 이르시되 너는 눈을 들어 너 있는 곳에서 북쪽과 남쪽 그리고 동쪽과 서쪽을 바라보라 보이는 땅을 내가 너와 네 자손에게 주리니 영원히 이르리라 내가 네 자손이 땅의 티끌 같게 하리니 사람이 땅의 티끌을 능히 셀 수 있을진대 네 자손도 세리라 너는 일어나 그 땅을 종과 횡으로 두루 다녀 보라 내가 그것을 네게 주리라 창세기 13:14~17

약속의 땅(신앙의 자리)을 지킨 아브라함에게 하나님은 그가 바라보는 동서남북을 삶의 터전으로 주셨을 뿐 아니라 그가 밟는 모든 땅을 더해 주셨다.

축복의 지경을 넓히는 것은 우리가 무엇을 선택하느냐에 달려 있다. 갈렙이 다른 사람이 꺼리는 험한 산악 지대요 점령하기 어려운 강한 족속이 살던 헤브론 산지를 믿음으로 요구했던 것처럼 세상의 안락함과 부유함이 아닌 믿음의 길을 선택할 때 하나님은 그들에게 믿음으로 밟는 곳마다, 믿음으로 바라보는 것마다 축복된 삶의 터전으로 주실 것이다.

반면 세상의 부유함과 안락함을 따라간 롯은 당시 일어난 세계전쟁(창세기 14장)으로 모든 재산을 빼앗겼으며, 소돔과 그 주위 성이 유황불로 심판받을 때 자신의 모든 재산은 물론 아내까지도 잃었다. 그 후손 역시 아버지와 딸의 근친을 통해 이스라엘과 적대 관계가 된 모압과 암몬 족속이 탄생하게 되었다.

아브라함과 롯이 선택한 장소를 답사하기 위해 먼저 요르단을 찾았다. 롯이 거한 소돔이나 그 주위 지역은 일반 성지 순례 때 찾지 않는 곳이기 때문에 따로 승용차를 이용하기로 했다.

요르단은 렌터카보다는 길을 잘 아는 일반 택시를 하루 단위로 대절하는 것이 더 경제적이다. 이전에도 요르단을 몇 차례 방문했으나 소돔과 소알 지역은 2006년 1월 처음 가보았다. 당시 택시는 기사를 포함해 하루 100달러면 빌릴 수 있었다. 지금(2011년)은 250달러 정도는 주어야 한다.

아침에 지도와 사진을 준비하고 암만에서 기사와 함께 출발했다. 마침 기사가 길을 잘 알고 있어서 답사 예정지를 쉽게 찾을 수 있었다.

소돔의 위치는 일반적으로 밥 아드 드라Bab Adh Dhra로 알려져 있다. 암만에서 소돔을 찾아가는 길은 여리고 앞 사해에서 남쪽으로 난 길을 따라가면 비교적 쉽게 닿는다. 지금은 해수면이 낮아 육지로 연결된 리산 반도까지 사해 길만 56킬로미터 정도 가면 케라크Kerak(《성경》의 길하레셋)로 올라가는 길과 만난다. 그곳에서 왼쪽으로 4킬로미터 지점에 표지판이 세워져 있다.

주변에 아무 인가도 없이 철조망만 쳐져 있어 길옆에 차를 세워 두고 안쪽으로 들어갔다. 군데군데 널려 있는 깨진 도자기 조각이 이곳이 사람이 살았던 곳임을 알려 주었다. 동쪽으로 갈수록 흙벽돌 유

유황불로 멸망당한 소돔 _ 요르단

적이 약간 남아 있었으나 《성경》의 큰 사건치고는 유적이 거의 없는 편이었다. 다만 여기저기 불에 그슬린 흔적이 보여 유황불로 멸망한 《성경》 속 사건을 짐작해 볼 수 있었다.

롯은 이곳에서 살다가 소돔과 그 주위 지역이 멸망할 때 소돔 성을 빠져나와 소알로 갔다. 소알은 이곳보다 더 남쪽으로 사해 최남단에 있다.

우리는 소돔을 떠나 다시 서쪽 사해로 나온 다음 계속해서 남쪽 사해길로 향했다. 소돔에서 소알까지는 약 33킬로미터 거리이다. 그러니까 롯은 하룻길 정도인 33킬로미터를 도망 나와 소알로 온 것이다. 그 사이에 그의 아내는 뒤를 돌아봄으로써 소금기둥이 되었으니 지금 우리가 가고 있는 이 길 어디엔가 롯의 아내가 소금기둥이 된 곳이 있을 것이다.

실제로 '롯의 아내의 기둥'이라 불리는 것이 이 지역에 있었으며, 반대편 이스라엘 쪽 소금산에도 있었다. 어느 것이 롯의 아내의 기둥인지 정확히 알 수는 없지만, 이 길을 달리는 동안 세상에 미련을 버리지 못한 자의 결과를 계속 생각해 보게 되었다.

《성경》에 보면 소돔과 함께 멸망한 도시로 고모라가 나온다. 고모라의 위치는 소돔보다 더 찾기가 어렵다. 성서 고고학자들은 사해 바다 아래 쪽과 또 다른 곳을 주장하는데, 그중 한 곳이 리산 반도 남쪽 사해길 옆에

'롯의 아내의 기둥'이라고 불리는 소금기둥 _ 이스라엘

고모라의 한 곳으로 주장하는 움 엘 아카리브 _ 요르단

있는 누메이라Ghoren en Numeira라는 곳이다.

이곳은 소돔에서 19킬로미터 정도 떨어져 있는데 지금은 포장길을 사이에 두고 사해 쪽(길 서쪽) 누메이라와 육지 쪽(길 동쪽) 움 엘 아카리브Um el Aqarib 유적이 있다. 이 두 곳 모두 고모라로 추정된다. 이곳에서 소알까지는 14킬로미터 거리이다. 움 엘 아카리브는 군사시설이 있어 밖에서만 볼 수 있다. 잠시 도로에 차를 세우고 사진만 촬영한 후 소알로 내려갔다.

《성경》을 보면 롯은 동이 틀 때 소돔 성을 빠져나왔고 소알 성에 도착했을 때는 해가 돋았으며, 해가 돋은 후 소돔과 고모라는 유황불로 멸망했다. 이런 기록으로 보면 롯이 소돔에서 빠져나와 소알까지 간 시간은 한두 시간 사이였을 것이다. 그렇다면 소돔의 위치는 밥 아드 드라가 아니라 고모라로 추정되는 누메이라로 볼 수 있다.

누메이라에서 소알까지는 승용차로 10분도 채 걸리지 않는 거리이지만 당시 도망 나오는 롯에게는 하루도 더 멀게 느껴졌을 것이다. 그래서 롯은 이렇게 간청했다.

주의 종이 주께 은혜를 입었고 주께서 큰 인자를 내게 베푸사 내 생명을 구원하시오나 내가 도망하여 산에까지 갈 수 없나이다 두렵건대 재앙을 만나 죽을까 하나이다 보소서 저 성읍은 도망하기에 가깝고 작기도 하오니 나를 그 곳으로 도망하게 하소서 이는 작은 성읍이 아니니이까 내 생명이 보존되리이다 그가 그에게 이르되 내가 이 일에도 네 소원을 들었은즉 네가 말하는 그 성읍을 멸하지 아니하리니 그리로 속히 도망하라 네가 거기 이르기까지는 내가 아무 일도 행할 수 없노라 하였더라 그러므로 그 성읍 이름을 소알이라 불렀더라 창세기 19:19~22

신기하게도 사해 남쪽 아라바 계곡에 자리 잡은 소알은 지금도 매우 비옥해 방울토마토를 포함한 여러 가지 채소가 자라고 있다. 주위가 온통 사막에 가깝고 나무 한 그루도 없는 산악 지역인 데 비해 이곳은 상대적으로 매우 비옥해 아브라함 당시에 여호와의 동산 같았다는 《성경》 표현이 실감이 났다. 이 지역에서 남쪽으로 내려가면 바로 아라바 광야가 펼쳐진다.

롯은 소알 평지에서 소돔과 고모라의 멸망을 보고 그곳에 거주하기를 두려워해 두 딸과 함께 굴에 들어가 지냈다. 그 굴이 소알 평지 동쪽 산악 지대에 있는데, 자동차로 산 위로 난 오르막길을 300미터 정도 올라간 후 다시 계단으로 5분쯤 걸어가면 나온다.

우리나라로 치면 한겨울인 1월인데도 가파른 오르막 계단을 올라가는 동안 이마에서는 땀이 흘러내렸다. 산 중턱에 오르자 중앙에는 비잔틴시대 작은 교회 터가 남아 있었고 그 남쪽으로 물을 공급하기 위한 저수조와 수도관이 보였다. 북쪽으로는 롯이 거했다는 동굴

롯이 두 딸과 함께 거했던 롯 동굴, 오른쪽이 교회 터이다. _ 요르단

이 있는데 간신히 3~5명 정도가 기거할 수 있는 작은 동굴이었다. 이곳에서 발굴한 사람의 뼈와 일부 유적은 요르단 케라크 박물관에 보관되어 있다.

이곳에서 보면 바로 지척에 사해 남쪽과 여호와의 동산 같다는 소알 평지의 녹색 지대가 한눈에 들어온다. 그리고 사해 건너 아브라함이 선택했던 황토빛 가나안 땅도 볼 수 있다.

어떻게 롯은 약속의 가나안 땅을 떠나 이곳으로 왔을까? 세상의 좋은 조건을 좇아 약속의 땅을 떠난 롯의 비극적인 결과를 바라보며 비록 어려운 환경이지만 하나님의 약속을 믿고 끝까지 믿음의 자리, 그 사명의 자리를 떠나지 말아야겠다는 마음으로 동굴을 내려왔다.

아브라함은 브엘세바에 에셀나무를 심고 거기서 영원하신 여호와의 이름을 불렀으며 그가 블레셋 사람의 땅에서 여러 날을 지냈더라 창세기 21:33~34

미래를 심는 자

_브엘세바의 에셀나무 아래에서

그늘이 되어 주는 에셀나무 _ 이스라엘

소돔과 고모라의 멸망 후 아브라함은 헤브론으로 내려와 그랄에 거주했다. 그러나 이곳에서 아내 사라를 누이라고 함으로써 그랄 왕인 아비멜렉으로부터 책망을 받았다.

사라는 아브라함이 100세 되던 해 아들 이삭을 낳고 할례를 베풀었다. 세월이 지난 후 사라의 여종 하갈은 그의 아들 이스마엘과 함께 아브라함 집에서 쫓겨나고, 이스마엘은 광야에 살면서 활 쏘는 자가 되었다.

후에 아브라함은 아비멜렉과 언약을 맺고 그 맹세의 터가 된 브엘세바에서 에셀나무를 심고 영원하신 여호와의 이름을 불렀다 창세기 20:1~21:34.

롯과 헤어진 후 아브라함은 가나안 남쪽(네게브 Negev) 지역에서도 가데스와 술 사이의 그랄에 거주했다. 《성경》적으로 보면 이곳은 블레셋이 살던 곳으로 아브라함 당시에는 아비멜렉의 통치 지역이었다.

가나안은 남쪽으로 내려갈수록 강우량도 적고 땅도 척박하다. 그런데 왜 아브라함은 약속의 땅인 가나안에서도 가장 척박한 남쪽으로 내려와서 살았을까? 그것은 아직 좋은 북쪽 지역을 차지할 만한 가족의 규모가 되지 못했거나 그만한 힘이 없었기 때문일 것이다. 그러나 남쪽은 아비멜렉이 브엘세바를 아브라함에게 줄 정도로 여유가 있었다.

아브라함은 브엘세바에서 에셀나무•를 심었다. 이때 그의 나이는 이삭을 바치라는 하나님의 명령을 받기 직전이었으므로 115세 안팎이었다.

에셀나무는 땔감이나 그늘로 사용하려면 수십 년이 지나야 한다. 그런데 왜 아브라함은 노년에 남쪽 지역 브엘세바에서 에셀나무를 심었을까? 더구나 그의 근거지는 브엘세바에서 북쪽으로 40킬로미터 떨어진 헤브론인데 말이다.

이는 두 가지 이유를 생각해 볼 수 있다. 하나는 나그네를 위한 배려이다. 사막에 사는 이들에게 나그네는 매우 반가운

• 에셀나무 : 히브리어로 '에셀', 아랍어로는 '에슬라'이며 깃털과 같은 가지에 작고 가는 잎사귀가 비늘처럼 촘촘히 붙어 있는 나무다. 희고 작은 꽃은 늦여름에 피고 열매는 삭과蒴果이며 잘고 깃털 같은 씨앗이 들어 있다. 주로 사막과 모래언덕, 염분이 있는 늪과 강변에서 무성하게 자라는데 큰 것은 10미터도 넘는다. 특히 시나이 반도와 팔레스타인 남부 지역에 많이 서식하는데 그늘이 귀한 사막에서는 싯딤나무와 함께 그늘과 땔감을 제공해 준다.

브엘세바의 에셀나무 _ 이스라엘

손님으로 나그네를 잘 대접하는 것은 당시 일반적인 관례였다. 아마 아브라함도 훗날 자신이 심은 에셀나무가 자신과 같은 나그네에게 좋은 그늘을 제공할 것으로 생각하며 심었을 것이다.

또 하나는 후손을 위해서다. 비록 자신의 대에서는 그늘이나 땔감으로 사용하지 못한다 해도 이삭 이후로는 사용할 수 있으리라 생각했을 것이다. 실제로 훗날 이삭은 브엘세바를 중심으로 살았다.

두 경우 모두 공통된 것은 미래를 생각하며 에셀나무를 심었다는 것이다. 나그네와 후손을 위해 에셀나무를 심은 것은 미래를 심은 것이요, 희망을 심은 것이다.

신앙은 미래를 심는 것이다. 지금은 힘들고 고통이 있는 이 세상에 살고 있지만 믿음을 가지고 그 모든 것을 이겨 나가면 훗날 하나님 나라를 소유하게 된다. 그래서 믿는 자는 이 세상에 사는 동안 하나님 나라에 투자하는 삶을 살아야 한다. 이에 대해 《성경》은 이렇게 말하고 있다.

그래서 우리는 세상 것으로 하늘의 보물을 쌓아 두는 데 투자한다. 세상 재물로 하늘의 보화에 투자하고, 나의 재능으로 하늘의 상급에 투자하며, 어차피 죽을 나의 생명으로 하나님이 주시는 영원한 생명에 투자하는 것이다.

하루는 베드로가 예수님에게 질문했다.

"보옵소서. 우리가 우리의 것을 다 버리고 주를 따랐나이다."

베드로는 모든 것을 버리고 예수님을 따랐는데 그런 자신에게는 무엇이 돌아오겠느냐는 질문이었다. 예수님은 이렇게 말씀하셨다.

"내가 진실로 진실로 너희에게 이르노니 하나님의 나라를 위하여 집이나 아내나 형제나 부모나 자녀를 버린 자(희생한 자)는 현세에 여러 배를 받고 내세에 영생을 받지 못할 자가 없느니라."(누가복음 18:29~30)

이런 뜻이 담겨 있는 에셀나무는 이스라엘에서 그렇게 흔한 나무가 아니어서 일부러 찾아보아야 한다. 가장 쉽게 볼 수 있는 곳은 예루살렘에서 443번 국도를 따라 텔아비브로 가다가 모딘Modin을 지난 다음 표지판을 보고 오른쪽으로 나가 성서 식물원 네오투케두밈으로 가면 된다. 이곳에는 에셀나무 외에도 우슬초, 합환채 등의 성서 식물이 있다.

그러나 우리 일행은 아브라함이 에셀나무를 심은 브엘세바의 에셀나무를 보기 위해 예루살렘에서 차를 빌려 브엘세바로 출발했다. 전에는 헤브론을 거쳐 가는 60번 도로를 이용했지만 치안이 불안할

현대 브엘세바에 있는 아브라함 우물(뒤)과 이삭의 우물(앞)

때는 텔아비브로 가는 1번 도로를 따라가다 6번 도로를 이용한다. 이 길이 거리는 멀지만 도로 사정이나 교통편이 좋아 쉽게 갈 수 있다. 그래도 두 시간은 생각하고 가야 한다.

먼저 브엘세바 외곽에 있는 아브라함과 이삭의 우물을 찾았다. 이전에는 입장료 없이도 들어갈 수 있었지만, 지금은 순례객이 종종 찾기 때문인지 작은 주차장도 마련해 놓고 입장료를 받고 있었다.

《성경》에 보면 아브라함과 이삭은 브엘세바에서 우물을 팠다고 기록하고 있다. 그러나 성서시대의 텔 브엘세바는 현대 브엘세바 중심지에서 동쪽으로 지금 도로를 기준으로 7킬로미터 떨어져 있다. 현재 브엘세바에 있는 아브라함과 이삭의 우물은 20미터 간격으로 한 구역 안에 잘 보존되어 있다.

이어 성서시대의 텔 브엘세바로 향했다. 이곳은 이스라엘 국립공원으로 지정되어 있다. 입구에는 두 아름도 족히 넘는 거창한 에셀

이스라엘 국립공원으로 지정된 텔 브엘세바

나무 몇 그루가 자라고 있었다.

입장료를 내고 안으로 들어가 에셀나무 밑에 앉아 그 옛날 이곳에서 에셀나무를 심고 영원하신 여호와의 이름을 부른 아브라함처럼 〈창세기〉 21장 말씀을 읽고 잠시 묵상했다.

나그네를 위해 에셀나무를 심은 아브라함처럼 저도 나그네와 같은 세상에서 삶에 지친 사람들에게 시원한 그늘을 제공하는 자로 살게 하소서. 비록 이 세상에 살지만 언젠가는 영원한 생명의 강물이 흐르는 하나님 나라로 갈 것이라는 희망과 미래를 심는 자가 되게 하소서. 이미 하나님이 세상에서 주신 모든 것을 장차 다가올 하나님 나라의 영광에 투자하게 하소서. 신앙은 미래를 심는 것이기에 기꺼이 제 전부를 주님께 투자합니다.

사자가 이르시되 그 아이에게 네 손을 대지 말라 …… 네가 네 아들 네 독자 까지도 내게 아끼지 아니하였으니 내가 이제야 네가 하나님을 경외하는 줄을 아노라 창세기 22:12

하나님의 시험장으로 가는 길

_모리아 산

이삭을 바치려 했던 모리아 산에 세워진 황금돔 사원 _ 이스라엘 예루살렘

"블레셋 땅에서 여러 날을 지낸 어느 날 아브라함은 아들 이삭을 번제로 드리라는 하나님의 명령에 따라 이삭을 데리고 모리아 산으로 떠났다. 그러나 모리아 산에서 이삭을 바치려는 순간 하나님은 그를 불러 이삭의 번제를 막고 대신 준비한 숫양으로 제물을 드리게 하셨다.

이후 아내 사라가 127세에 죽자 아브라함은 슬퍼하며 애통해하다가 헤브론의 막벨라 동굴에 장지를 구입해 장례를 치렀다. 세월이 많이 지난 후 아브라함은 종을 하란으로 보내 이삭의 아내를 구해 오도록 했으며, 이삭은 어머니의 죽음 이후 리브가를 아내로 맞아 위로를 얻었다.

노년에 아브라함은 서자에게도 재산을 주어 자기 생전에 이삭을 떠나 동방으로 가서 살도록 했다. 그리고 죽어서는 사라가 묻힌 헤브론 막벨라 굴에 장사되었다 창세기 22:1~25:10."

하나님은 아브라함에게 그의 자손이 하늘의 별과 같이 번성할 것을 축복해 주셨다. 그리고 아브라함이 100세 때 실질적인 약속의 아들 이삭을 주셨다. 그러나 하나님은 이삭이 청소년기에 접어들었을 즈음 모리아 산에서 번제로 드리라는 명령을 내리셨다.

번제는 배를 갈라 내장을 꺼내고 조각을 내어 불에 태워 드리는 제사다. 사람을 번제 드리는 것은 율법에서도 엄히 금하고 있다. 그뿐만 아니라 이삭을 번제로 드리면 이제 120세 가까이 이른 아브라함이 어떻게 자손의 번성을 이룰 것이며, 언제 그에 대한 약속된 축복이 이루어지겠는가?

이해할 수 없는 명령 앞에 그저 묵묵히 하나님의 약속을 믿고 기다리는 것은 불가능에 가까운 일이었다. 그런데 《성경》을 보면 하나님은 아브라함을 시험test하기 위해 그런 명령을 내렸다고 기록하고 있다.

> 그 일 후에 하나님이 아브라함을 시험하시려고 그를 부르시되 아브라함아 하시니 그가 이르되 내가 여기 있나이다 여호와께서 이르시되 네 아들 네 사랑하는 독자 이삭을 데리고 모리아 땅으로 가서 내가 네게 일러 준 한 산 거기서 그를 번제로 드리라 창세기 22:1~2

하나님은 무엇을 시험하시려고 했을까?

아브라함은 불가능한 가운데 이삭을 얻었다. 그는 이미 자기의 모든 재산도 다메섹 사람 엘리에셀에게 물려주려고 마음먹은 상태였다(창세기 15:2). 그런 가운데 이삭을 얻었으니 노년의 아브라함에게는 그 아들을 주신 하나님보다 이삭을 더 아끼고 사랑하기에 충분했다.

우리에게 가장 귀한 것은 무엇인가? 하나님은 그것을 요구하신다. 대부분의 사람은 세상의 재물을 첫째로 꼽는다. 또 어떤 이는 자식을, 어떤 사람은 혈육보다는 자신의 명예나 권력, 세상 정욕을 가장 귀한 것으로 여긴다. 그래서 가족을 버리면서까지 권력을 추구하고 정욕을 따라간다. 그러나 하나님은 재물을 가장 귀하게 여기는 사람에게는 재물을 요구하시고, 시간을 귀하게 여기는 사람에게는 시간을 바치기를 원하시고, 건강을 가장 귀하게 여기는 사람에게는 몸으로 봉사하는 것을 원하신다.

믿는 사람에게는 하나님보다 더 귀한 것이 있어서는 안 된다. 그것은 하나님 보시기에 모두 우상이다. 아브라함에게도 이삭이 우상이 되어서는 안 되었다. 하나님은 그것을 확인하고 싶으셨던 것이다.

시험에는 두 가지가 있다. 하나는 테스트test이고, 다른 하나는 유혹temptation이다. 마귀는 우리를 시험temptation하지만 하나님은 우리를 시험test하실 뿐 시험temptation하시지는 않는다.

아브라함은 이런 하나님의 시험을 받을 때 즉시 순종했다. 말씀을 받은 그는 이튿날 아침 일찍 일어나 나귀에 안장을 지우고 두 종과 함께 아들을 데리고 집을 떠났다.

왜 아브라함은 아침 일찍 준비해 길을 떠났을까? 이삭을 번제로 바치라는 하나님 말씀을 들은 후 머뭇거리면 순종하는 데 마음이 변할까 봐 바로 떠난 것일까? 아니면 또 다른 이유가 있었을까?

그 해답을 얻기 위해 아브라함이 이삭을 데리고 갔던 길을 따라가 보기로 했다. 물론 옛길을 정확히 찾아갈 수는 없겠지만, 주변 산악 형태는 그때나 지금이나 변함이 없고 길 역시 크게 벗어나지 않기 때문에 아브라함의 심정을 느끼기에는 충분하리라고 생각했다.

아브라함은 집을 떠나 3일 만에 하나님이 지정해 주신 모리아 산에 도착했다. 당시 하룻길은 일반적으로 40킬로미터 거리로 낙타나 나귀가 주요 이동수단이었다. 브엘세바에서 헤브론까지는 반 정도가 평평한 지역이고, 헤브론 가까이에 이르면 산악 지대로 되어 있다. 거리는 오늘날 도로 기준으로 브엘세바에서 헤브론까지 50킬로미터 정도이다. 반면 헤브론에서 예루살렘까지는 모두 산악 지대로 되어 있으며 거리는 35킬로미터에 이른다. 산악 지대인 만큼 오늘날 도로보다 10킬로미터 이상은 더 멀었을 것이다.

만일 아브라함이 브엘세바에 살았다면 모리아 산이 있는 예루살렘 성전산까지는 2일이 걸리는 거리이며, 헤브론에서 떠났다면 하루면 갈 수 있는 거리이다. 그러나 헤브론이나 예루살렘까지 이 두 지점은 하루에 가기에는 모두 벅찬 거리이다.

성서시대 대표적인 교통수단인 나귀

당시는 부족시대여서 안전을 위해 숙소가 매우 중요했다. 사사시대에 일어난 기브아인의 첩 강간 사건은 바로 안전한 숙소를 구하지 못해 발생한 비극이었다(사사기 19~20장).

낮 동안 안전한 숙소를 찾아야

고대 예루살렘 쪽에서 헤브론으로 가는 길 _ 훌 근처

하는 만큼 브엘세바에서 헤브론으로 가는 길이나 헤브론에서 예루살렘으로 가는 길은 아침 일찍 떠나지 않으면 안 되었다. 그래서 아브라함 역시 아침 일찍 서둘러 하루 이틀 안으로 예루살렘 모리아 산에 도착하려 했던 것이다.

그런데 왜 3일 만에 모리아 산을 멀리서 바라볼 수 있는 지점에 도착했을까? 이는 아브라함이 아들을 번제로 드리기 위해 가는 길에서 인간적인 갈등과 고민이 얼마나 컸는지를 보여 준다. 비록 길의 위험 때문에 집에서는 서둘러 출발했지만, 아들을 번제로 드리는 문제 앞에서는 신변의 위험 따위는 문제가 되지 않았다.

헤브론에서 예루살렘으로 올라가는 길은 오늘날에도 팔레스타인과 이스라엘의 치안 관계로 다른 길보다 테러 위험이 높다. 그래서 브엘세바에서 헤브론을 거쳐 예루살렘으로 올라가는 길이 짧고 편하지만, 유대인 대부분은 브엘세바에서 서쪽으로 난 40번 도로와 1번 도로를 이용한다. 우리 일행은 아브라함이 간 길과 비슷한 헤브론에서 예루살렘으로 올라가는 60번 도로를 이용해 예루살렘으로 향했다.

이곳은 모두 팔레스타인 지역이어서 도로 양쪽으로 팔레스타인 마을로 들어가는 입구가 대부분 봉쇄되고 한 곳만 열려 있었다. 또 검문소가 설치되어 있어 유사시에는 자동차를 세워 놓고 걸어서 들어가야 한다. 이 지역에 있는 《성경》 속 장소를 찾아가기 위해서는 일단 팔레스타인으로 들어가서 그 안에서 답사하다가 다시 들어간 입구로 나와야 하는 불편함이 있다. 그래서 그런지 오늘날에도 잘 닦인 아스팔트 길가를 따라 나귀에 짐을 싣고 가는 팔레스타인 사람을 어렵지 않게 볼 수 있다. 마침 나귀에 나무를 싣고 가는 팔레스타인 사람을 보고 달리는 차 안에서 사진을 한 장 찍었다.

아마 그 옛날 아브라함도 이삭을 바치러 이 길을 따라갈 때 저런 모습이었을 것으로 생각하니 왠지 하나님 앞에 시험test받는 느낌이었다. 이제까지 성지를 답사하는 데 너무 집중하다 보니 현장에서 말씀을 묵상하고 그곳에서 주시는 하나님의 음성을 듣는 일에는 소홀하지 않았는지 스스로 살펴보니 부끄럽고 죄송스런 마음이었다. 어려운 중에도 성지 답사를 이끌어 주신 하나님보다는 그 장소를 사진에 담아야겠다는 생각만 했던 모습을 떠올리며 이제는 밟는 성지마다 사진을 찍기 이전에 그곳에서 주시는 하나님의 뜻을 생각하며 묵상해야겠다고 마음먹었다.

예루살렘 외곽에 닿자 검문 때문에 차가 길게 늘어서 있었다. 15분 정도가 지나서야 별다른 검문 없이 통과했다. 그러나 팔레스타인 사람들이 탄 차는 예외 없이 트렁크를 열고, 차 밑을 거울로 비추며 검문했다.

예루살렘 시내에 들어와 아브라함이 이삭을 바치려 했던 성전산을 찾았다. 안타깝게도 지금 이 자리에는 황금돔 사원이 세워져 있었다. 이슬람에서는 이곳을 마호메트가 승천한 장소로 믿고 있다. 솔로몬 성전이 세워진 곳이기도 한 이곳에 이슬람 사원이 자리하고 있으니 예수님이 말씀하신 종말의 징조를 보게 된다.

> 멸망의 가증한 것이 서지 못할 곳에 선 것을 보거든 (읽는 자는 깨달을진저) 그 때에 유대에 있는 자들은 산으로 도망할지어다 마가복음 13:14

황금돔 사원은 아랍인 구역이어서 방문하려면 정해진 시간을 맞추어야 한다. 유대인은 이 사원에 들어가지 않는다. 우선은 아랍인 구역이기도 하지만 솔로몬 성전이 있던 자리로 법궤가 묻혀 있다고 믿어 혹시 법궤가 묻힌 곳을 밟으면 죽는다는 신앙 때문이다. 대신 성전이 있던 가장 가까운 자리 통곡의 벽에서 하루속히 이슬람 사원이 무너지고 성전이 세워지기를 기도한다.

브엘세바에서 헤브론으로, 헤브론에서 예루살렘 성전산으로, 저녁 햇살에 더욱 황금빛을 발하는 황금돔 사원을 바라보며 그 옛날 마치 하나님의 시험장으로 향하는 아브라함의 심정을 생각해 본다. 자식을, 그것도 100세에 낳은 독자 이삭을 불로 태워 번제로 드리라는 하나님의 고난도 시험을 치르러 가는 아브라함의 발걸음은 얼마나 무거웠을까.

왜 하나님은 그토록 어려운 시험을 아브라함에게 요구하셨을까? 그 시험을 아브라함은 어떻게 통과했을까?

〈아브라함의 이삭 희생〉 _ 네덜란드 암스테르담

이 질문에 해답을 준 것은 하나의 부조 그림이었다. 나중에 알고 보니 많은 화가와 조각가는 아브라함이 손에 칼을 들고 이삭을 바치는 모습을 천사가 그 칼끝을 붙잡고 있는 모습으로 조각했다. 그 부조를 보는 순간 "바로 이것이다"라는 외침이 절로 터져 나왔다.

아브라함에게 이삭은 그의 전부였다. 그렇기에 그를 번제로 드리는 것은 모든 희망이 사라지는 것이며 동시에 절대 절망이었다. 그런데 그 절대 절망이라고 생각했던 손에 들린 칼끝을 하나님이 붙잡고 계셨던 것이다.

그렇다. 하나님은 우리가 포기한 그것을 붙잡고 계신다. 이제 끝났다고 생각하는 그 칼끝을 붙잡고 계신 하나님을 바라본다면 우리도 아브라함에게 주셨던 고난도 시험을 잘 치를 수 있다. 시험을 잘 감당한 아브라함에게 내린 하나님의 평가는 "네가 이제야 나를 경외하는 줄 알았다"였다.

이삭이 거기서 옮겨 다른 우물을 팠더니 그들이 다투지 아니하였으므로 그 이름을 르호봇이라 하여 이르되 이제는 여호와께서 우리를 위하여 넓게 하셨으니 이 땅에서 우리가 번성하리로다 하였더라 창세기 26:22

양보는 축복의 지경을 넓힌다

_그랄

이삭이 100배의 수확을 거둔 그랄 _ 이스라엘

"이삭은 브엘라해로이 근처에서 살던 중 60세가 되어서야 기도로 야곱과 에서 쌍둥이를 얻었다. 가나안에 흉년이 들자 하나님은 이삭에게 나타나 "애굽으로 내려가지 말고 내가 네게 지시하는 땅에 거주하라"고 말씀하셨다. 하나님의 명령에 순종한 이삭은 그랄에서 오랫동안 머물면서 그 땅에서 농사지어 그 해에 100배의 수확을 얻고 큰 거부가 되었다.

이에 블레셋 사람이 시기해 아브라함 때 팠던 우물을 흙으로 메워 버렸다. 이삭은 그곳을 떠나 그랄 골짜기에 거하면서 샘을 팠으나 블레셋 사람과 소유권을 놓고 두 번이나 다툰 후 다른 곳으로 옮겨 우물을 파고 그 이름을 '넓다'라는 뜻의 르호봇이라 했다. 이후 이삭은 브엘세바로 올라가 그곳에서도 우물을 얻었다. 이에 아비멜렉은 하나님이 축복하시는 이삭을 보고 그와 화평의 언약을 맺었다 창세기 25:11~26:35."

이삭은 가나안 땅에 흉년이 들자 아버지 아브라함처럼 이집트로 내려가려 했으나 하나님은 그 길을 막고 블레셋 땅에 거하도록 하셨다. 블레셋은 다른 지역에 비해 물이 풍부하고 가뭄 때도 어느 정도 농사를 지을 수 있다. 이집트로 내려가지 말라는 하나님의 말씀에 순종한 이삭은 가뭄 시기에도 100배의 수확을 얻었다. 어떻게 이런 일이 가능할까?

그것은 오직 하나님이 복을 주시기로 작성하셨기 때문임을 그 지역을 보면 알 수 있다. 당시 이삭이 살았던 그랄은 대부분의 남쪽 지방(네게브)과 마찬가지로 하늘에서 비가 내려야만 농사를 지을 수 있는 천수답 지역이었다. 인구밀도가 낮아 일정한 소유권이 있던 것이 아니어서 장막을 치고 살면 되었다. 즉, 물이 없으면 무용지물이므로 특정인이 소유권을 주장하는 그런 지역이 아니었다. 그러나 물만 있으면 100배의 수확도 가능한 지역이었다.

그랄은 가사에서 브엘세바로 내려가는 중요한 길목인 그랄 강(시내) 북쪽, 브엘세바 서쪽 20킬로미터 지점에 자리한 작은 언덕으로, 와디 샬랄레Wd. Shallaleh(브솔 시내) 서쪽에 있는 오늘날 텔 하롤Tell Haror로 본다. 성서시대 이전부터 많은 사람이 집단을 형성하며 살았던 곳이다.

그랄을 찾기 위해서는 예루살렘에서 브엘세바로 향하는 서쪽 25번 도로를 따라가다 브엘세바 20킬로미터 전에 우회전해서 들어가야 하는데 입구에 특별한 표지판이 없어 자칫하면 지나치기 쉽다. 더구나 2킬로미터 정도 포장이 되지 않은 험한 길이어서 승용차로는 답사할 수 없다. 우리는 4륜구동 지프를 이용한 덕에 쉽게 찾아갔다.

그랄 바로 앞에 이르자 와디 샬랄레가 있었으나 건기•가 되어 물은 흐르지 않았다. 그 옛날 다윗은 시글락을 약탈하고 그곳 사람을 잡아간 아말렉을 600명으로 추격하다 브솔 시내에서 뒤처진 군사 200명을 머물게 하고 자신은 나머지 군사와 함께 아말렉을 추격했다. 후에 아말렉을 물리치고 그들의 전리품을 찾아 돌아왔을 때 함께 가지 않고 브솔 시내에 남았던 군사에게는 전리품을 나누어 주지 말자는 악한 자와 불량배의 말을 물리치고 그들에게도 전리품을 나누어 주었다(사무엘상 30:1~25). 승용차로는 갈 수 없는 이곳 브솔 시내에서 약한 자를 생각하는 다윗의 심정이 새삼 가슴에 와 닿았다.

가파른 브솔 시내의 언덕을 올라가 지프를 세워 놓고 텔(인공 언덕)에 오르자 가운데 부분은 발굴 때문인지 움푹 파인 웅덩이로 남아 있었다. 웅덩이에는 흙으로 쌓은 성의 흔적도 보였다. 낮은 언덕이지만 사방으로 펼쳐진 평지가 한눈에 들어왔다. 이삭이 가뭄을 피해 이곳으로 온 이유를 알 것 같았다.

건기라서 물은 흐르지 않지만 브솔 시내를 따라 비교적 큰 나무가 자라고 있는 것을 보아 겨울에는 물이 흘렀던 것 같다. 그리고 물만 있으면 얼마든지 100배 이상의 농사를 지을 수 있는 곳이었다. 실제로 성서시대에 우물 한 개면 사방 1~2킬로미터 지역에 농사를 지을 수 있다고 하니 가뭄 중에도 아브라함 때 판 우물이 있었기에 이삭은 많은 수확을 거둘 수 있었다.

그러나 이 지역에서 우물을 얻는 것은

• 건기 : 1년 중 비가 오지 않는 5~9월을 말하는데 이스라엘은 건기와 우기 두 계절이 있다.

금광을 찾는 것만큼이나 어려워서 우물을 얻는 것 자체가 하나님의 큰 축복이었다. 그래서 블레셋 사람은 우물로 인해 거부가 된 이삭을 시기해 아브라함 때 판 우물을 흙으로 메워 버렸으며, 이후에도 두 번씩이나 이삭이 판 우물을 메웠다. 그래도 이삭은 다투지 않고 세 번째 우물을 팠으며, 비로소 다투지 않게 되자 우물 이름을 '넓다'라는 뜻의 르호봇이라 지었다.

그랄 앞의 브솔 시내 _ 이스라엘

그리고 브엘세바에 가서도 우물을 팠다. 하나님은 이삭이 가는 곳마다 물이 귀한 지역에서 우물을 얻을 수 있는 축복을 주셨다.

이 사건의 현장에서 깨달은 것은 양보는 오히려 하나님의 축복의 지경을 더 넓힌다는 것이다. 사람들은 양보하면 손해를 본다고 생각하지만, 하나님은 오히려 그에게 더 많은 것으로 갚아 주신다. 결국 이 지역의 왕 아비멜렉과 그의 사람들도 하나님의 축복이 이삭과 함께하는 것을 보고 화평의 조약을 맺기 위해 브엘세바에 있는 이삭을 찾아왔다.

그랄에서 브엘세바까지는 20킬로미터밖에 되지 않아 바로 도착할 수 있었다. 텔 브엘세바에 도착해 언덕을 오르자 성벽 입구 바로 앞에 한 우물이 있었다. 이삭은 브엘세바에서 제단을 쌓고 여호와의 이름을 부르며 장막을 치고 살았을 때 이곳에서도 우물을 얻었다.

텔 브엘세바의 우물 _ 이스라엘

우물 안을 들여다보니 물이 보이지 않을 정도로 깊었다. 안내판에는 그 깊이가 70미터로 기록되어 있었다. 이삭에게 우물은 하나님이 주시는 축복이었음을 다시 한 번 확인했다.

가나안은 천국으로 상징되는 약속의 땅이다. 우리에게는 믿음의 자리요, 신앙인의 삶의 장이다. 믿음의 삶에 기근(고난)이 있다고 해서 죄의 세상으로 상징되는 이집트로 내려가서는 안 된다. 이삭이 하나님 말씀에 순종해 이집트로 내려가지 않고 그 땅에 머물렀을 때 가뭄 중에도 농사지어 100배의 축복을 받았던 것처럼 하나님의 축복은 순종할 때 기근 가운데서도 풍성하게 수확하도록 하신다.

야곱이 잠이 깨어 이르되 여호와께서 과연 여기 계시거늘 내가 알지 못하였도다
…… 그 위에 기름을 붓고 그곳 이름을 벧엘이라 하였더라…… 창세기 28:16~19

야곱이 꿈을 꾼 벧엘 유적지

이곳에도 하나님이

_벧엘

이삭이 나이 들어 눈이 어두워 잘 보지 못하게 되자 에서에게 사냥해서 별미를 만들어 가져온 후 축복받도록 했다. 그러나 그 이야기를 들은 리브가는 남편을 속이고 야곱에게 축복을 받도록 했다. 형의 보복이 두려워 집을 떠나 하란으로 향하던 야곱은 루스에서 잠을 자다가 하나님을 만나고 그곳을 벧엘이라 불렀다. 이후 길을 떠나 하란 근처에서 외삼촌 라반의 둘째 딸 라헬을 만나고 사랑에 빠지게 되었다.

야곱은 하란에서 거하는 20년 동안 라헬을 위해 머슴살이를 하고 7년이 지나서야 신혼 첫날밤을 보냈다. 하지만 아침에 일어나 보니 라헬이 아니라 첫째 딸 레아였다. 결국 야곱은 다시 7년을 더 일해 주고 나서야 라헬을 아내로 얻었으며, 6년은 자신의 재산을 위해 일했다. 그동안 야곱은 두 아내와 빌하, 실바의 두 첩으로 인해 열한 명의 아들과 딸 디나를 얻었다 창세기 27:1~30:43.

이삭의 쌍둥이 아들로 태어난 에서와 야곱. 일반적으로 쌍둥이는 시간 간격을 두고 태어나지만, 야곱은 형 에서의 발뒤꿈치를 잡고 나왔다. 이삭은 그런 둘째에게 '발뒤꿈치를 잡았다'는 뜻의 야곱이라 이름 지었고, 에서는 몸이 붉어 '붉다'는 뜻의 에서라고 이름 지었다.

이 둘의 성격과 생활은 전혀 달랐다. 에서는 사냥꾼으로, 야곱은 이름의 뜻대로 배고픈 형을 이용해 장자권을 샀고, 어머니와 함께 아버지를 속여 장자의 축복을 빼앗았다. 당시 장자권은 두 배나 되는 재산의 축복 외에 조상으로부터 내려오는 영적 축복을 계승하는 소중한 권리였다.

결국 장자권을 빼앗은 야곱은 형의 분노를 피해 어머니의 고향 하란으로 도망갔다. 당시 아브라함으로부터 시작된 야훼에 대한 신앙은 그 아들 이삭 때도 가족의 범위를 벗어나지 못했다. 따라서 야곱에게 집을 떠난다는 것은 단순히 가출의 의미를 넘어 조상으로부터 섬겨 오던 하나님 곁을 떠난다는 뜻이 있다. 그러므로 야곱에게는 집을 떠나는 두려움보다 자기 집을 지켜 주시는 하나님 곁을 떠난다는 두려움이 더 컸다.

그런 두려움 속에 브엘세바를 떠나 하란으로 향해 가던 야곱은 루스에 이르러 돌을 베개 삼고 잠을 자게 되었다. 루스는 브엘세바에서 지금의 도로 기준으로 북쪽으로 105킬로미터 정도 떨어져 있다.

그런데 그날 밤 꿈속에서 하나님은 야곱을 만나 주셨다. 그것은 야곱 생애에 가장 큰 사건이었다. 집을 떠나면 하나님도 떠난다고 생각했던 야곱에게 집을 떠나 3일 길이나 되는 루스에서 하나님을 만났다는 것은 놀라운 일이었다. 그는 잠에서 깨어나 베개로 삼았던 돌을 기둥으로 세우고 기름을 부은 다음 그곳을 '하나님의 집'이란 뜻의 벧엘이라고 불렀다.

〈야곱의 꿈〉 _ 이탈리아 밀라노 두오모 성당 부조

야곱이 아침에 일찍이 일어나 베개로 삼았던 돌을 가져다가 기둥으로 세우고 그 위에 기름을 붓고 그곳 이름을 벧엘이라 하였더라 이 성의 옛 이름은 루스더라 창세기 28:18~19

왜 벧엘이라고 했을까? 바로 아브라함으로부터 섬겨 오던 하나님은 아버지 집에만 계신 줄 알았는데 집에서 3일 길이나 되는 이곳에도 계시다는 것을 알았기 때문이다. 더구나 도망가는 가운데 머물렀던 그곳에도 하나님은 계셨던 것이다.

그렇다. 하나님은 우리 생각 밖에도 계신다. 나의 삶의 영역뿐만 아니라 그 영역 밖에도 계신다. 내 안에 거하실 뿐만 아니라 내 밖에도 거하시는 분이다.

어떤 사람이 이런 말을 했다. "만약 하나님이 우리 눈에 보이는 하나님이라면 나는 하나님을 믿지 않겠다." 즉, 인간의 눈에 보이는

야곱이 라헬을 얻기 위해 라반의 양떼를 치던 곳 _ 터키 하란 근교

하나님은 인간의 한계에 계시는 분이라는 것이다. 하나님은 인간의 가시적인 눈에 보이는 제한된 분이 아니다. 벧엘에서 만난 야곱의 하나님은 결코 인간의 삶의 영역 안에만 계시는 분이 아니다. 다만 인간이 자기 영역 안에 하나님을 가둬 두려 하기 때문에 전능한 하나님을 믿지 못하는 것이다.

벧엘에서 하나님을 만난 야곱은 훗날 하란에서 다시 벧엘로 돌아올 때 이렇게 고백했다.

> 우리가 일어나 벧엘로 올라가자 내 환난 날에 내게 응답하시며 내가 가는 길에서 나와 함께 하신 하나님께 내가 거기서 제단을 쌓으려 하노라 하매 창세기 35:3

벧엘을 떠난 야곱은 마침내 하란에 도착했다. 벧엘에서 하란으

야곱이 20년 동안 살았던 하란의 성벽과 성문 _ 터키

로 가는 길은 오늘날 이스라엘과 시리아, 터키로 가는 여정이다. 《성경》에 기록되어 있지 않지만, 야곱이 이 먼 길을 가는 동안 신부를 얻기 위해 가지고 갔던 재물을 모두 빼앗겼음에 틀림없다. 왜냐하면 그가 집을 떠날 때 어머니 리브가가 밧단 아람에 사는 라반의 딸 중에서 아내로 맞이하라고 했기 때문이다.

당시 결혼 풍습은 남자가 아내를 얻기 위해 반드시 오늘날 지참금과 같은 예물을 장인 될 사람에게 주어야 했다. 그래서 아브라함이 며느리를 얻을 때도 그 종에게 많은 예물을 주어 보냈던 것이다. 그러나 예물이 없었던 야곱은 사랑하는 라헬을 얻기 위해 우리나라의 머슴살이와 같은 일을 7년 동안 하기로 라반과 약속했다. 오늘날 연봉 3,000만 원 기준으로 계산해도 2억 원이 넘는 금액이다.

그 시대 기록인 누지문서에 의하면 아내를 얻기 위한 지참금은 30~40세겔이었다. 목동의 1년 품삯이 10세겔이었으니 거의 쓰지 않고 3~4년은 모아야 아내를 얻을 수 있었다. 그런데 야곱은 그 배나 더하는 7년을 일한 이유가 무엇일까? 이는 라헬을 아내로 얻기로 약속한 후 지참금을 일을 하면서 주기로 했기 때문이 아닌가 생각한다.

마침내 7년이 되어 신혼 첫날밤을 맞이하는 야곱에게는 꿈에도 그리던 밤이었으리라. 7년을 꼬박 일하며 기다렸던 날이 아닌가! 그러나 이튿날 야곱과 함께한 여자는 라헬이 아니라 라헬의 언니 레아였다. 라반은 자기 지역에서는 동생을 언니보다 먼저 결혼시키는 경우가 없다는 핑계만 댈 뿐이었다.

여기서 우리는 왜 하나님은 에서가 아니고 야곱을 선택했느냐 하는 질문을 품게 된다. 야곱은 귀한 것을 귀한 것으로 여길 줄 아는 사람이었으나 그 귀한 것을 얻는 방법이 교활했다. 반면 에서는 귀한 것을 귀한 것으로 여기지 못했다. 그러나 그는 하란에서 돌아오는 야곱에게 이것저것 따지지 않고 용서해 주는 단순하고 멋진 남자이기도 했다.

바로 하나님은 방법과 내용 중 하나를 선택하게 될 때 내용을 보신다는 것이다. 그러나 방법이 잘못됐을 때는 그 대가를 치러야 함을 야곱의 생애를 통해 볼 수 있다. 야곱은 에서와 아버지를 속인 대가로 형을 피해 도망가야 했고, 라반에게 품삯을 열 번이나 속임당했으며, 딸 디나가 성폭행을 당하고, 막내아들 요셉이 형들에게 팔려 이집트로 가게 되는 어려움을 겪었다. 그러나 그 모든 것을 합해도 외삼촌에게 속아 사랑하는 라헬과 첫날밤을 지내지 못한 것과는 비교되지 않았을 것이다.

야곱이 라반에게 속았던 하란은 쉽게 찾아갈 수 있는 지역이 아니다. 우리나라의 7배도 더 되는, 터키에서도 시리아 국경 지대에 자리하고 있기 때문이다. 일반적인 성지 순례 코스는 물론 개인적으로 답사하기도 쉽지 않다.

성지 답사를 시작한 지 13년 만인 2007년에야 하란을 방문할 수 있었다. 책 출판을 위해 요르단 손종희 사장과 함께 시리아와 레바논 지역 도시를 답사하던 중 하란이 시리아와 터키의 악차칼레 국경에서 북쪽으로 불과 20킬로미터밖에 떨어져 있지 않다는 것을 알고 계획에도 없는 답사를 하게 되었다.

국경을 넘어 택시를 잡아타고 하란으로 갔다. 길 상태도 좋지 않을뿐더러 양쪽으로는 농경지가 펼쳐져 있어 짧은 거리지만 30분 정도 걸려 하란에 도착했다. 사진으로만 보던 흙집이 고대 성채 옆에 자리 잡고 있었다. 성채에 올라가 보니 그리 높지 않음에도 주위 평지가 한눈에 들어왔다. 그 옛날 야곱이 라반과 자신의 양떼를 이곳에서 쳤으니 아마 농사일도 했을 것이다.

야곱이 양을 치던 장소도 찾아가 보고 싶었지만 예정에 없던 방문이기에 국경을 넘어가야 하는 시간에 쫓겨 아쉽게도 다음으로 미루고 하란을 떠날 수밖에 없었다.

아들과 아버지의 싸움 _ 얍복 강과 브니엘

다시 가나안 땅을 향해 _ 아담읍, 세겜, 라헬의 무덤

꿈은 이루어진다 _ 도단

고난은 축복을 담는 그릇 _ 고센

바다 밑에 길을 준비한 하나님 _ 홍해

인생을 치료하는 하나님 _ 마라

광야에도 오아시스는 있다 _ 신 광야 엘림

손을 들면 이기는 싸움 _ 르비딤

하나님의 백성답게 사는 길 _ 시내 산

탐욕의 끝은 죽음 _ 다베라와 기브롯 핫다아와

비방은 신앙의 성장을 멈추게 한다 _ 하세롯

2

고난은 축복을 담는 그릇

그 때에 라반이 양털을 깎으러 갔으므로 라헬은 그의 아버지의 드라빔을 도둑질하고 야곱은 그 거취를 아람 사람 라반에게 말하지 아니하고 가만히 떠났더라

창세기 31:19~20

아들과 아버지의 싸움

_얍복 강과 브니엘

얍복 강 _ 요르단

"하란에 거주한 지 20년 만에 야곱은 많은 자녀와 재산을 얻고 라반이 양털을 깎으러 간 사이에 몰래 하란을 떠났다. 이에 라반이 야곱을 쫓아와 만났으나 꿈속에서 하나님의 말씀을 듣고 야곱을 해치진 않았다. 야곱은 집으로 내려가던 중 하나님의 사자를 만나고 그 땅을 마하나임이라고 이름 지었다. 이후 남쪽으로 향하던 야곱은 형 에서의 보복이 두려워 사자를 먼저 세일 땅 에돔 들에 있는 형에게 보냈다. 그러나 형이 400명을 데리고 올라온다는 소식을 듣고는 자녀를 얍복 강을 건너게 하고 자신은 얍복 강 북쪽에 남았다. 그리고 하나님의 사람과 만나 날이 새도록 씨름하다가 결국 '이스라엘'이란 이름을 받았다. 마침내 에서를 만난 야곱은 형과 화해한 후 숙곳에서 우릿간을 짓고 오랫동안 거주했다 창세기 31:1~33:17."

마침내 야곱은 하란에 거한 지 20년 만에 집으로 돌아오는 길에 올랐다. 그러나 그는 외삼촌 라반의 환송을 받고 떠난 것이 아니라 그가 양털을 깎으러 간 사이 몰래 도망 나와야 했다. 이는 라반의 아들들이 야곱이 부자가 된 것은 아버지의 재산을 빼앗았다고 생각하고 있었기 때문이다.

당시는 양을 치는 목축업 위주로 생활해서 1년에 한 번 양털을 깎는 것은 연중행사로 큰 축제였다. 온 가족이 일정한 장소로 가서 양털을 깎을 뿐 아니라 이웃과 함께 잔치를 벌이기도 했다. 야곱은 이 기회를 이용해 라반에게 알리지 않고 몰래 하란을 떠났다. 이때 라헬은 집에 있던 드라빔(신)을 훔쳐 가지고 왔다.

그런데 라헬은 왜 드라빔을 훔쳤을까? 당시 드라빔은 가족을 지켜 주는 하나의 가신으로 숭배되었으며 이것을 가진 사람은 재산 상속의 우선권을 가졌다. 실제로 누지문서•에 의하면, 드라빔을 소유하면 그 삶이 형통해지고 재산 상속의 최우선 순위가 있었으며 재산 분쟁 시 드라빔 소유자가 재판에서 승소했다는 기록이 있다.

이런 풍습에 따르면 라헬은 재산에 대한 욕심이나 종교적인 이유에서 드라빔을 훔쳤을 것이다. 《성경》에 나오는 사건 내용을 보면 재산보다는 종교적인 이유로 드라빔을 훔친 것으로 보인다.

어쨌든 그들을 쫓아 7일 길을 달려온 라반 앞에서 라헬은 숨긴 드라빔이 발견되면 죽을 수도 있는 위기에 처했다. 그래서 급한 나머지 자기가 타고 있는 낙타의 안

• 누지문서 : 1931년 터키 하란에서 발견된 토판으로 BC 14~15세기 시대상을 기록하고 있다.

드라빔 _ 시리아

장 밑에 숨긴 후 생리 중이라 일어나지 못한다는 궁색한 변명을 했다. 이것으로 보아 드라빔이 그리 크지 않음을 알 수 있는데 근동 지역에서 발견된 드라빔은 대체로 주머니에 넣을 정도로 작다.

결국 드라빔을 찾지 못한 라반은 형제에게 돌을 모으도록 한 후 그 돌무더기 곁에서 먹고 야곱과 언약을 맺었다. 그리고 그곳 이름을 라반은 '여갈사하두다'로, 야곱은 '갈르엣'이라 불렀다. 또 '미스바'라고도 하였는데 이는 라반과 야곱이 서로 떠나 있을 때 여호와께서 둘 사이를 살펴 달라는 뜻으로 부른 것이다. 라반과 야곱은 이 돌무더기를 경계로 서로 넘어와 해치지 않는다는 증거로 삼았다.

이를 보면 당시 근동 지방에서는 계약이나 맹세의 증거로 서로 돌무더기를 쌓았음을 알 수 있다. 반면 사사시대에는 계약의 일종으로 기업 무르는 것을 확실히 하기 위해 기업 무를 자가 자신의 신발을 벗어 기업 받을 자에게 주는 전례가 있었다(사사기 4:7~8).

야곱이 집으로 돌아오는 여정을 순서대로 살펴보는 것은 오늘날 터키, 시리아, 요르단, 이스라엘을 거쳐야 하기 때문에 절대 쉬운 일은 아니다. 더구나 여권에 이스라엘 비자가 찍혀 있으면 시리아 입국이 불가능하므로 시리아를 가려면 여권을 다시 발급받든지, 아니면 시리아를 먼저 답사하고 이스라엘은 나중에 들어가야 한다.

야곱이 가나안으로 내려오다가 추격하는 라반을 만난 미스바는 요르단 북부 지역이지만 정확한 위치는 파악된 것이 없다. 다만 거대한 유적지가 남아 있는 암만 북쪽의 제라시 남서쪽 근처로 추정할 뿐이다.

그러나 길르앗 지역에 속한 것은 분명하기 때문에 야곱은 레바논의 해안도로가 아닌 시리아의 수도 다메섹을 거쳐 바산 산지 동쪽에 자리한 가르나임과 아스다롯, 골란을 거쳐 길르앗으로 내려왔을 것이다. 이 길은 지금의 도로를 이용하면 어렵지 않게 확인할 수 있다. 그러나 라반과 야곱이 언약을 맺은 미스바와 하나님의 군대를 만났던 마하나임은 여러 곳이 제기되고 있다.

야곱이 집으로 돌아오는 여정을 가능한 순서대로 답사하기 위해 우리 일행은 레바논으로 입국해 시리아로 넘어왔다. 《성경》에는 야곱의 여정에 대한 구체적인 언급은 없으나 대체로 옛길로 왔을 것으로 추정하고 가르나임과 아스다롯을 거쳐 국경 도시 다라(《성경》의 에드레이)를 통해 요르단으로 입국했다.

하루 일정으로 시리아에서 요르단 암만까지 넘어오자 캄캄한 밤이 돼서야 암만에 짐을 풀었다. 피곤을 덜기 위해 이튿날은 암만 근처의 《성경》 속 장소를 답사하고 그다음 날 야곱이 라반과 언약을 맺은 미스바를 찾기로 했다.

요르단 동편 길르앗 지역에 있는 미스바의 위치에 대해서는 라못 길르앗, 오늘날 제라시 또는 제라시 북서쪽의 아즐룬Jebel Ajlun이나 수프Suf, 특히 키르베트 잘라드Khirbet Jalad, 안자라Anjarah 등 여러 곳이 제기되고 있다. 그래서 글루에크Glueck는 북부 길르앗의 한 지역으로 보았다.

아스다롯 앞의 양떼. 가르나임은 북쪽으로 약간 떨어져 있다. _ 시리아

암만에서 출발해 북쪽으로 올라가면서 미스바로 추정되는 곳을 찾기로 하고 가장 먼저 제라시 북서쪽에 있는 잘라드로 향했다. 암만에서 북쪽으로 잘 닦인 35번 도로를 따라 42킬로미터 올라간 후 다시 서쪽 방향 20번 도로로 5킬로미터 정도 가다 보면 마을 표지판이 나온다. 시골에 있는 작은 동네여서 찾는 데 약간 어려움이 있지만, 제라시에서 그리 멀지 않아 주위 표지판을 잘 살펴보면 쉽게 찾을 수도 있다.

가옥이 수십 채도 채 되지 않는 작은 마을에서 2킬로미터 정도 떨어진 산 위에는 키르베트 잘라드 유적지가 있는데 이곳에서 로마시대 주거지를 비롯해 목욕탕, 포도주 틀, 묘지 등이 발굴되었다. 또한 비잔틴시대의 신전과 무덤, 이슬람시대의 마을 터가 발견되기도 했다.

다음으로 찾은 곳은 잘라드에서 서쪽으로 15킬로미터 떨어진 안

아즐룬에 있는 십자군 때 성채 _ 요르단

자라 마을이다. 비교적 마을 규모가 있어 쉽게 찾아갈 수 있다. 그러나 마을 중앙에 그리 오래되지 않은 옛 건물 흔적만 있을 뿐 《성경》의 사건을 짐작할 만한 특별한 유적은 눈에 띄지 않았다. 그래도 로마 가톨릭이 지정한 5대 성지 중 하나인 안자라에는 롬 교회Rum Church가 있었다.

다소 실망한 마음으로 다음 장소인 아즐룬으로 갔다. 안자라에서 북쪽으로 5킬로미터도 채 떨어지지 않은 가까운 거리에 있었다. 이전에 찾았을 때는 보지 못했던 성채가 멀리 눈에 들어왔다. 비록 십자군 때의 성채이기는 하지만 그 안에는 성채를 지키기 위한 돌포탄과 절구, 공이, 맷돌이 남아 있었고 성채 내 작은 박물관에는 《성경》과 관련된 유물이 전시되어 있었다. 그동안 절구 사진을 구하지 못했는데 뜻밖에 이곳에서 사진 촬영을 허락받아 절구, 공이 등 귀한 사진을 찍을 수 있었다.

아즐룬 박물관에 있는 절구와 공이 _ 요르단

박물관을 지나 성채 위로 올라가 보니 아즐룬의 현대 도시가 한눈에 들어왔다. 아즐룬의 십자군 성채 위에서 야곱과 라반의 사건을 떠올려 보았다.

야곱이 도망 나오듯 하란을 떠나고 그런 야곱을 쫓아 7일 길을 달려온 라반. 이 일의 중심에는 재물이 있었다. 라반은 야곱이 자기의 재물을 빼앗아 갔다고 생각했지만, 야곱의 재산 증식에 대해 시비를 걸 만한 이유를 찾을 수가 없었다. 결국 라반은 야곱을 해치지 못하고 돌을 쌓아 서로 이 경계선을 넘지 않기로 언약을 맺은 후 헤어졌다.

그러나 그 이면에는 하나님의 개입이 있었다. 하나님은 라반이 야곱을 만나기 전날 야곱을 해치지 못하도록 꿈속에서 라반에게 경고했던 것이다.

> 밤에 하나님이 아람 사람 라반에게 현몽하여 이르시되 너는 삼가 야곱에게 선악간에 말하지 말라 하셨더라 창세기 31:24

라반과 야곱이 언약을 맺은 미스바로 추정되는 세 곳 모두 《성경》에서 언급하는 길르앗 지역이며 직선거리로 15킬로미터 반경 안에 있다. 하나님의 개입으로 라반의 위협에서 보호받은 곳, 서로 침범하지 말자고 경계선의 언약을 맺은 미스바를 떠나면서 다시 한 번

마하나임 옛 지역 _ 요르단

하나님의 보호하심이 무엇인지 깨달았다.

라반과 헤어진 후 야곱은 남쪽으로 내려가는 가운데 하나님의 사자를 만나고 그곳 이름을 마하나임이라 했다. 훗날 이곳에서는 아버지 다윗을 반역한 압살롬이 죽임을 당하기도 했다.

마하나임으로 추정되는 곳 역시 미스바처럼 세 군데 정도 있다. 그중 《성경》의 사건과 지리적 여건이 가장 부합하는 곳이 키르벳 메흐나이다.

마하나임을 떠난 야곱은 형의 복수를 두려워해 사자를 먼저 보냈다. 당시 에서는 오늘날 사해 남단 세렛 시내 남쪽인 세일 땅에 거주하고 있었다. 에돔의 경계 지점인 세렛 시내에서 야곱이 있는 얍복

강까지는 왕의 대로King's highway•를 기준으로 200킬로미터 정도 떨어져 있었다. 당시 하룻길을 40킬로미터로 보면 5일 이상 걸리는 거리이다.

그러나 야곱의 불안한 마음은 현실로 다가왔다. 에서에게 다녀온 사자는 형 에서가 400명을 거느리고 야곱을 만나기 위해 올라온다는 소식을 전했다. 이때 야곱의 심정을 《성경》은 이렇게 기록하고 있다.

> 야곱이 심히 두렵고 답답하여 자기와 함께 한 동행자와 양과 소와 낙타를 두 떼로 나누고 이르되 에서가 와서 한 떼를 치면 남은 한 떼는 피하리라 창세기 32:7~8

야곱은 많은 양과 염소를 에서에게 보내고 가족을 두 부류로 나누어 얍복 나루를 건너게 한 후 자신은 얍복 강에 남았다. 이 강에 대해 〈신명기〉 2장 37절과 3장 16절, 〈여호수아〉 12장 2절에서는 얍복 강으로 표기하고 있으며 오직 〈창세기〉 32장 23절에서만 시내로 기록하고 있다. 따라서 얍복 시내보다 얍복 강으로 알고 있는 우리에게는 이 사건을 대할 때 에서가 강을 넘어오는 사이 야곱이 도망할 것으로 생각하기 싶다.

그러나 얍복 강은 우리나라 기후 조건으로 보면 우기에도 개울물 정도에 불과하다. 그런데도 강으로 지칭하는 것은 《성경》의 배경이 되는 팔레스타인 지역에서는 물이 귀하기 때문이다. 그래서 연중

• 왕의 대로 : 오늘날 시리아의 수도 다메섹에서 요르단 고원 지대를 지나 남쪽 아카바 만까지 남북으로 뚫린 성서시대의 국제도로이다.

아르논 골짜기에 있는 왕의 대로 _ 요르단

물이 흐르기만 하면 도랑물이든 개울물이든 강으로 부른다. 이에 반해 우기(대략 11~2월)에만 흐르는 시내를 와디라고 한다. 그리고 물이 많으면 바다라고 부른다. 그래서 갈릴리는 호수라기보다 바다로 불린 것이다.

어쨌든 야곱은 얍복 강에서 어떤 사람(천사 혹은 하나님)을 만나 씨름했고, 이때 허벅지 관절이 어긋나는 가운데서도 놓아 주지 않자 그 사람은 야곱에게 하나님과 겨루어 이겼다는 뜻의 '이스라엘'이라는 새로운 이름을 주었다.

사람의 힘의 근원인 허벅지 관절(환도뼈)이 어긋났다는 것은 야곱에게 있어 모든 인간적인 방법을 포기하고 인간적인 능력을 상실한 것을 뜻한다. 이 때문에 야곱은 인간적인 방법으로 하나님의 축복을 얻으려 했던 잘못된 방법을 극복하고 실질적으로 하나님의 축복을 쟁취한 자가 되었다. 실제로 이 사건 후에 에서는 마음이 변했으며

얍복 강가의 양떼 _ 요르단

야곱의 예물을 거절하고 자기에게 속한 사람까지도 야곱을 보호하도록 배려한 용서의 사람이 되었다.

야곱이 씨름한 얍복 강 바로 북쪽에 접해 있는 브니엘로 주장되는 오늘날 텔 에드 다합을 찾기로 했다. 이곳은 요르단 계곡을 중심으로 남북으로 난 65번 도로를 따라 올라가다가 얍복 강과 만나는 곳에서 동쪽으로 가면 된다.

처음 이곳을 답사한 2006년 1월은 우기로 비가 가장 많이 내릴 때였다. 브니엘이 텔 에드 다합이라는 현재 지명만 알고 택시를 빌려 찾아갔다. 5킬로미터 정도 갔을까, 주위는 온통 산으로 둘러싸여 있고 강이라고 해야 우리나라 시냇물 정도밖에 되지 않았다.

지금도 요르단은 물이 부족해 매주 정해진 날에만 가정집으로 물을 공급하고 있다. 2010년 요르단을 방문했을 때도 한국 가이드로부터 자기 집 물탱크에 이웃 사람이 호수를 연결해 물을 빼 갔다는 소리

브니엘과 얍복 강. 뒤의 언덕이 브니엘이다. _ 요르단

를 들을 정도로 물 부족이 심각했다.

어쨌든 얍복 강을 따라 난 비포장길을 세 번이나 왔다갔다하면서 유적지를 찾아보았으나 찾지 못했다. 할 수 없이 다음에 방문하기로 하고 돌아 나오는데 마침 근처에서 일하고 있던 농부를 만나 텔 에드 다합을 찾아갈 수 있었다. 그러나 이 지역은 상수원 보호 구역으로 지정돼 있어 철조망으로 막아 놓은 유적지 주위에서 사진 촬영만 할 수 있었다.

강은 브니엘을 기준으로 남쪽으로 반 바퀴를 돌아 서쪽으로 흐르고 있었다. 야곱이 이곳 어디에선가 하나님의 사람과 씨름했을 것이다. 시냇물 정도밖에 되지 않지만 유유히 흐르는 얍복 강물을 보며 야곱이 이스라엘이란 새 이름을 얻은 역사가 내게도 나타나 내 속의 야곱과 같은 세상적인 것이 바뀌어 하나님이 더욱 귀히 쓰시는 영적 축복의 사람이 되기를 기도했다.

나중에 탤런트 한인수 장로와 촬영차 이곳을 다시 방문했을 때는 연출을 위해 얍복 강에서 둘이 씨름을 하기도 했다. 장로와 목사의 씨름인지라 어떻게 목사가 장로를 이길 수 있겠는가. 아마 야곱과 하나님의 씨름 역시 그랬을 것이다. 자신을 악착같이 붙잡는 야곱에게 하나님은 어느 정도 힘을 쓴 후 져주신 것이다. 그렇다. 우리가 믿는 하나님은 이렇게 좋으신 분이다.

얍복 강에서의 씨름으로 에서의 마음이 바뀌었고 야곱은 에서의 용서를 받은 후 형을 향해 "형님의 얼굴을 뵈온즉 하나님의 얼굴을 본 것 같다"(창세기 33:10)고 말했다. 이렇게 형과의 화해 속에 야곱은 얍복 강을 따라 서쪽 요르단 계곡에 있는 숙곳Succoth•에 이르렀다. 이때 야곱은 허벅지 관절이 어긋남으로 인해 다리를 절었지만, 발걸음만은 한결 가벼웠을 것이다.

브니엘에서 숙곳까지는 하룻길이면 갈 수 있는 거리다. 숙곳에 도착한 야곱은 가나안을 코앞에 두고 상당 기간 머물렀다. 이는 야곱이 숙곳에서 가축을 위해 우릿간을 지었다는 사실에서 알 수 있다. 숙곳 역시 요르단 계곡의 비옥한 지역에 자리하고 있어 야곱은 많은 양떼를 먹이기 위해 오랫동안 이곳에 머물렀던 것으로 보인다.

20년 만에 하란에서 돌아오는 야

• **숙곳 : 요르단 강 동편, 얍복 강 북쪽 약 3.2킬로미터 지점에 위치한 성읍이다**(여호수아 13:27). 동쪽으로 언덕이 있고, 서쪽으로는 요르단 강에 이르는 오솔길이 나 있다. 이 언덕은 와디 라예브Wadi Rajeb와 제르가Zerga 강 사이에 있는 고르아브 오베이데Chor Abu Obeideh로 알려진 매우 비옥한 지역 위에 솟아 있는데, 이곳이 바로 〈시편〉에서 언급한 숙곳 골짜기다.
숙곳은 '오두막 집' 또는 '작은 양우리'라는 뜻이 있다. 이 성읍의 이름은 야곱이 집으로 돌아오는 도중 자기 집과 가축을 위해 짐승 우리를 만들어 준 일로 붙었다(창세기 33:17). 〈시편〉에는 숙곳 골짜기에 관한 언급이 두 구절 나오는데, 의인들에게 나눠 줄 아주 훌륭한 땅으로 나타나고 있다(시편 60:6, 108:7).

야곱이 우릿간을 짓고 오랫동안 머물렀던 숙곳. _ 요르단

곱이 가나안을 앞에 두고 요르단 강가 숙곳에서 어떤 생각을 했을까? 아마도 고향으로 돌아오는 데 가장 큰 문제였던 형과의 반목이 해결되었다는 기쁨이 가장 컸을 것이다. 이제 편안한 마음으로 집으로 돌아가 부모를 만날 수 있다는 기대에도 부풀었을 것이다. 그것이 얍복 강가에서의 기도(씨름)였음을 이곳 숙곳에서 확신하며 다음 답사지 아담읍으로 향했다.

하나님이 야곱에게 이르시되 일어나 벧엘로 올라가서 거기 거주하며 네가 네 형 에서의 낯을 피하여 도망하던 때에 네게 나타났던 하나님께 거기서 제단을 쌓으라 하신지라 창세기 35:1

다시 가나안 땅을 향해

_아담읍, 세겜, 라헬의 무덤

상수리나무 _ 이스라엘 벧엘

숙곳에서 한동안 머물렀던 야곱은 요르단 강을 건너 세겜에 도착했다. 세겜에 거주하는 동안 딸 디나가 그곳 추장의 아들에게 강간을 당하자 야곱의 아들 시므온과 레위는 할례로 고통 중에 있는 그들을 살인하기에 이르렀다. 이에 야곱은 두려움에 휩싸였고 그런 야곱에게 하나님은 벧엘로 올라가라고 말씀하셨다.

벧엘로 가던 중 야곱은 세겜 근처 상수리나무 아래에 온 가족의 우상을 파묻고 벧엘에서 제단을 쌓은 후 남쪽으로 내려왔다. 이때 에브랏 길에서 라헬이 베냐민을 낳다가 난산으로 죽어 베들레헴 길가에 장사되었다. 야곱은 길을 떠나 에델 망대를 지나 장막을 쳤고, 이어 아버지가 살았던 가나안 땅에 거주했다 창세기 31:18~37:1.

야곱은 숙곳에서 요르단 나루를 건너 가나안 땅으로 들어왔다. 요르단 강은 북쪽 갈릴리 바다가 해저 200미터, 남쪽 사해가 해저 400미터 정도이며 이 두 거리는 직선으로 96킬로미터에 이른다. 그러나 뱀처럼 생긴 사행강인 요르단 강의 실제 거리는 이보다 훨씬 길다. 물살도 비교적 세고 굴곡이 많아 성서시대의 요르단 강은 건널 수 있는 나루터는 몇 군데 없었다. 가장 북쪽의 이스르엘 평야와 만나는 벧 산 일대, 족장이 건넜던 얍복 강과 만나는 아담읍, 그리고 이스라엘 백성이 이집트를 나와 건넜던 여리고 앞 등이다. 요르단 마다바Madaba(메드바)의 성 조오지 교회 바닥에 있는 고대 모자이크 지도에도 여리고 앞 요르단 강에 나루터를 그려 놓고 있다.

여리고 앞 요르단 강 나루터 부근(상), 요르단 마다바의 성 조오지 교회(중), 교회 바닥의 모자이크 지도(하)—중앙의 타원형 부분이 예루살렘이다.

그러나 현재는 벧 산과 여리고 앞 두 곳으로만 요르단 강을 건너갈 수 있다. 야곱이 숙곳에서 건넜던 아담읍 근처의 요르단 강으로는 건너갈 수 없다. 처음에는 아담읍 근처까지라도 가보려 했으나 국경 초소의 검문으로 요르단 강도 볼 수 없었다. 반면 서쪽에 있는 이스라엘 쪽에서 차를 타고 가다 보면 멀리 아담읍 근처 요르단 강이 흐르는 계곡은 볼 수 있다.

그동안 수십 차례 숙곳을 지나면서도 답사하지 못했던 아담읍을 방문할 기회가 왔다. 2009년 탤런트 한인수 장로와 출애굽 여정 다큐멘터리 촬영을 위해 요르단을 방문했을 때이다. 사전에 요르단 관광청과 군부대의 허가를 받아 아담읍 방문이 이루어졌다.

일단 숙곳에 있는 고고학회 학자와 함께 국경 초소를 지나 아담읍으로 갔다. 아담읍은 오늘날 텔 다미예Tell Damiyeh(텔 다미야)로 요르단 강의 범람으로 이루어진 비옥한 땅이 계곡 동서로 펼쳐져 있다. 요르단 계곡은 이스라엘보다는 요르단 쪽에서 더 넓게 비옥한 지역을 차지하고 있다. 요르단의 과일과 채소는 대부분 여기에서 생산되는데 우리가 방문했을 때도 이곳 국경 지대에서 민간인이 호박 농사를 짓고 있었다.

출애굽 당시 여리고 앞에서 멈춘 물이 흘러들어 온 아담읍. 요르단 강을 바로 앞에 두고도 갈 수는 없었지만, 이곳까지 온 것만도 감격스러운 순간이었다. 아브라함이 가나안으로 들어올 때 건넜던 강, 야곱이 하란을 떠나 아버지 집으로 돌아올 때 건

아담읍 옆에서 호박 따는 농부 _ 요르단

넜던 바로 그 요르단 강 나루터 앞까지 왔으니 이것은 성지 연구를 위해 하나님이 주신 또 하나의 선물이었다.

야곱은 이곳에서 요르단 강을 건너 세겜으로 갔다. 그러나 세겜에서 딸 디나가 추장의 아들에게 강간을 당하고 자신의 아들들이 보복 살인하는 비극을 맞게 됐다. 두려움에 싸인 야곱은 하나님으로부터 "일어나 벧엘로 올라가라"는 명령을 받았다(창세기 35:1).

요르단 강가에서 세겜까지는 직선거리로 25킬로미터 정도이다. 당시 걸음으로는 하룻길 정도 되는 거리였다. 그러나 지금은 남쪽의 여리고 앞 국경이나 북쪽 벧 산 앞 국경을 통해 이스라엘로 들어가야 한다. 그리고 세겜은 이스라엘 내 팔레스타인 지역이어서 북쪽에서 내려가는 것보다 남쪽에서 올라가는 편이 가기도 쉽고 안전하다.

세겜은 한때 치안 상태에 따라 일반인의 방문을 허락하지 않았다. 또 허락한다 해도 현장의 상황에 따라 입구를 막기 때문에 이곳

야곱의 우물 위에 세워진 교회 _ 이스라엘 세겜

까지 와서 여러 번 되돌아간 일도 있었다.

그러다 2010년 성지 다큐멘터리 촬영을 위해 찾았을 때는 쉽게 방문을 허락받았다. 더욱이 이번에는 동영상으로 촬영하니 더 생생한 성지 현장을 보여 줄 수 있게 되었다.

세겜에서 처음 찾은 곳은 야곱의 우물 위에 세워진 교회였다. 야곱이 세겜에 도착해 우물을 팠다는 《성경》의 기록은 없으나 〈창세기〉 33장 18절에 "야곱이 평안히 세겜 성읍에 이르러 그 성읍 앞에 장막을 쳤다"는 기록에서 짐작할 수 있다. 야곱의 우물은 고대 세겜 성읍인 텔 발라타 근처에 자리하고 있다.

10년 전에 이곳을 방문했을 때는 지붕도 없이 건물 외벽만 세워졌는데 어느새 교회가 완공되어 있었다. 팔레스타인 지역에 있는 교회이기에 테러 위험을 고려해 사방으로 튼튼한 콘크리트 벽으로 두

야곱의 우물 _ 이스라엘 세겜

르고 문은 굳게 잠가 놓았다. 우리는 인터폰으로 허락을 받은 후에 들어갈 수 있었다.

교회 안으로 들어가자 강단 앞에 지하로 내려가는 입구가 두 군데 보였다. 그 안으로 따라가 보니 야곱의 우물이 있고, 그 옆에는 우물을 관리하는 사람이 기념품을 팔고 있었다. 10년 전에 왔을 때나 지금이나 우물 사진 촬영은 철저히 금했다. 수도사의 설명으로는 이곳을 관리하던 사람이 테러를 당해 죽은 이후로 사진 촬영을 금하고 있다고 했다.

교회를 나와 바로 서쪽에 있는 고대 세겜 성읍 터로 갔다. 이곳에는 아직도 세겜 성문 자리와 성벽이 상당 부분 남아 있었다.

그 모습을 보니 야곱의 딸 디나가 이곳 성읍 추장의 아들에게 강간을 당한 슬픈 사건이 떠올랐다. 얍복 강에서 축복받을 자로 이스라엘이란 새 이름을 얻은 야곱이 왜 다시 딸이 강간당하는 슬픔을 겪어야 했을까? 아직 야곱에게는 형과 아버지를 속이고 장자의 명분을 빼앗은 일에 대해 치러야 할 대가가 남은 것일까? 좀처럼 풀기 어려운 의문을 남긴 채 세겜을 떠났다.

이어 사마리아 답사를 끝내고 다시 세겜을 거쳐 예루살렘으로 돌아올 때는 캄캄한 밤중이었다. 그런데 이게 어떻게 된 일인가? 아무리 우기라지만 엄청난 폭우가 쏟아지기 시작했다. 세겜 시내에는 자동차 바퀴가 잠길 만큼 물이 불어나 있었다. 그동안 여러 번 이스라엘을 와봤지만 이번처럼 많은 비가 내리는 것은 처음이었다.

캄캄한 밤중에 천둥과 번개까지 치며 폭우가 쏟아지는 속에서 운전대를 잡고 있으려니 문득 그 옛날 세겜에서 주위 족속의 복수에 대

상수리나무 _ 이스라엘 벧엘

한 두려움으로 떨고 있었을 야곱이 생각났다. 그때 하나님은 야곱을 향해 벧엘로 올라가서 제단을 쌓으라고 말씀하셨다.

왜 하나님은 벧엘로 올라가라고 하셨을까? 바로 형 에서를 피해 집에서 도망하던 그때 벧엘에서 처음으로 하나님을 만났기 때문이다. 두려움 가운데 있을 때 하나님이 주시는 말씀은 바로 하나님을 처음 만났을 때를 기억하고 그 첫사랑을 회복하라는 것이다. 그렇다. 다윗의 고백처럼 비록 내가 사망의 음침한 골짜기 가운데 있을지라도 두려워하지 않을 분명한 이유가 있다. 바로 하나님이 함께하시기 때문이다.

세겜은 벧엘 북쪽에 있음에도 하나님은 세겜에서 벧엘로 올라가라고 말씀하셨다. 지리적으로 보면 세겜에서 남쪽 벧엘로 내려가는

길인데 오히려 올라가라고 한 것은 지리적인 기준이 아닌 하나님 중심에서 보았기 때문이다. 벧엘은 하나님의 집이란 뜻이다. 바로 하나님이 임재하시는 곳이다. 훗날 벧엘에는 법궤도 있었다.

신약시대에도 《성경》 기록을 보면 예수님이 열두 살 되었을 때 북쪽 갈릴리 나사렛에서 남쪽 예루살렘으로 올라갔다고 말하고 있다. 이는 우리의 모든 삶의 중심이 예루살렘, 곧 성전(교회) 중심, 하나님 중심이어야 함을 말한다.

벧엘로 올라가라는 하나님의 말씀을 들은 야곱은 집안 모든 사람에게 이방 신상을 버리고 자신을 정결케 하며 의복을 바꾸는 종교개혁을 단행했다. 그리고 그것을 모아 세겜 근처 상수리나무 아래에 묻었다.

왜 상수리나무일까? 가나안 땅, 지금의 이스라엘은 물과 그늘이 귀한 지역이다. 그리고 그늘이 될 만한 가장 대표적인 나무가 상수리나무이고 푸른 나무다. 오래전부터 사람들은 상수리나무 아래에서 우상을 섬기고 음행을 일삼았다. 후에 선지자들이 줄곧 외친 내용도 "너희가 푸른 나무 아래에서 음행을 저질렀다"는 것이다.

> 너희가 상수리나무 사이, 모든 푸른 나무 아래에서 음욕을 피우며 골짜기 가운데 바위 틈에서 자녀를 도살하는도다 이사야 57:5

야곱이 음행의 장소인 상수리나무 아래에 우상을 파묻었다는 것은 의미 있는 일이다. 아마 라헬이 훔친 드라빔도 이때 묻었을 것이다. 이는 야곱이 얍복 강에서 하나님의 축복을 받을 자격 있는 사람이 되

무장 군인이 지키고 있는 라헬의 무덤 외경 _ 베들레헴 외곽

었다면 이제는 그 축복을 실질적으로 누리는 사람이 되었다고 볼 수 있다.

그런 야곱에게 하나님은 주위 족속을 크게 두렵게 해 야곱을 추격하는 자들이 없게 하셨고, 야곱은 그곳을 떠나 무사히 벧엘에 도착할 수 있었다. 하나님은 야곱에게 다시 나타나 복을 내려 주시며 이후로는 이스라엘이라 부르셨다.

하나님의 도우심으로 안전하게 벧엘에 도착한 야곱은 하나님이 그에게 말씀하시던 자리에 돌기둥을 세우고 그 위에 전제물과 기름을 붓고 그곳을 벧엘이라 불렀다. 이후 야곱은 벧엘을 떠나 남쪽 베들레헴(에브랏)으로 향해 가다 베들레헴 근처에서 라헬이 베냐민을 낳다가 죽자 라헬의 묘에 비를 세웠다.

오늘날 라헬의 무덤은 확장된 베들레헴과 예루살렘 사이에 있다. 지금은 베들레헴 외곽이 10미터도 넘는 콘크리트 장벽으로 둘러

라헬의 무덤에서 기도하는 유대인 _ 베들레헴 외곽

싸여 있는데 라헬의 묘는 베들레헴 출입구 초소에서 나오면 바로 옆 장벽 사이에 있다. 유대인에게는 통곡의 벽과 함께 거룩한 장소로 여겨지며 늘 무장한 이스라엘 군인이 삼엄하게 경비하고 있다.

예전에는 외국 순례객의 출입을 통제했으나 지금은 간단한 검문을 거쳐 자유롭게 출입할 수 있다. 안으로 들어가 보니 라헬의 무덤 앞에서 소리 내며 토라를 읽고 기도하는 유대인과 여인들을 볼 수 있었다. 현지인에게 물어 보니 대부분의 기도 내용이 임신을 원하는 것이었다. 기도하는 여인을 다시 바라보며 아브라함과 이삭, 야곱에게 주셨던 자손 번성에 대한 축복의 말씀이 떠올랐다.

> 하나님이 그(야곱)에게 이르시되 나는 전능한 하나님이라 생육하며 번성하라 한 백성과 백성들의 총회가 네게서 나오고 왕들이 네 허리에서 나오리라 창세기 35:11

야곱은 계속 길을 떠나 헤브론(기럇 아르바) 마므레에서 아버지 이삭을 다시 만난 후 180세의 나이로 임종한 아버지를 장사지냈다. 그리고 에서는 야곱을 떠나 세일 산으로 가서 거주하며 에돔 족속의 조상이 되었다.

여호와께서 요셉과 함께 하시므로 그가 형통한 자가 되어 그의 주인 애굽 사람의 집에 있으니 창세기 39:2

텔 도단 전경 _ 이스라엘

꿈은 이루어진다

_도단

고향 땅 가나안으로 돌아온 야곱은 노년에 얻은 아들 요셉을 다른 아들보다 특히 더 사랑했다. 요셉은 부모와 형들이 자기에게 절하는 꿈을 꾸고 그 이야기를 하는가 하면 형들의 잘못을 부모에게 일러바치는 행동으로 형들의 미움을 샀다. 결국 형들은 요셉을 미디안 사람에게 팔았고, 그 상인은 이집트로 내려가 바로의 신하 보디발에게 요셉을 다시 팔았다. 그러나 요셉은 그곳에서 왕의 신하와 바로의 꿈을 해몽하고 그로 인해 이집트의 총리가 되었다.

가나안에 흉년이 들었을 때 요셉은 곡식을 사러 온 형들을 만나게 되고 아버지 야곱을 이집트로 올라오게 했다. 야곱은 이집트의 고센 땅에서 살다가 죽어 가나안 헤브론에 있는 막벨라 굴에 장사되었다. 시간이 흘러 요셉은 자기의 유골을 훗날 가나안 땅에 안장하도록 유언하고 110세에 죽어 이집트에 장사되었다 창세기 37:2~50:26.

야곱은 열두 명의 아들 중 라헬이 낳은 열한 번째 아들 요셉에게 특별한 사랑을 베풀어 그를 위해 채색옷을 지어 입혔다. 이 채색옷은 우리가 생각하는 색동옷이 아니다. 당시 물감의 종류는 지극히 한정되었고 그중에서도 자주색은 소위 왕의 색으로 오늘날 레바논 지역인 옛 베니게(페니키아) 해안의 뼈고동에서 물감을 추출했다. 고대에는 금값만큼이나 비싸게 이집트로 수출된 물감이다.

오늘날 이 지역에서 뼈고동 패총이 발견되는 것으로 보아 오래전부터 자주색 물감이 많이 생산되고 발전해 왔다는 것을 알 수 있다. 따라서 요셉이 입은 채색옷은 한두 가지 색이 있는 옷이거나 소매가 긴 옷을 가리킨다.

또한 채색옷은 가장이나 상속자가 입을 수 있는 옷이었다. 그런 채색옷을 요셉에게 입혔다는 것은 야곱이 그를 상속자로 여겼음을 의미한다. 이는 형제들이 그를 시기할 만한 충분한 이유가 되었다. 더구나 훗날 형들과 부모가 자기에게 절하게 된다는 꿈 이야기를 함으로써 요셉은 더욱 미움을 샀다.

그런 중에 하루는 야곱이 세겜에 양을 치러 가 있는 아들들의 안부를 묻기 위해 요셉을 보냈다. 이때 야곱은 헤브론에서 지냈던 것으로 보인다. 아버지의 심부름으로 집을 떠난 요셉은 세겜에 도착했으나 형들은 이미 그곳을 떠나 북쪽 도단으로 간 후였다. 요셉은 다시 도단으로 올라갔다.

당시 헤브론에서 도단까지는 200킬로미터(일부 학자는 128킬로미터로 주장함)나 되는 먼 거리였다. 이런 거리를 양을 치기 위해 이동했다

도단에 있는 요셉의 우물 _ 이스라엘

는 것은 그만큼 양이 먹을 풀이 부족했다는 뜻이다. 팔레스타인은 건기에 비가 거의 오지 않아 수분 증발을 막기 위해 잎이 가시 형태로 바뀐다. 그래서 목동은 건기에 양의 먹이를 찾아 먼 거리를 이동했다가 우기가 되면 다시 집으로 돌아온다.

이런 힘든 일을 요셉에게는 시키지 않고 채색옷을 입혀 집에 머물게 했으니 형들이 그를 미워하는 것은 당연했다. 사무엘이 이새의 아들 중 한 명에게 이스라엘의 두 번째 왕으로 기름 붓기 위해 찾아왔을 때 이새의 일곱 번째 아들 다윗은 들에서 양을 치고 있었다. 훗날 다윗은 그 사실을 떠올렸는지 "내 부모는 나를 버렸으나 여호와는 나를 영접하시리이다"(시편 27:10)라고 고백했다.

우리는 《성경》에 나오는 목자와 양의 관계를 이런 배경에서 이해해야 한다. 예수님은 산 가시에 찔려 가며 양 같은 우리를 먹이신다. 그런데 우리는 가시에 찔려 아픈 것만 생각하고 그런 가운데서도 우리를 먹이시려는 예수님의 심정을 헤아리지도 않고 있지 않은가! 세상의 고난과 환난 가운데서도 그것을 이기도록 말씀의 양식으로 우리를 먹이시는 예수님을 생각하자.

마침내 요셉이 도단에 있는 형들에게 갔을 때 그를 본 형제는 요셉을 죽여 구덩이에 던져 버리기를 모의했다. 이에 르우벤은 요셉을 살리기 위해 그냥 구덩이에 던지자고 제안했고 결국 요셉은 물이 없는 구덩이에 던져졌다. 그들이 식사하는 동안 유다는 요셉을 살리고 싶은 마음에 마침 그곳을 지나던 미디안 대상에게 요셉을 팔자고 제안했고 형제는 그의 말대로 요셉을 미디안 제사장에게 팔았다.

요셉 당시 미디안 대상의 모습을 알 수 있는 조각상 _ 이스라엘 아브닷 국립공원

도단으로 가는 길은 팔레스타인 지역을 관통해야 해서 방문하기가 쉽진 않다. 우리는 여러 차례 검문을 받고 나서야 도단에 도착할 수 있었다. 가장 먼저 옛 주거 지역인 텔을 찾았다. 지금도 살고 있는 것으로 보이는 한 집을 지나 언덕 위로 올라가 보니 《성경》에 나오는 도단이 펼쳐졌다.

그 옛날 야곱의 형제가 양을 치기 위해 헤브론에서 먼 거리를 이동해 온 이곳 도단은 겨울 우기여서 그런지 대지가 온통 푸른빛으로 가득했다. 그러나 요셉이 팔린 비운의 현장이기도 한 도단을 바라보며 하나님의 섭리가 무엇인지 다시 한 번 깊이 생각해 보았다.

왜 하나님은 요셉으로 하여금 형제에게 미움받고, 구덩이에 던져지고, 이집트 상인에게 팔리고, 누명받아 감옥에 갇히는 고난을 통해 훗날 기근으로 굶어 죽어 가는 수많은 사람을 구원하도록 하셨을까? 눈앞에 펼쳐진 도단의 푸름은 그 답을 알고 있을까?

그 답은 이집트 고센 땅에 있는 라암셋에 가서야 찾을 수 있었다. 고난 후에 따르는 하나님의 축복이 무엇인지 요셉을 통해 보게 된다.

만일 요셉이 형들에게 미움을 받지 않았다면 어떻게 되었을까? 그는 이집트로 팔려가지도 않았을 것이며 가뭄으로 굶어 죽어 가는 당시 온 세계를 구하지도 못했을 것이다. 또한 바로의 관원장이 갇힌 옥에 갇히지 않았다면 바로 앞에 설 수 있는 기회도 얻지 못했을 것이다. 하나님은 이런 고난의 방법을 통해 수많은 사람을 구하도록 하셨다.

이는 예수 그리스도의 십자가의 고난으로 온 인류를 구원하신 하나님의 방법과도 맥락을 같이한다. 그러므로 하나님을 위해 고난받는 것은 오히려 우리에게 축복이 된다.

도단은 발굴 흔적으로 여기저기 돌이 질서없이 파헤쳐진 모습이었다. 그중 가장 관심을 끄는 것은 요셉이 형제에 의해 던져진 물웅덩이였다. 지금은 우물 형태로 남아 있어 고난을 통한 하나님의 구원 역사를 새삼 느끼게 한다.

요셉은 이집트에 팔려 간 후 바로의 신하 보디발 장군의 집에서 노예로 일하게 되었다. 그러나 엎친 데 덮친 격으로 보디발 아내의 유혹을 받은 요셉은 그녀를 거절함으로 누명을 받아 감옥에 갇히게 되었다. 그곳은 바로의 술 맡은 관원장과 떡 굽는 관원장이 갇힌 감옥이기도 했다. 요셉은 그들에게 꿈을 해몽해 주었고 그 꿈은 해몽대로 이루어져 술 맡은 관원장은 복직하고, 떡 굽는 관원장은 사형을 당하게 되었다.

그러나 《성경》은 술 맡은 관원장이 왜 복직했는지 기록하고 있지 않다. 고대에는 가장 신뢰할 수 있는 사람에게 왕의 음식을 담당하게 했다. 이는 왕에 대한 독살이 음식이나 술을 통해 이루어졌기 때문이다.

그래서 바로가 마시는 포도주는 포도주를 저장하는 도기 항아리 상단에 제조자의 이름을 새기고, 주둥이와 뚜껑 사이에는 바로의 직인을 찍게 했다. 오랜 후에 왕이 보는 앞에서 뚜껑을 열어 맛을 보았을 때 잘 담가졌으면 제조자에게 상을 내리지만 그렇지 못하면 감옥에 가두거나 사형을 내리기도 했다.

아마 술 맡은 관원장이 복직된 것은 항아리에 새겨진 이름의 철자가 오랜 세월이 지나면서 살짝 지워졌거나 훼손되었다가 본래 이름으로 판명되었기 때문일 것이다. 어쨌든 요셉은 감옥에서 술 맡은 관원장과의 인연으로 바로 앞에 서게 되었고 총리 자리에까지 올랐다.

도단을 답사한 다음 날 야곱이 요셉을 만나기 위해 이집트로 내려가던 중 잠시 머물러 하나님에게 제단을 쌓았다는 브엘세바를 찾았다. 브엘세바는 여러 차례 방문한 곳이기에 별다른 어려움 없이 잘 닦인 도로를 따라 쉽게 갈 수 있었다.

현재 브엘세바에는 야곱이 희생 제사를 드린 사건을 생각해 볼 수 있는 돌 제단이 복원되어 있다. 돌 제단은 이곳을 발굴하던 중 제단을 쌓는 데 사용한 돌을 발견함으로써 이를 근거로 복원해 놓은 것이다.

요셉이 팔린 도단 들

포도주를 담았던 고대 이집트 항아리, 위에는 제조자의 이름이 새겨져 있다. _ 이집트 고고학 박물관

제단 네 귀퉁이는 뿔 모양으로 복원해 놓아 제물이 떨어지지 않도록 했다. 훗날 어떤 죄인이든 이 뿔을 잡으면 죽이지 못하는 관례가 생기기도 했다. 그래서 솔로몬 때는 아도니야가 도망해 이 뿔을 잡기도 했다(열왕기상 1:50~53).

돌 제단을 보며 야곱은 어떤 심정으로 브엘세바에서 하나님에게 희생 제사를 드렸을까 생각해 보았다. 그가 바로 앞에서 한 고백을 보면 연로한 나이에 이집트로 내려가는 자신의 가련한 처지와 죽은 줄 알았던 아들 요셉을 다시 만난다는 희망이 교차했던 것을 알 수 있다.

브엘세바의 돌 제단

바로가 야곱에게 묻되 네 나이가 얼마냐 야곱이 바로에게 아뢰되 내 나그네 길의 세월이 백삼십 년이니이다 내 나이가 얼마 못 되니 우리 조상의 나그네 길의 연조에 미치지 못하나 험악한 세월을 보내었나이다 창세기 47:8~9

성서시대의 브엘세바는 남쪽으로 내려가면 인간 생활의 한계선을 의미하는 경계 지점이 되고, 서쪽으로 가면 국경을 넘는 경계 지점의 의미가 있다. 따라서 거의 일평생 나그네 삶을 살아온 야곱에게는 뼈만이라도 고향 땅에 묻히기를 바라는 마지막 소원마저 버려야 하는 곳이었다. 그런 야곱의 마음을 아신 하나님은 그를 이렇게 위로하셨다.

> 나는 하나님이라 네 아버지의 하나님이니 애굽으로 내려가기를 두려워하지 말라 내가 거기서 너로 큰 민족을 이루게 하리라 내가 너와 함께 애굽으로 내려가겠고 반드시 너를 인도하여 다시 올라올 것이며 요셉이 그의 손으로 네 눈을 감기리라 하셨더라 창세기 46:3~4

하나님은 브엘세바를 떠나는 야곱에게 함께 이집트로 내려가겠다고 말씀하셨다. 이는 야곱에게 가장 큰 위로가 되었다. 그뿐만 아니라 반드시 이집트에서 다시 올라오게 할 것이라는 약속도 해주셨다. 브엘세바를 떠나면서 하나님이 야곱에게 주신 말씀이 나그네와 같은 우리에게로 큰 위로와 힘이 되기를 소원해 본다.

마침내 이집트에 도착한 야곱은 죽은 줄만 알았던 아들 요셉을 다시 만났다. 더욱이 요셉은 당시 세계를 지배하고 있던 이집트의 총리가 되어 두 아들까지 두고 있었다. 형들은 물론 아버지까지 그에게 절을 했으니 어린 시절 꾸었던 요셉의 꿈이 그대로 이루어진 것이다.

요셉은 죽어 애굽 땅에 장사되었지만 언젠가는 하나님이 자기 민족을 가나안 땅으로 인도하실 것을 바라보았기에 그날 자신의 유

요셉의 무덤 외경 _ 이스라엘 세겜

골을 이집트에서 가지고 나갈 것을 후손에게 약속하게 했다. 그리고 그의 꿈은 400여 년이 지난 후 이스라엘의 출애굽과 함께 이루어졌다.

그러나 학대를 받을수록 더욱 번성하여 퍼져나가니 애굽 사람이 이스라엘 자손으로 말미암아 근심하여 출애굽기 1:12

이스라엘 자손의 고역으로 건설된 라암셋 2세의 석상 _ 라암셋

고난은 축복을 담는 그릇

_고센

야곱(이스라엘) 가족이 이집트로 내려간 후 이스라엘 자손은 계속 번성해 갔다. 그러나 요셉을 알지 못하는 새 왕 바로는 점차 영역을 넓혀 가는 이스라엘을 두려워해 이스라엘 민족을 노예로 전락시키는가 하면 새로 태어나는 남자아이를 나일 강에 던져 죽이게 했다.
이때 모세가 태어났는데 하나님은 그를 통해 이스라엘 자손을 이집트에서 구해 내시기 위해 나일 강에 던져진 모세를 바로의 공주에게 보내 양자로 40년 동안 궁에서 자라게 하셨다. 그러나 모세는 40세 때 이집트 사람을 살인함으로써 이집트에서 도망쳐 광야에서 40년을 지낸 후 하나님의 부르심을 받고 다시 이집트로 돌아왔다출애굽기 1:1~4:31.

일찍이 하나님은 갈대아 우르에 살고 있던 아브라함을 선택해 새로운 믿음의 조상으로 삼으셨다. 그리고 고향을 떠나 하나님이 약속하신 땅으로 향하는 그에게 "땅의 모든 족속이 너로 말미암아 복을 얻을 것이다"라고 약속하셨다(창세기 12:3). 그러나 아브라함이 찾아간 약속의 땅은 자신이 살던 비옥한 메소포타미아와는 전혀 다른 척박한 곳이었다.

하나님의 역사는 인간이 예측하기 어렵고 이해하기 어려운 경우가 많다. 왜 하나님이 약속하신 자손 번성의 축복은 가나안 땅이 아닌 죄악으로 상징되는 이집트 땅에서 이루어졌을까?

자연조건으로 보면 가나안보다 이집트 고센 땅이 물과 곡식이 풍부해 자손이 번성할 수 있는 좋은 조건을 가지고 있었다. 그러나 이보다 더 큰 영적 의미가 있다. 야곱 가족 70명이 이집트로 내려간 이유는 약속의 땅 가나안에 기근이 들었기 때문이다. 가나안은 영적으로 보면 천국을 상징하는 곳이며, 믿음의 자리를 가리킨다. 그런 가나안 땅에 기근이 있었다는 것은 우리의 믿음생활에도 고난과 어려움이 찾아온다는 것을 의미한다.

아브라함은 가나안에 찾아든 기근을 해결하기 위해 이집트로 내려갔고, 야곱 역시 기근을 피해 이집트의 총리가 된 아들 요셉을 만나러 이집트로 내려갔다. 그렇다면 그들은 기근이 끝났으면 다시 하나님이 약속하신 가나안 땅으로 돌아와야 했다. 그러나 야곱이 죽은 후에도 그의 후손은 여전히 이집트에서 살았다. 왜 그들은 가나안으로 돌아오지 않고 그 땅에 그대로 정착해 살았을까?

기근으로 갈라진 땅 _ 이집트

이유는 간단하다. 지금의 삶의 조건이 매우 좋아서 하나님이 약속하신 땅에 대한 열망이 사라진 것이다. 세상의 좋은 환경에 빠져 있으면 하나님 나라에 대한 갈망이 약해진다. 비록 어려운 여건과 고난 가운데 있어도 믿음의 자리를 지키는 사람은 하나님 나라를 향한 소망이 더 커진다. 이것이 믿는 자에게 주어지는 축복이다.

이스라엘은 삶의 편안한 환경에 빠져 약속의 땅으로 가야겠다는 갈망을 잃어버렸다. 하나님은 그런 이스라엘을 계속해서 죄악의 땅에 머물도록 할 수 없었다. 하나님의 백성은 하나님이 약속하신 땅, 곧 믿음의 자리에서 살아야 한다. 그곳은 하나님이 믿는 자에게 허락하신 삶의 장이요, 하나님의 축복을 받을 수 있는 곳이기 때문이다.

하나님은 요셉을 알지 못하는 이집트의 새 왕을 통해 이스라엘 자손에게 고난을 겪게 하셨다. 새 왕은 힉소스Hyksos• 통치자를 몰아낸 이집트의 새로운 왕조를 가리킨다. 이전까지는 요셉과 같은 셈 족이 통치했지만, 이제는 이집트 본토에서 나온 새로운 왕조가 이집트를 다스리기 시작한 것이다.

결국 새 왕조의 출현으로 이스라엘 자손의 고통은 날로 커졌고 강제 노역으로 생활은 더욱 힘들어졌다. 흙 이기기와 벽돌 굽기, 농사의 여러 가지 일은 이미 감당할 능력을 벗어나 이스라엘의 신음이 하늘에 닿을 정도였다. 그러나 그런 고통 가운데서도 하나님은 자손 번성의 축복을 이루어 가셨다.

> 그러나 학대를 받을수록 더욱 번성하여 퍼져나가니 애굽 사람이 이스라엘 자손으로 말미암아 근심하여 이스라엘 자손에게 일을 엄하게 시켜 출애굽기 1:12~13

바로가 이스라엘 자손의 번성을 막기 위해 사용한 방법이 힘든 일을 시키는 것이었다. 고된 일로 인해 부부간의 잠자리가 어려워질 것이고 자연히 출산율도 떨어질 것으로 생각했기 때문이다. 그러나 〈출애굽기〉 1장 12절의 말씀처럼 이스라엘 자손은 학대를 받을수록 더욱 번성했다. 이는 고난 가운데서 이루어지는 자손 축복이 사람이 아닌 하나님이 하신 일임을 분명히 보여 주는 것이다.

• **힉소스** : 이집트 왕조의 쇠퇴를 틈타 약 100년(BC 1650~1540)간 이집트를 지배했다. 노아의 장자인 셈족계 힉소스족은 가나안 신을 숭배했고 그 주신은 바알로 이집트 세트Seth 신과 동일시되었다. 이들의 통치 기간은 정치적으로 보면 쇠퇴와 내리막길로 생각되나 이집트 전체로 보면 경제적으로 발전과 풍요의 시기였다.

그렇다. 하나님은 자신의 축복을 받는 그릇으로 고난을 사용하신다. 그러나 이스라엘은 고난 속에서 이루어 가시는 하나님의 약속된 축복을 보지 못했다. 그것은 자신에게 주어진 어려운 환경만 보았기 때문이다. 현실적으로 눈앞에 닥친 흙 이기기와 벽돌 굽기, 농사의 여러 가지 고된 일로 눈이 가려져 하나님의 일하심을 보지 못한 것이다. 고센의 좋은 생활환경에 취해 있을 때는 하나님 나라로 상징되는 가나안에 대한 열정이 식어 버리고, 고난에 처하자 그 고난을 통해 주시는 하나님의 축복을 바라보지 못했다.

고대에 흙벽돌을 쌓는 모습을 재현하는 이집트인 _ 이집트 민속촌

좋은 환경에서도 세상에 대한 욕심을 버리고 하나님 나라를 향한 열정과 갈망을 갖고 살 수는 없을까? 예수님이 부자가 천국에 들어가기가 낙타가 바늘귀로 들어가기보다 어렵다고 말씀하신 것을 보면 사람의 의지로 되는 것이 아닌가 보다. 그렇기에 모든 것이 하나님의 은혜로 가능함을 깨닫게 된다.

고난의 끝에 있는 상급을 바라보면 고난이 축복을 담는 그릇임을 알게 된다. 예수님은 앞에 있는 기쁨을 위해 십자가를 참으셨다.

그는 그 앞에 있는 기쁨을 위하여 십자가를 참으사 부끄러움을 개의치 아니하시더니 하나님 보좌 우편에 앉으셨느니라 히브리서 12:2

《성경》은 또 이렇게 말하고 있다.

현재의 고난은 장차 우리에게 나타날 영광과 비교할 수 없도다 로마서 8:18

이스라엘 자손의 고난의 숨결이 담긴 고센과 출애굽 출발지 라암셋을 찾았다. 라암셋은 이집트의 수도 카이로에서 북쪽으로 250킬로미터나 떨어진 먼 거리에 있다. 보통 하루 일정을 더 잡아야 하기 때문에 성지 순례 코스로 넣는 경우는 드물다.

우리 일행은 카이로에서 승합차를 이용해 북쪽 라암셋으로 향했

라암셋에 남아 있는 흙벽. 라암셋의 직인이 찍힌 흙벽돌(아래 좌), 흙벽돌 속의 짚(아래 우) _ 대영 박물관

다. 도로 상태가 좋지 않아 네 시간 가까이 걸려 도착했다. 올라가는 길옆에는 나일 강에서 끌어온 관개수로가 보였고 그 주변으로 비옥한 고센 땅이 펼쳐져 있었다. 연중 강우량이 100밀리미터가 채 되지 않지만 나일 강의 범람으로 생긴 충적토를 이용하여 농사를 지을 수 있었기에 로마의 곡식 공급처가 되기도 했다. 그래서 나일 강은 "신이 이집트에 내린 선물이다"라는 말이 있다.

라암셋에서 가장 관심 갖고 찾은 곳은 흙벽돌이었다. 이스라엘 백성의 고난을 통해 만들어진 것이니만큼 직접 확인해 보고 싶었다.

실제로 라암셋에서 멀지 않은 곳에 있는 비돔에서 흙벽돌을 확인할 수 있었다. 맨 아래쪽 벽돌에는 짚이 섞여 있고, 중간에는 잡초가, 맨 위 벽돌에는 아무것도 없다는 사실이 고고학 발굴 결과 확인되었다. 라암셋과 비돔 국고성을 건설한 이스라엘 백성의 고통이 흙벽돌을 통해 전해지는 것 같았다.

비옥한 나일 강 삼각주에 있는 이집트 고센 지역

《성경》의 기록대로 흙벽돌에서 짚을 찾은 다음 흙벽돌을 붙잡고 이스라엘의 고통을 생각하며 기도했다.

이스라엘의 고난으로 만들어진 이 흙벽돌 앞에 섰습니다. 내가 하는 이 일이 아무리 힘들고 어려워도 그 속에서 약속된 축복을 이루어 가시는 하나님, 저를 통해 하시는 이 일이 견디기 어렵고 때로는 위험이 따르더라도 그 속에서 이루시는 하나님의 역사를 보게 하소서.

바로가 백성을 보낸 후에 블레셋 사람의 땅의 길은 가까울지라도 하나님이 그들을 그 길로 인도하지 아니하셨으니 이는 하나님이 말씀하시기를 이 백성이 전쟁을 하게 되면 마음을 돌이켜 애굽으로 돌아갈까 하셨음이라 출애굽기 13:17

이스라엘 자손이 건넜던 홍해(오늘날 빅터 호)

바다 밑에 길을 준비한 하나님

_홍해

미디안에서 광야생활을 한 지 40년 만에 하나님의 부름을 받고 이집트로 돌아온 모세는 바로 앞에서 하나님의 명령에 따라 열 가지 재앙을 내리게 했다. 결국 바로는 이스라엘 백성을 놓아주고 모세는 라암셋에서 이스라엘 백성을 이끌고 이집트를 빠져나왔다. 그러나 하나님은 그들을 가나안으로 향하는 직통 길이 아닌 전혀 다른 홍해 광야길로 인도하셨다.

이스라엘 백성이 홍해 앞에 다다랐을 무렵 바로는 마음을 바꿔 다시 홍해 앞까지 그들을 추격해 왔다. 그러나 하나님은 홍해를 갈라 이스라엘 백성을 건너게 하신 후 다시 물을 덮어 이집트 병사들을 홍해에 빠뜨리셨다 출애굽기 5:1~15:21.

마침내 하나님은 이스라엘의 신음소리를 듣고 모세를 통해 그들을 구원하려는 계획을 세우셨다.

> 여호와께서 이르시되 내가 애굽에 있는 내 백성의 고통을 분명히 보고 그들이 그들의 감독자로 말미암아 부르짖음을 듣고 그 근심을 알고, 이제 내가 너를 바로에게 보내어 너에게 내 백성 이스라엘 자손을 애굽에서 인도하여 내게 하리라 출애굽기 3:7, 10

그러나 모세는 40년간 미디안 광야*에서 목동으로 지내면서 자기 민족을 위해 이집트 사람을 죽일 만큼 민족에 대해 가졌던 열정이 식은 지 오래였다. 그래서 그는 하나님이 자신을 불렀을 때 이렇게 대답했다.

"내가 누구이기에 바로에게 갑니까? 이스라엘 백성이 나를 보내신 이의 이름을 물으면 무엇이라고 대답해야 합니까? 여호와께서 나에게 나타나지 않았다고 할 것입니다. 나는 본래 말을 잘하지 못하는데 주님이 말씀하신 지금도 여전히 입이 뻣뻣하고 둔합니다."

이렇듯 모세가 하나님의 부르심에 네 차례나 거절했던 이유는 무엇일까? 당시 결혼제도를 보면 그 이유를 어느 정도 짐작할 수 있다. 족장시대는 물론 출애굽 당시에도 아내를 맞이하기 위해서는 많은 예물을 주어야 했다. 그래서 야곱은 아내를 얻을 돈이 없어 라헬을 위해 7년 동안

* 미디안 광야 : 모세가 이집트에서 도망해 40년을 살았던 곳으로 오늘날 사우디아라비아 서부와 이집트 시나이 반도 동쪽 지역을 가리킨다.

시나이 반도 동쪽의 미디안 광야

머슴을 살았다. 그러나 모세는 돈도 없었고 머슴살이도 하지 않았다. 아무것도 한 것 없이 십보라를 아내로 맞았다. 그런 그의 처가살이는 우리가 생각하는 것보다 더 비참했을 것이다. 그런 가운데 하나님의 부름을 받았으니 "내가 누구이기에 바로에게 갑니까?"라는 말을 할 만도 했다.

호렙 산을 떠난 모세는 이집트 왕 바로 앞에 섰다. 바로는 순순히 모세의 말대로 이스라엘 백성을 보내 주지 않았다. 결국 열 가지 재앙을 경험하고서야 이스라엘 백성이 나가는 것을 허락했다.

하나님은 완고한 바로에게서 이스라엘 자손을 해방하기 위해 마지막에는 바로의 장자에서부터 가축의 처음 난 것까지도 죽이는 재앙을 내리셨다. 이는 마치 우리를 구원하기 위해 예수님이 십자가에서 죽임을 당한 것과 같다. 또한 그것은 이스라엘 백성이 앞으로 어떤 고난이 있더라도 전능하신 하나님을 신뢰하며 그 고난의 광야길을 가도록 하기 위함이었다. 그래서 하나님은 이스라엘 백성을 쉽고 빠른 블레셋 길로 인도하지 않고 멀고 험한 홍해 광야길로 인도하셨다. 이에 대해 《성경》은 이렇게 말하고 있다.

네 하나님 여호와께서 이 사십 년 동안에 네게 광야길을 걷게 하신 것을 기억하라 이는 너를 낮추시며 너를 시험하사 네 마음이 어떠한지 그 명령을 지키는지 지키지 않는지 알려 하심이라 너를 낮추시며 너를 주리게 하시며 또 너도 알지 못하며 네 조상들도 알지 못하던 만나를 네게 먹이신 것은 사람이 떡으로만 사는 것이 아니요 여호와의 입에서 나오는 모든 말씀으로 사는 줄을 네가 알게 하려 하심이니라 신명기 8:2~3

그러므로 이스라엘은 그들을 이집트에서 구해 내기 위해 열 가지 재앙을 내리신 하나님을 믿고 어떤 고난과 역경이 다가와도 그 광야길을 따라가야만 했다.

당시 이집트에서 가나안으로 가는 길은 대체로 세 길이 있었다. 첫 번째 길은 라암셋을 떠나 지중해변을 따라가는 《성경》에서 말하는 블레셋 사람의 땅의 길이다. 가장 짧고 평탄한 길이지만 가나안에 들어가기 직전 당시 가장 강한 블레셋이 자리하고 있었다.

두 번째는 그보다 남쪽으로 내려간 수르 광야길이다. 온On을 떠나 수르 광야를 관통해 가데스 바네아Kadesh-barnea를 거쳐 북상하는 길인데 이 역시 가나안 직전에 하나님이 허락하시지 않은 에돔이 자리하고 있었다.

마지막으로 가장 남쪽으로 내려가 시나이 반도를 중앙으로 관통해 에일라트Eilat(엘랏)와 오늘날 아카바로 가서 아라바 계곡을 따라 북상하는 길이다. 그러나 이스라엘이 간 홍해길은 이와는 전혀 다른 길로 시나이 반도 해안을 따라 남쪽으로 내려간 후 오늘날 제벨 무사Jebel Musa라는 시내 산에서 다시 북상하는 길이었다. 어쨌든 라암셋에서 출발한 이스라엘 백성은 하룻길만 가도 나오는 수르 광야에 이르게 되었다.

그런데 하나님의 훈련 과정은 단계적으로 이루어졌다. 이집트에서 나온 때를 보면 태양력으로 3~4월에 해당한다. 우기가 막 끝난 1년 중 가장 좋은 시기이다. 만일 한여름이나 한겨울에 이집트를 빠져나왔다면 그들은 하루 만에 광야에 이르게 되고 척박한 광야생활에 적응하기도 전에 견디기 어려운 환경에 처했을 것이다.

그러나 그들 앞에 놓인 첫 번째 시험은 자연환경이 아니라 믿음에 대한 것이었다. 라암셋을 떠난 이스라엘 백성이 처음으로 진을 친 곳은 바알스본 맞은편 바닷가로, 이는 하나님의 명령에 따라 행한 것이었다. 이때 하나님은 바로의 마음을 완악하게 하셨고, 바로는 병거

이스라엘의 출애굽 출발지인 라암셋 _ 이집트

를 이끌고 홍해 바닷가에 진을 친 이스라엘을 바짝 쫓아왔다. 그야말로 뒤로는 바로의 병거가, 앞으로는 홍해 바다가 놓여 있는 진퇴양난 상황이었다. 하나님은 이런 상황에서 이스라엘 백성이 어떤 태도를 보이기 원하셨을까?

이스라엘이 건넌 홍해의 위치에 대해서는 출애굽 경로를 둘러싼 주장에 따라 달라진다. 출애굽 북방설에 의하면 홍해는 지중해에 있는 만잘라 호수Lake Manzala 또는 그 동쪽에 있는 바르다윌 호수Lake Bardawil로 본다. 그리고 시내 산을 오늘날 사우디아라비아로 보면 이스라엘이 건넌 홍해는 아카바 만 홍해의 누웨이바 앞으로 보기도 한다. 그러나 정통적인 견해에 의하면 수에즈 만 홍해로 보는 것이 타당하다.

우리는 정통적인 견해에 따라 이스라엘이 건넌 곳으로 추정되는 홍해를 찾았다. 지금은 빅터 호수로 불리는데 출애굽 당시에는 남쪽 수에즈 만 홍해와 접해 있었다. 빅터 호수는 카이로에서 북쪽 이스마일리아로 가는 44번 도로를 따라 남쪽으로 내려가거나 정동 쪽 수에즈 운하로 가는 33번 도로를 이용해 북쪽으로 올라가면 된다.

빅터 호숫가에 있는 파나라Panara라는 곳에서 하룻밤을 묵고 다음날 일찍 해가 뜨기 전에 호숫가로 나가 보았다. 홍해가 새벽에 갈라진 것을 생각하며 붉게 달아오르는 동쪽 하늘을 바라보았다. 그 옛날 바로 이 자리에 머문 이스라엘 백성은 자신들을 이집트에서 이끌어내기 위해 열 가지 재앙까지 내리셨던 하나님의 능력보다는 현실을 원망하는 마음이 더 컸다. 그러나 하나님은 이미 바다 밑에 길을 준비해 놓으셨다.

빅터 호수의 일출 _ 이집트

일반적으로 바다 밑 지형은 육로와는 달리 험해서 물이 걷혔다 해도 걸어서 갈 수가 없다. 그러나 하나님은 이스라엘 백성을 인도하시기 위해 바다 밑에 길을 마련해 놓고 그 길을 열려고 기다리고 계셨다.

이제 물만 없으면 된다. 지금 이스라엘 백성에게는 바닷물을 걷어 내시는 하나님의 능력을 믿는 믿음이 필요했다. 그러나 그들은 그 길을 믿음의 눈으로 보지 못했다. 해답은 자연조건에 있는 것이 아니라 환경을 만드시는 하나님을 믿는 믿음에 있는 것이다.

우리는 과연 사람의 방법이나 능력으로는 빠져나갈 길 없는 사면초가와 같은 상황에서도 하나님의 능력을 믿으며 마지막 순간까지 기다릴 수 있을까?

대전신학교 졸업식 때(좌), 대전노회에서 목사 안수 때로 오른쪽은 함께 자취 생활을 했던 주재권 목사(우)

중학교 3학년 때 일이다. 예수님을 영접하는 순간 "골방에 들어가 기도하라"(마태복음 6:6)는 말씀을 읽고 글자 그대로 골방에 들어가 목사가 되어야겠다고 기도했다. 왜 믿자마자 목사가 되겠다는 생각을 했는지 지금도 그때의 기도를 이해할 수 없다. 분명한 것은 이후로 그 마음을 포기한 적이 없고, 지금까지도 목사의 길을 선택한 것을 후회하지 않는다. 다만 한 가지 문제가 있었다.

집안 형편이 어렵다 보니 관광호텔에 취직해서 등록금을 번 후 신학교에 가야겠다는 생각으로 대전에서 서울에 있는 관광학원을 다녔다. 그러나 그것은 내 방법이었지 하나님의 방법은 아니었다. 결국 3개월도 못 되어 그만두고 집에서 하나님이 인도하실 때까지 《성경》만 읽었다.

당시 허물어진 양계장 한쪽 벽면에 의지해 하루 만에 지은 집에서 5년을 살고 있었는데 지붕은 올릴 수 없어 비닐로 씌웠다. 때로는 그 위로 쥐가 다니기도 했다. 전기가 없어 촛불을 켜고 밤낮으로 《성경》을 읽던 그때 오직 《성경》만 가지고 예수님 족보를 만들었다.

신학교에 들어가서도 어려운 생활은 계속 이어졌다. 한겨울에도 연탄값이 없어 이불을 뒤집어쓰고 냉방에서 지내야 했으며, 아르바이트로 하는 인쇄일로 밤 12시 이전에 잠자리에 든 기억이 거의 없다. 그렇게 5년을 보내고 결혼 후에도 대출받은 등록금을 갚기 위해 주야로 일하며 교육전도사 생활을 했다.

이집트를 빠져나온 이스라엘 백성이 사면초가 상황에 직면했던 홍해 바닷가의 떠오르는 태양을 바라보며 목사가 되어 이 자리까지 오게 된 것은 오직 하나님의 섭리였음을 고백했다.

그렇다. 앞으로 가는 길에도 하나님은 여전히 그 길을 준비해 놓으셨음을 확실히 믿는다. 비록 그 길을 알지 못하고 보지 못한다 할지라도 홍해 바다 밑에 길을 준비해 놓으신 하나님은 분명히 나의 갈 길, 우리 길도 예비해 두셨음을 믿는다.

모세가 홍해에서 이스라엘을 인도하매 그들이 나와서 수르 광야로 들어가서 거기서 사흘길을 걸었으나 물을 얻지 못하고 마라에 이르렀더니 그 곳 물이 써서 마시지 못하겠으므로 그 이름을 마라라 하였더라 출애굽기 15:22~23

인생을 치료하는 하나님

_마라

쓴물이 단물로 변한 마라 _ 이집트

"홍해를 육지같이 건너간 이스라엘은 수르 광야로 들어갔다. 그러나 3일을 걸어도 물을 얻지 못하고 마라라는 곳에 도착했다. 그곳에서 오아시스를 찾은 이스라엘 백성은 물이 써서 마시지 못하게 되자 다시 하나님을 원망했다.

그들에게는 3일 전에 홍해를 갈라 바다를 육지같이 건너게 하고 이집트 병사를 바다에 빠뜨리면서까지 자신들을 살리신 하나님의 능력보다는 눈앞에 닥친 목마름이 더 중요했다. 그러나 원망하는 이스라엘을 위해 하나님은 모세에게 한 나무를 지시하시고 모세는 그 나뭇가지를 물에 던져 달게 함으로써 이스라엘 백성은 물을 마실 수 있었다 출애굽기 15:22~26."

홍해(빅터 호)에서 마라까지는 3일 길이었다. 아윤 무사Ayun Musa로 불리는 《성경》 속 마라는 빅터 호수 중간 지점에서 출발하면 70킬로미터, 수에즈 운하에서는 30킬로미터 거리에 있다. 아윤 무사는 성지 순례 시 빠지지 않고 들르는 곳이다. 이곳에 가면 베두인 아이와 여인들이 순례객을 상대로 손수 만든 기념품을 팔고 있다.

마라는 '쓰다', '쓴맛', '슬픔' 등의 뜻이 있다. 이집트 말로 아윤은 '우물'이란 뜻이고, 무사는 '모세'를 말하니, 곧 마라는 '모세의 우물'이다. 그러나 이보다 남쪽인 수에즈 남동쪽 75킬로미터, 홍해에서 동쪽으로 11킬로미터 떨어진 아인 하와라Ain Hawara를 마라로 보기도 한다.

마라는 이집트를 빠져나온 이스라엘 백성이 수르 광야에서 사흘 길을 행진한 뒤 처음으로 수원을 발견한 곳이다. 그러나 물이 써서 마시지 못하자 백성은 다시 하나님을 원망했고, 하나님은 모세를 통해 마라의 쓴물을 단물로 바꾸셨다(출애굽기 15:23, 민수기 33:8).

이집트에서 열 가지 재앙을 보고, 홍해에서 바다가 갈라지는 기적을 경험한 이스라엘 백성은 왜 또다시 원망했을까?

홍해를 건너고 사막길을 걸으며 3일간이나 물을 마시지 못했으니 이런 극심한 갈증의 현실은 바다를 가른 하나님의 능력조차 삼켜 버리기에 충분했을 것이다. 그러나 하나님이 그런 상황으로 이끈 것은 가나안을 차지하기 위한 신앙의 훈련과정이었다. 하나님은 100퍼센트 신앙을 요구하신다.

천국은 침노하는 자의 것이라고 했다. 천국으로 상징되는 가나안 땅의 백성이 되기 위해서는 100퍼센트 신앙이 필요하다. 믿음으로 얻는 구원은 99퍼센트의 믿음이 아니라 100퍼센트 믿음이다. 지금 죽을 지경에 이르렀어도 아직은 죽지 않았다. 이것을 넘는 신앙이 바로 100퍼센트 신앙이요, 우리의 모든 것, 생명까지도 바치는 믿음이다.

그러나 지금 이스라엘 백성은 이집트에서 탈출해 광야로 들어온 지 며칠 되지 않은 나약한 백성이었다. 그들의 신앙은 이제 갓 태어난 갓난아이와 같았다. 그래서 하나님은 또다시 이들을 위해 쓴물을 단물로 바꾸어 주셨다.

마라에는 모세의 우물로 불리는 베두인의 우물이 있는데 이집트 기록에 의하면 이곳에 일곱 개의 우물이 있었다고 한다. 이 기록을 근거로 이집트 정부에서 발굴을 계속한 결과 한 개의 우물을 더 발견했다.

단체 성지 인도차 이곳에 가면 우물 주위에 모여 광야에 대한 찬양을 한다. 우리 일행이 방문한 날도 우물 주위에 모여 함께 찬양했다. 찬양 후에 주변을 둘러보니 대추야자와 에셀나무 몇 그루가 보였다. 그 옛날 모세가 우물에 던져 쓴물을 단물로 바꾸었던 나뭇가지는 에셀나무 가지가 아니었을까 생각해 본다. 묘하게도 에셀나무는 그 가지에서 염분을 낸다.

그럼 이곳의 물은 왜 썼을까? 지금도 마라의 우물에는 물이 있는데 이곳은 홍해에서 불과 1킬로미터 정도밖에 떨어져 있지 않기 때문에 물에 소금기가 있는 것이 사실이다. 실제로 대추야자는 염분이

마라에 있는 에셀나무 _ 이집트 시나이 반도

있는 곳에서도 잘 자라며, 에셀나무는 나뭇가지에서 염분을 낸다. 염분이 섞인 물이 쓴 이유는 염분에 불순물이 들어가는 경우다.

이곳에서 묵상하게 되는 하나님의 말씀이 있다.

> 너희는 세상의 소금이니 소금이 만일 그 맛을 잃으면 무엇으로 짜게 하리요 후에는 아무 쓸 데 없어 다만 밖에 버려져 사람에게 밟힐 뿐이니라
>
> 마태복음 5:13

예수님의 말씀처럼 우리는 세상에서 소금과 같은 역할을 해야 한다. 그러나 신앙생활을 오래 할수록 더욱 세상과 구별되는 소금과 같은 역할로 빛을 발해야 하는데 알게 모르게 다시 세상의 욕심과 이기심에 젖어 오히려 믿지 않는 이들에게 비난받게 되지는 않는가! 하나님은 마라의 쓴물을 단물로 바꾸시며 "나는 치료하는 하나님"이라고

말씀하셨다.

> 이르시되 너희가 너희 하나님 나 여호와의 말을 들어 순종하고 내가 보기에 의를 행하며 내 계명에 귀를 기울이며 내 모든 규례를 지키면 내가 애굽 사람에게 내린 모든 질병 중 하나도 너희에게 내리지 아니하리니 나는 너희를 치료하는 여호와임이라 출애굽기 15:26

하나님은 왜 이스라엘 백성을 마라로 인도하셨을까? 〈출애굽기〉 15장 26절에서 그 이유를 말해 주고 있다. 하나님의 백성이 하나님 보시기에 의롭게 행하고 그 말씀을 순종하는지 알기 위해서다.

우리는 신앙 여정 속에서 마라처럼 쓴 인생을 살 때가 있다. 나 역시도 물질과 건강으로 인한 쓴 인생이 있었다. 고등학교 2학년 때 맹장수술이 잘못되어 재수술을 세 번 한 후 몸이 점점 약해졌다. 그 후 먹는다는 것이 하기 싫은 일을 해치워야 하는 것과 같이 되었다.

그렇다 보니 밥을 빨리 먹어 버려야 한다는 생각으로 식사하게 되었고 식사 시간은 자연히 빨라졌다. 중요한 식사 자리에 초대받으면 최대한 늦게 먹으려고 애를 쓰지만 그래도 가장 먼저 수저를 놓게 된다.

세상에는 원하지 않는 질병으로 쓴 인생을 살아가는 사람이 많다. 그러나 하나님은 마라와 같은 쓴 인생을 단 인생으로 치료해 주시는 분이다. 이것이 마라의 사건이 우리에게 주는 메시지이다. 그런 마라의 우물 앞에 설 때마다 인생의 치료자이신 하나님을 고백하고 또 순례객에게도 그런 하나님을 전한다.

사사시대에 등장하는 나오미는 가뭄으로 베들레헴을 떠나 모압 땅에 거주할 때 그곳에서 남편과 두 아들을 잃었다. 다시 베들레헴으로 돌아왔을 때 사람들이 그를 가리켜 나오미가 돌아왔다고 하자 나오미는 더 이상 자신을 나오미라 하지 말고 '쓰다'라는 뜻의 '마라'라 부르라고 했다(룻기 1:19~20).

그러나 하나님은 쓴 인생을 살던 나오미를 며느리 룻을 통해 예수님의 조상이 되게 하는 단 인생으로 바꾸어 주셨다. 하나님은 질병뿐만 아니라 실패한 인생도, 절망 가운데 있는 쓴 인생도 치료하시는 분이다.

이스라엘 백성이 마라를 떠나 다음으로 진을 친 곳은 달콤한 만나가 내린 엘림이다. 마라와 같은 쓴 인생 가운데 있을지라도 이미 엘림과 같은 달콤한 인생을 준비하고 계시는 하나님을 바라보자.

그들이 엘림에 이르니 거기에 물 샘 열둘과 종려나무 일흔 그루가 있는지라 거기서 그들이 그 물 곁에 장막을 치니라 출애굽기 15:27

광야에도 오아시스는 있다

_신 광야 엘림

신 광야가 시작되는 엘림(와디 가란달) _ 이집트

"마라를 떠난 이스라엘은 엘림에 도착해 진을 쳤다. 엘림에는 샘물 열두 개와 종려나무 70주가 있었다. 그리고 다시 엘림을 떠나 이집트를 나온 지 한 달 만에 엘림과 시내 산 사이에 있는 신 광야Wilderness of Zin에 이르렀다.

그러나 이곳에서 양식이 떨어지자 이스라엘 백성은 다시 하나님을 원망하기 시작했다. 이에 하나님은 하늘에서 만나를 내려 주시되 그날의 양식을 사람 수대로 거두게 하심으로 날마다 하나님만 의지하게 하셨다출애굽기 15:27~16:36."

엘림으로 추정되는 곳은 오늘날 와디 가란달Wd. Gharandal로 마라와는 60킬로미터 거리이며 수에즈에서는 남쪽으로 90킬로미터 떨어져 있다. 함맘 파라운Hammam Pharaon(바로의 온천)에서 아스팔트 길을 따라 북쪽으로 조금 가다가 와디 가란달을 만나는 곳에서 와디를 따라가면 바로 대추야자가 자라는 골짜기를 만나게 되는데 그곳이 엘림이다.

엘림은 이스라엘 백성이 마라를 떠나 진을 친 곳으로 샘물 열두 곳과 종려나무 70그루가 있었다. 지금은 수많은 종려나무가 긴 계곡을 따라 자라고 있고 베두인이 판 우물도 있다. 만일 이스라엘 백성이 마라에서 쓴물로 인해 원망하지 않았다면 3일 정도 거리에 있는 엘림에서 물을 얻을 수 있었을 것이다.

하나님은 수르(에담) 광야를 지나는 이스라엘 백성을 위해 샘물과 종려나무가 있는 엘림을 준비해 주셨다. 라암셋을 출발해 숙곳과 에담, 홍해, 마라에 이어 다섯 번째 진을 친 엘림은 실질적으로 처음 갖는 휴식처였다.

땀 흘린 훈련 중에 마시는 시원한 냉수처럼 하나님은 가나안으로 가는 훈련 여정 중에서도 때로 엘림 같은 휴식처를 마련해 주신다. 신앙 여정이란 원래 광야의 길을 걷는 것이 아닌가. 그러나 힘들어 지쳐 도저히 갈 수 없는 광야길을 걸을 때 하나님은 때마다 쉴 곳을 마련해 주신다. 엘리야가 갈멜 산에서 도망해 브엘세바의 한 로뎀나무 아래서 죽기를 구할 만큼 기진맥진한 상태에 있을 때도 하나님은 천사를 통해 그에게 음식을 제공해 주셨으며, 예수님은 실의에 빠져

이집트 알루스로 주장되는 신 광야 와디 무카탑에서

엠마오로 가던 두 제자와 동행하신 후 엠마오에서 그들과 함께 음식을 나누셨다.

우리가 믿는 하나님은 광야와 같은 여정을 걷는 믿음의 백성에게 때로는 힘든 훈련의 장으로 인도하시지만 쓰러지고 넘어질 때마다 엘림 같은 쉴 곳도 마련해 주신다. 그렇기에 우리는 다시 힘을 얻어 가나안으로, 하나님 나라를 향해 한 걸음, 한 걸음 내딛는 것이다.

엘림을 떠난 이스라엘 백성은 시내 산 사이에 펼쳐진 신 광야에 한 달 만에 도착했다. 이곳에 우리 일행은 라암셋을 떠나 홍해에서 하루 묵은 후 이틀 만에 지프를 이용해 도착했다.

그런데 신 광야에 이른 이스라엘 백성에게 다시 문제가 발생했다. 물은 이미 마라에 이르기 전에 다 떨어졌고, 이집트에서 가지고 온 양식마저 한 달 만에 떨어졌다. 그것도 신 광야 한복판에서 말이다.

광야는 어떤 곳인가? 왜 하나님은 가나안을 차지하기 위한 훈련의 장소로 광야를 선택하셨을까? 끝없이 펼쳐지는 신 광야를 지프로 3시간 30분을 달리면서 그런 하나님의 섭리를 깨달았다.

광야는 인간의 노력으로 살 수 있는 곳이 아니다. 오직 하나님이 주시지 않으면 먹을 수도 없고, 마실 수도 없으며, 지낼 수도 없다. 《광야의 식탁》이라는 책이 있다. 광야에서 식탁을 차릴 수 있는 분은 오직 하나님 한 분뿐이다. 신 광야에서 양식이 떨어진 이스라엘 백성에게는 아무런 대책이 없었다. 어디서 수많은 사람이 먹을 양식을 구하겠는가? 그들은 홍해 바닷가와 엘림에서와 같이 원망할 수밖에 없었다.

이스라엘 자손 온 회중이 그 광야에서 모세와 아론을 원망하여 이스라엘 자손이 그들에게 이르되 우리가 애굽 땅에서 고기 가마 곁에 앉아 있던 때와 떡을 배불리 먹던 때에 여호와의 손에 죽었더라면 좋았을 것을 너희가 이 광야로 우리를 인도해 내어 이 온 회중이 주려 죽게 하는도다

출애굽기 16:2~3

그때 하나님은 그들에게 하늘에서 만나를 내려 주셨다. 그것은 경작한 땅에서 얻을 수 있는 빵이 아니었다. 그들이 이해할 수 있는 범위를 벗어난 곳에서 얻은 빵이었다. 그런데도 이스라엘 백성은 경작된 땅을 갈망했고 그 땅에서 얻어지는 빵을 우선으로 구했다.

왜 땅에서 얻을 수 없는 빵을 어떤 농사도 지을 수 없는 광야에서 내려 주셨을까? 《성경》에서는 이렇게 말하고 있다.

너를 낮추시며 너를 주리게 하시며 또 너도 알지 못하며 네 조상들도 알지 못하던 만나를 네게 먹이신 것은 사람이 떡으로만 사는 것이 아니요

여호와의 입에서 나오는 모든 말씀으로 사는 줄을 네가 알게 하려 하심 이니라 신명기 8:3

광야의 훈련, 그것은 어떤 양식도 인간의 노력으로 얻을 수 없는 상태에서 오직 하나님이 주시는 양식, 만나만 바라보고 살아야 하는 훈련이다. 하나님은 그날의 양식을 사람의 수대로 거두되 한 사람에 한 오멜씩만 거두도록 하셨다. 이는 매일매일 하나님만 바라보고 살도록 한 것이다. 이틀 분량의 양식을 거두어들여 아침까지 남겨 두었을 때는 벌레가 생기고 냄새가 나 먹지 못했다.

세상의 빵과 달리 하늘에서 내린 빵은 저축할 수 있는 것이 아니었다. 이는 매일매일 사는 것이 오직 하나님에게 달려 있음을 보여준다. 광야의 훈련이란 바로 이런 것이다. 하나님이 주시면 먹고 주시지 않으면 굶는 것이다. 오직 하나님만 바라보는 훈련, 하나님 없이는 살 수 없다는 믿음의 훈련이 광야의 훈련이다.

그럼 하늘에서 내린 만나는 어떤 것인가? 〈출애굽기〉 16장 14절과 31절에서는 작고 둥글며 서리같이 가는 것으로, 깟씨 같고 희고 맛은 꿀 섞은 과자 같다고 표현하고 있다.

다음 답사지 돕가Dophkah로 가기 전에 우리는 먼저 와디 바바Wb. Baba 계곡에 들렀다. 와디는 우기에만 비가 오는 건천을 말하고 바바는 '사랑'이란 뜻의 아랍어다. 계곡으로 들어서서 두 시간 정도 걷는 동안 계곡의 다채로운 모습을 바라보며 왜 와디 바바라는 이름이 붙었는지 이해할 수 있었다.

특히 계곡 밑으로는 염분이 있어 지금도 하얀 소금을 볼 수 있는

와디 바바 계곡과 염분이 섞인 샘물 _ 이집트

에셀나무 일종인 만나 위성류 가지와 응고된 소금 _ 이집트 와디 바바

데 여기서 에셀나무의 일종인 만나 위성류가 자란다. 현지인은 이 나무가 만나나무라고 알려 주었다. 나무 잎에서는 염분이 분출되는데 잎을 씹으면 짠 맛이 난다. 그리고 나무에 기생하는 만나충이 6~7월에 나무의 진을 빨아먹은 후 배설물을 분비하는데 그 모양이 《성경》에서 만나로 표현하는 깟씨나 솜사탕 같고 맛이 달아 만나 모양과 흡사하다. 아랍인은 이것을 만(혹은 마나)이라고 부른다.

몇 차례 이곳을 지나면서 한번은 이 나무에서 만나를 연상케 하는 솜사탕 같은 하얀 분비물을 본 적이 있어 사진에 담았다. 이를 보고 한 가지 궁금한 것이 해결되었다. 이스라엘 백성은 40년의 광야 생활 동안 소금을 어떻게 섭취했을까 하는 점이다.

《성경》에는 소금을 다른 곳에서 가져왔다거나 소금이 하늘에서 내렸다는 기록이 없다. 그러나 만나를 보면서 하나님은 만나 속에 소금을 섭취하지 않아도 될 만큼의 염분을 함께 내려 주셨음을 확신할 수 있었다.

이스라엘 백성을 광야에서 인도하시는 하나님은 이런 분이다. 그런데 이스라엘 백성은 그런 하나님의 오묘한 섭리를 알고 있었을까?

내가 이해하지 못한다고 해서 하나님의 역사를 축소해서는 안 된다. 하나님은 내가 모르는 부분까지 오묘한 섭리로 광야와 같은 이 세상을 이끄신다. 그분의 백성 된 우리는 오직 인도하심만 따라 순종하면 되는 것이다. 이것이 광야의 훈련 과정이다.

사막에도 딱정벌레 종류가 산다. 현미경으로 들여다보면 딱정벌레의 딱딱한 등에는 가늘게 홈이 파여 있다. 새벽이 되어 딱딱한 등에 이슬이 맺히면 딱정벌레는 뒷다리를 들어 모인 이슬을 입 쪽으로 흘려보내 물이 없는 사막에서도 살아간다. 이것이 하나님의 창조 세계다.

와디 바바 계곡을 뒤로하고 돕가를 향해 계속 길을 나섰다. 셰라빔 엘 카딤, 《성경》의 돕가에 도착하자 20여 가구가 작은 마을을 형성해 살고 있었다. 처음 이곳을 찾았을 때는 부족장 집 앞의 바람막이도 없는 모랫바닥에서 잠을 잤는데 지금은 베두인 촌에서 숙박촌을 운영하고 있었다.

숙박촌은 찾을 때마다 시설이 좋아져 텐트에서 출발한 시설이 이제는 콘크리트로 침대를 만들어 놓고 냉장고에 시원한 음료와 생수까지도 팔고 있었다. 알고 보니 이곳을 운영하는 베두인은 모두 한가족이고 친척이었다.

성지를 순례하다 보면 보통 늦은 저녁때 이곳에 도착하게 되는데 법궤를 만들었던 싯딤나무로 끓인 베두인 전통차를 대접받곤 한다. 저녁은 직접 철판에 구운 얇은 빵조각에 야채와 후무스를 발라먹는다. 이미 여러 차례 방문한 터라 미리 컵라면을 준비하고 현지인에게 양 바비큐를 부탁해 놓는다. 열다섯 명에 180달러 정도면 새끼 양 한 마리로 충분하다.

돕가의 베두인 족장 집에서-처음 방문했을 때(위), 돕가의 베두인 천막촌에서 식사(아래)

식사가 끝나면 바로 광야에서 집회를 시작한다. 전날 열두 시간 비행기를 타고 이튿날 아침 일찍 순례를 마치고 마라를 지나 지프로 40분을 달려 와디 바바에 도착하고 나서도 두 시간여 광야를 걸었으니 피로가 한몸에 몰려든다. 그러나 이스라엘 백성이 지났던 신 광야 한복판에서 하룻밤을 지내는 체험은 평생 한 번 있을까 말까 한 일이 아닌가! 아무리 피곤한들 어찌 그대로 잠을 잘 수가 있는가.

처음 이곳을 방문했을 때는 40도가 넘는 한여름이었고, 세 번째는 1월의 가장 추운 때였다. 겨울에는 일교차 때문에 얼마나 더 춥게 느껴지는지 내의에 파카를 입고 침낭에 들어가 잠을 자야 했다. 왜 하나님이 불과 구름기둥으로 이스라엘을 인도하셨는지 분명한 이유를 몸소 체험했다.

사막은 그런 곳이다. 하나님이 보호해 주시지 않으면 더위와 추위를 견딜 수 없는 곳이다. 그래서 광야의 훈련이란 길도 없이, 어디에서 자야 할지, 낮과 밤을 어떻게 보내야 할지 모르는 여정에서 오직 하나님의 인도하심과 보호하심만을 믿고 따라야 하는 훈련이다.

그렇게 파카를 입고 침낭을 어깨에 두른 채 기도 반 졸음 반으로 광야에서 하룻밤을 보냈다. 날이 밝기 전 새벽하늘은 그야말로 별이 쏟아지듯 별들의 잔치가 벌어졌다. 함께한 일행도 시차 때문인지 꼭두새벽에 일어나 별을 보고 감탄사를 외쳤다. 이왕에 일어난 것, 성지 순례 도중 처음으로 신 광야에서 새벽 집회를 인도했다. 제목은 '광야의 훈련'이었다.

광야의 훈련이란 무엇인가. 바로 하나님만 의지하는 훈련이며, 세상의 때를 벗기는 훈련이다. 이집트 문명 속

돕가의 베두인 천막촌에서 광야 강의(위), 사막에 사는 베두인 가족(아래)

에 있던 세상의 때, 그들이 섬겼던 우상의 때, 바로의 압제에서 지냈던 노예근성의 때를 벗기는 훈련이다. 그리고 세상의 때를 벗기는 최적의 장소가 바로 광야이다. 그래서 하나님은 이스라엘 백성을 이집트에서 생긴 세상 문명의 때, 우상 숭배의 때, 노예의 때를 벗기기 위해 광야로 인도하신 것이다.

광야에 사는 베두인에게는 세상에 대한 욕심이 없다. 하루의 양식으로 만족해 한다. 그들에게는 재물 욕심이나 세상 명예, 경쟁심에서 오는 좌절감이란 것이 없다. 그저 광야에서 양과 하루를 보내다 천막으로 돌아와 가족과 함께 빵 두어 조각을 먹으며 지내는 것을 행복으로 삼는다.

1970년대만 해도 우리나라 사람은 1년에 두세 번 명절 때만 목욕을 했다. 그러다 보니 1년 동안 묵은 때를 벗기려면 집에서 간단히 씻는 것으로는 부족해 목욕탕에 가야 했다. 그러니 죄에 물든 세상의 때를 어디서 다 벗길 수 있겠는가? 일상생활 속에서는 쉽지 않다. 그래서 때때로 세상 때를 벗기기 위해 광야를 찾아가기도 하고, 산기도도 해보고, 금식기도를 하며, 요즈음은 미디어 금식도 한다.

가끔 강의 초청을 받아 지방으로 내려갈 일이 생기면 고속도로보다는 국도를 이용해 시골길을 달린다. 도시 생활에서 오는 복잡하고 찌든 도시의 때가 시골 풍경에 벗겨져 왠지 모르게 편안함을 느끼곤 한다. 이것이 내게는 하나의 광야이기도 하다.

광야에서 첫 새벽 집회를 마치고 셰라빔 엘 카딤의 하토르 신전터와 터키 광산을 찾았다. 산 입구에 도착해 40분을 가파르게 올라가자 신 광야가 한눈에 들어왔다. 너무나 아름다운 모습에 일행 모두 누가 시키지도 않았는데 〈참 아름다워라〉 찬송을 읊조리기 시작했다.

그러나 3500년 전 먹을 것이 떨어지고 낮에 내리쬐는 뜨거운 태양과 추운 밤을 지내야 했던 이스라엘 백성에게도 신 광야가 아름답게 보였을까? 잠시 들렀다 가는 우리에게는 끝없이 펼쳐진 이곳이 아름답고 신기하게 보이지만, 그들에게는 견딜 수 없는 훈련의 장이었을 것이다.

정상에 오르니 이집트 황소의 신인 하토르 신전 유적이 많이 남아 있었다. 유적지에는 출애굽 이전부터 있었다는 안내판이 세워져 있었고 해마다 바로가 방문했다는 내용도 있었다. 그러니까 출애굽 이전에는 모세 역시 왕자의 신분으로 이곳을 방문했을 것이다.

내려오는 길은 경사가 완만한 대신 거리가 멀어 1시간 20분 정도 걸렸다. 전날 두 시간 정도 와디 바바 계곡을 걷고 아침에 다시 가파른 등산을 두 시간 이상 했으니 얼마나 힘들었겠는가? 산 아래에서 베두인 아이들이 아이스박스에 담아 파는 콜라와 음료수가 그렇게 반가울 수가 없었다. 작은 콜라 한 병에 2달러였지만 가격이 문제가 아니었다.

그러나 한편으로 사막 한복판에서 음료를 팔고 있는 아이를 보면서 이곳까지도 경제 요소가 스며든 것이 안타까웠다. 세상 문명의 발달은 사막에도 4륜구동차를 끌어들이고, 어린아이 입에서 "원 달러" 소리를 외치게 하고 있었다.

이것은 우리 역시 마찬가지 아닌가. 세상을 잠시 벗어나 하나님만 생각하며 기도에 전념하다가도 현실로 돌아오면 다시 세상 욕심의 때가 묻지 않는가.

돕가 하토르 신전 _ 이집트 시나이 반도

그래서 하나님은 이스라엘 백성이 광야에 있을 때 "너희가 그 땅에 들어가거든 광야의 때를 잊지 마라"고 미리 말씀하셨다.

> 내가 오늘 네게 명하는 여호와의 명령과 법도와 규례를 지키지 아니하고 네 하나님 여호와를 잊어버리지 않도록 삼갈지어다 네가 먹어서 배부르고 아름다운 집을 짓고 거주하게 되며 또 네 소와 양이 번성하며 네 은금이 증식되며 네 소유가 다 풍부하게 될 때에 네 마음이 교만하여 네 하나님 여호와를 잊어버릴까 염려하노라 여호와는 너를 애굽 땅 종 되었던 집에서 이끌어 내시고 너를 인도하여 그 광대하고 위험한 광야 곧 불뱀과 전갈이 있고 물이 없는 건조한 땅을 지나게 하셨으며 또 너를 위하여 단단한 반석에서 물을 내셨으며 네 조상들도 알지 못하던 만나를 광야에서 네게 먹이셨나니 이는 다 너를 낮추시며 너를 시험하사 마침내 네게 복을 주려 하심이었느니라 신명기 8:11~16

그러나 이스라엘은 가나안에 정착하면서 목축 외에 농사를 지으며 생활하게 되자 광야의 때를 잊었다. 하나님 없이는 살 수 없었던 광야를 기억하지 못하고 하나님 대신 농경 신인 바알을 섬겼다.

돕가에서 세 시간 넘게 광야를 달리면서 한국의 영적 지도자를 위해 기도했다.

> 오늘 우리나라를 세계에서 보기 드문 경제적 기적을 이루게 하신 분은 하나님이십니다. 그뿐만 아니라 수많은 순교자의 피의 공로로 세계에서 두 번째로 많은 해외 선교사를 파송하는 제사장 같은 나라가 되게 하신 분도 하나님이십니다. 그러나 지금 이 백성은 "헬로우, 초코렛트 기브 미" 하며 미군에게 손을 벌리던 그때를 기억하지 못하고 있습니다. 이제 영적 지도자들이 하나님 없이는 할 수 없었다고 하던 광야의 때를 잊지 않게 하소서. 제자들이 그물을 버려 두고 예수님을 좇았던 것처럼 세상의 모든 것을 버리고 예수님을 따랐던 그 광야의 때를 잊지 말고 욕심의 때를 벗게 하소서. 다시 한 번 영적 지도자들이 광야로 들어가게 하소서.

광야에는 조각목이라 불리는 싯딤나무가 자란다. 싯딤나무Shittim wood는 히브리어로 '쉬타', '쉬팀'(복수형), 아랍어 '산트'로 〈출애굽기〉 25장에서는 조각목으로, 〈신명기〉 10장 3절에서는 싯딤나무로 번역하고 있다. 상록수인 이 나무는 학명의 뜻과는 달리 한국의 아카시아와 비슷하다. 3~6미터까지 자라며 굵은 줄기에 수관樹冠이 넓게 퍼져 있다. 뿌리가 깊고 넓게 뻗어 물이 없는 사막에서 유일하게 자라는 관목이다.

성지 답사를 하는 가운데 물이 없는 광야에서 자라는 싯딤나무를 보며 너무나 큰 은혜를 받았다. 그래서 성지 순례를 인도할 때는 버스를 길에 세워 두고 싯딤나무로 가서 말씀을 전한다.

신 광야의 싯딤나무

인생은 광야와 같다. 그러나 그런 광야와 같은 삶이라도 싯딤나무처럼 믿음의 뿌리를 생명수의 근원 되시는 예수 그리스도에게 깊이 내리면 어떤 메마른 환경에서도 넉넉히 살아남을 수 있다. 가뭄이 들수록, 더 어려운 환경에 처할수록 예수님에게 믿음의 뿌리를 더 깊이 내려 환경을 넉넉히 극복하는 자가 되자.

그 때에 아말렉이 와서 이스라엘과 르비딤에서 싸우니라, 모세가 손을 들면 이스라엘이 이기고 손을 내리면 아말렉이 이기더니 출애굽기 17:8, 11

아말렉과 싸운 르비딤 골짜기 _ 이집트

손을 들면 이기는 싸움
_르비딤

"엘림을 떠나 신 광야로 들어선 이스라엘은 알루스에 진을 쳤다. 그리고 다시 길을 나서 르비딤에 장막을 쳤으나 마실 물이 없자 마라에서처럼 모세를 원망하며 그와 다투었다. 그러나 하나님은 모세로 하여금 바위를 쳐서 물을 내어 마시게 했다. 그때 아말렉이 이스라엘을 공격했으나 모세의 기도로 여호수아가 아말렉을 무찔렀다.

이후 모세의 장인 이드로가 모세의 아내 십보라와 두 아들을 데리고 찾아왔다. 모세는 그동안의 일을 장인에게 이야기했고 이드로는 이스라엘 백성을 구원하신 하나님을 찬양하며 번제와 희생제물을 가져왔다. 이튿날 백성을 재판하기 위해 분주한 모세를 보고 이드로는 우두머리를 세워 재판해 보라며 새로운 재판제도를 제안했고, 모세는 그 제안을 받아들였다 출애굽기 17:1~18:27."

엘림에서 신 광야에 이르러 알루스Alush에 진을 친 이스라엘의 여정을 따라가려면 지프를 이용해야 한다. 오늘날 신 광야에는 티 산맥Jebel el Tih이 이어지고 그 앞으로 이스라엘 백성이 지나갈 만큼 매우 넓은 와디가 놓여 있다. 현지인에게 산맥의 뜻을 물어보자 '티Tih'는 '방황하다'라는 뜻이라고 했다. 어쩌면 이스라엘이 광야에서 방랑한 데서 나온 이름일지도 모르겠다는 생각이 들었다.

티 산맥을 따라 난 넓은 와디를 지나 한 시간을 달려 890미터 높이의 힘마이르Himaiyir라는 곳에 도착했다. 신 광야가 한눈에 들어오는 파노라마 지점에 서니 그 광활함에 모두 감탄을 터뜨렸다.

다시 한 시간을 달려 후카Hooqa에 도착했다. 후카는 시나이 반도에서 유일하게 화산 폭발 흔적이 있는 곳이다. 그래서 일부 학자는 시내 산으로 주장하기도 한다. 후카에서 다시 1시간 30분 정도 달려 이스라엘 백성이 진을 쳤다는 알루스 계곡(와디 무카탑)에 이르렀다. 그

신 광야 파노라마 지점인 힘마이르

화산 폭발 흔적이 있는 후카 _ 시나이 반도

러니까 숙소인 돕가에서 모래와 자갈만 있는 사막길을 3시간 30분이나 달린 것이다.

알루스는 이스라엘의 출애굽 여정을 언급하는 가운데 나온다. 그러나 돕가를 떠난 다음 진을 친 곳이라는 언급이 《성경》이 주는 유일한 정보다. 이에 근거해 돕가를 오늘날 세라비트 엘 카딤Serabit el Khadim으로 해서 지리적으로 살펴보면 와디 엘 에시시Wd. el Eshsh가 가장 적절한 곳이다. 그러나 이는 단순히 사건 내용에 따른 지리적인 고찰이지, 고고학적 증거는 없다.

현지를 답사하면서 나름대로 내려 본 결론은 돕가에서 르비딤 골짜기 사이에 있는 와디 무카탑Wd. Mukatab을 알루스로 볼 수도 있다는 것이다. 전해지는 이야기에 의하면 중동 전쟁 시 이스라엘이 이곳을 점령한 동안 바위에 새긴 히브리어 글씨가 있다고 했다. "출애굽한 이스라엘이 이곳을 지나갔다"는 내용인데, 지금까지도 바위에는 모세와 나바테아 사람의 글씨와 순례자의 모습이 많이 남아 있다.

나바테아인의 벽화로 낙타를 타고 순례하는 모습

나바테아인의 글씨

알루스로 추정되는 와디 무카탑

《성경》의 르비딤인 페이란 오아시스

휴식도 잠시, 다시 지프로 20분을 달리자 드디어 시내 산으로 향하는 아스팔트 길과 만났다. 그러나 남쪽 시내 산으로 향할수록 지형은 점점 더 험해졌고 드디어 22킬로미터를 달려 르비딤 골짜기에 도착했다.

르비딤은 시내 산을 기준으로 그 위치에 대한 의견이 다르다. 정통적인 주장에 따라 시내 산을 시나이 반도 남쪽 제벨 무사로 보는 경우 르비딤은 와디 페이란Wadi Feiran으로 간주한다. 그러나 출애굽 경로를 북쪽으로 주장하는 경우 르비딤은 시나이 반도 북단에 있는 엘 알리시El Arish 남동쪽 약 36킬로미터 지점의 와디 라파이드Wd. Rafayd 또는 제벨 라파이드Jebel Rafayd로 본다.

와디 페이란은 비잔틴시대부터 《성경》의 르비딤으로 여기는 곳으로 신 광야와 시내 광야 사이에 있는 골짜기 및 한 지역이다. 이곳은 시내 산 북서쪽 20킬로미터 지점인 제벨 세르발Jebel Serbal 북쪽

에 펼쳐진 비옥한 골짜기 평원으로 알려져 있다. 이 골짜기 이름이 페이란 오아시스인데, 홍해를 건너 시내산으로 가는 길에 있는 가장 큰 오아시스 마을로 도로변을 따라 4킬로미터에 걸쳐 대추야자나무와 잡목이 우거져 있고 곳곳에 물이 있다.

이 마을에는 모세 수도원이 있었으며 지금도 그 유적이 남아 있다. 또한 페이란 수녀원과 모세가 손을 들고 기도했다는 제벨 엣 타후네Jebel et Tahuneh란 곳이 있다. 특히 모세가 바위를 쳐서 물을 내었다는 므리바 물가는 와디 페이란에 있다는 것이 정통적인 견해다.

르비딤은 이집트를 빠져나온 이스라엘 백성이 마실 물이 없어 모세에게 불평과 원망할 때 모세가 하나님의 명령에 따라 지팡이로 반석을 쳐서 샘물을 솟아나게 해 백성의 갈증을 풀어 준 곳이다. 이스라엘 백성이 물 때문에 하나님을 시험하고 모세와 다툰 일로 이곳을 마사 또는 므리바라고 불렀다.

또한 이 골짜기에서 여호수아가 아말렉 군대와 싸울 때 모세는 손을 들어 기도했으며 아론과 훌이 모세의 양팔을 받쳐 결국 이스라엘이 승리했다. 모세의 장인 미디안 제사장 이드로는 이곳으로 모세의 아내 십보라와 두 아들 게르솜, 엘리에셀을 데리고 왔으며, 모세가 백성을 다스리는 일로 분주함을 보고 그를 돕는 보좌관, 곧 백성의 두목, 천부장, 백부장, 오십부장, 십부장을 세우도록 권면해 시행하도록 한 곳이다.

《성경》의 중요한 사건이 벌어진 르비딤에 도착한 우리는 가장

르비딤 골짜기에 있는 페이란 수녀원

북쪽에 있는 페이란 수녀원을 찾았다. 마을 한가운데 있는 수녀원은 4세기경부터 내려오는 곳으로 다른 수도원은 아랍 정부에 의해 모두 파괴되고 이곳 한 곳만 남아 있었다.

수녀원에서 대추야자 숲 사이로 난 길을 따라 조금만 내려가면 모세가 손을 들고 기도했다는 제벨 엣 타후네가 있다. 높이 220미터에 있는 풍차의 언덕이라고 하는 곳이다.

르비딤은 한 지점이 아니라 4킬로미터에 걸친 오아시스 골짜기이다. 아말렉과 싸우던 당시 이스라엘은 장정이 60만 명이었고 이 골짜기에 거주하는 아말렉은 좁은 골짜기를 생각하면 아무리 많아도 장정이 수천 명도 되지 않았을 것이다. 시내 산을 향해 가는 이스라엘은 시나이 반도에서 가장 큰 오아시스인 이 골짜기를 지나가지 않을 수 없었고 아말렉은 이스라엘이 지나가도록 그대로 놔둘 수 없는

모세가 손을 들고 기도했던 르비딤 골짜기
제벨 엣 타후네에서 기도하는 순례팀

상황이었다.

르비딤 골짜기는 그 폭이 좁아 장정의 수가 많은 이스라엘보다 수적 열세에 있지만 싸움을 잘하는 아말렉에게 유리할 수밖에 없었다. 그래서 아말렉은 싸움을 걸어 이스라엘 뒤를 공격했다.

그러나 《성경》은 싸움의 승패가 군사력에 있는 것이 아님을 말해 주고 있다.

> 모세가 손을 들면 이스라엘이 이기고 손을 내리면 아말렉이 이기더니
>
> 출애굽기 17:11

싸움의 승패가 모세가 손을 드느냐 그렇지 않느냐에 따라 결정되는 상황이었다. 이는 르비딤에서 싸움은 이스라엘이 이길 수 없는 곳에서 하는 싸움임을 보여 준다. 그런데 이스라엘이 승리했다. 그것은 모세의 기도였고 하나님의 승리였다. 이스라엘도 그 사실을 알았기에 그곳을 '여호와는 나의 깃발(승리)'이란 뜻의 '여호와 닛시'라 이름 지었다.

르비딤은 하나님 나라로 향해 가는 우리에게 세상의 악한 세력과 영적 싸움을 해야 함을 보여 준다. 우리는 하루도 빠짐없이 이런 영적 싸움 속에 살고 있다. 믿음으로 살려고 하면 할수록 더 큰 영적 싸움과 맞닥뜨리게 된다.

바울과 같은 능력 있는 주의 종도 이렇게 외쳤다.

> 그러므로 내가 한 법을 깨달았노니 곧 선을 행하기 원하는 나에게 악이 함께 있는 것이로다 내 속사람으로는 하나님의 법을 즐거워하되 내 지체 속에서 한 다른 법이 내 마음의 법과 싸워 내 지체 속에 있는 죄의 법으로 나를 사로잡는 것을 보는도다 오호라 나는 곤고한 사람이로다 이 사망의 몸에서 누가 나를 건져내랴 로마서 7:21~24

시골에서 목회할 때 목회자는 세 가지를 조심해야 한다는 말을 들은 적이 있다. 돈과 명예와 여자. 그러나 어디 이것뿐이겠는가. 세상에는 오락, 낚시, 인터넷 도박, 쾌락과 정욕, 권력, 마약, 방탕함과 술 취함, 교만 등 수많은 영적 르비딤이 우리를 기다리고 있다. 시시때때로 다가오는 이런 유혹을 어떻게 이길 수 있는가? 나의 의지력으로는 한계가 있다.

그러나 하나님은 우리 편이다. 하나님은 보이지 않는 악한 영과 싸우는 우리를 위해 환경을 통해 역사하신다.

드보라가 사사로 있을 때 하솔 왕 야빈은 군대장관 시스라로 하여금 다볼 산에 머무르고 있는 이스라엘의 바락 군대를 치도록 이스르엘 평야에 진을 쳤다. 당시 시스라 군대는 철 병거를 900승이나 보유하고 있던 전차군단이었다. 이에 드보라는 하나님이 승리하게 해주실 것을 확신하고 바락에게 시스라의 전차 군대를 공격하도록 했다.

평지에서 전차와 싸워 이기기는 어렵다. 이스라엘은 다볼 산에서 평지로 내려와서는 안 되었다. 그러나 하나님은 사람이 이길 수 없다고 생각하는 평야에서의 싸움을 하도록 명령하신다. 이는 영적 싸움에서도 마찬가지다. 하나님은 우리 힘으로는 이길 수 없는 싸움을 허락하신다. 이유는 분명하다. 하나님이 도와주실 것을 약속하시기 때문이다.

드보라는 바락에게 이렇게 말하며 싸움에 나설 것을 요구했다.

이스라엘이 시스라를 공격하기 위해 진을 치고 있었던 다볼 산

"일어나라. 이는 여호와께서 시스라를 네 손에 넘겨 주신 날이라."(사사기 4:14)

이날 하나님은 비를 내려 시스라의 병거가 진흙탕이 된 이스르엘 평야에 빠지게 하셨고 시스라는 병거에서 내려 걸어서 도망쳤지만 결국 야엘의 장막에서 여인에 의해 말뚝에 박혀 살해됐다.

하나님은 도저히 이길 수 없는 상황에서도 자신을 믿는 자에게 지형과 기후를 통해 승리하게 하신다. 악한 세상을 이기는 것은 나의 능력이나 방법이 아니라 세상을 이기신 예수님을 믿는 믿음으로 가능한 것이다.

> 무릇 하나님께로부터 난 자마다 세상을 이기느니라 세상을 이기는 승리는 이것이니 우리의 믿음이니라 요한일서 5:4

> 세상에서는 너희가 환난을 당하나 담대하라 내가 세상을 이기었노라 요한복음 16:33

이스라엘 자손이 애굽 땅을 떠난 지 삼 개월이 되던 날 그들이 시내 광야에 이르니라 그들이 르비딤을 떠나 시내 광야에 이르러 그 광야에 장막을 치되 이스라엘이 거기 산 앞에 장막을 치니라 출애굽기 19:1~2

십계명과 율법을 받은 시내 산 _ 이집트

하나님의 백성답게 사는 길

_시내 산

"이집트에서 나온 지 3개월 만에 이스라엘은 시내 산 앞 시내 광야에 진을 쳤다. 모세는 시내 산에 올라가 하나님으로부터 받은 말씀을 이스라엘 백성에게 전했다. 그리고 또다시 산으로 올라가 십계명을 받고, 성막과 기구 제작을 명령받았다.

모세가 시내 산에서 오랫동안 내려오지 않자 이스라엘 백성은 금송아지를 만들어 숭배했다. 그것을 본 모세는 십계명을 받은 두 돌판을 산 아래로 던져 깨뜨려 버렸다. 결국 금송아지 숭배 때문에 서로 죽이는 비극이 벌어진 후 다시 십계명의 두 돌판을 받아 내려온 모세는 성막 제조를 마치고 제사장 위임식도 거행했다. 그리고 안식일과 희년, 유월절 등 여러 규례를 제정했다. 이어 출애굽 이듬해인 1년 만에 두 번째 유월절을 지키고 인구 조사를 한 다음 시내 산을 떠났다출애굽기 19~40장, 민수기 1~10장, 레위기 1~27장."

라암셋에서 출발해 시내 산까지는 3개월이 걸렸다. 오늘날 도로 기준으로 하면 자동차로 5~6시간 거리지만 이스라엘 백성은 돕가로 갔다가 시내 산으로 향했기 때문에 500킬로미터 이상을 걸어서 시내 산에 도착한 것이다.

시내 산의 위치에 대해서는 사우디아라비아의 라오즈 산을 비롯해 여러 곳이 언급되고 있다. 그러나 대체로는 시나이 반도 남단에 자리한 제벨 무사('모세의 산'이란 뜻의 아랍어)가 가장 정통적인 위치다. 이 산의 높이는 약간 차이는 있으나 2,285미터 정도이다.

시내 산은 《성경》에서 몇 가지 이름으로 나오는데 호렙 산, 하나님의 산, 호렙에 있는 산, 하나님의 산 호렙 등이다. 특히 시내 산과 호렙 산의 명칭에 대해서는 몇 가지 다른 주장이 있다. 호렙은 산맥 이름이고 시내 산은 그 산맥 정상의 이름이라는 것과 시내 산은 가장 높은 봉우리고 호렙 산은 그보다 낮은 다른 봉우리라는 것, 그리고 같은 산을 각각 다르게 부른다는 것 등이다.

시내 산은 1,528미터 지점의 성 캐더린 수도원에서부터 오르기 시작한다. 일반적으로 700계단이라 부르는 곳까지 낙타를 이용하는데 보통 1시간 20분 정도 걸린다. 그리고 낙타휴게소에서 차 한 잔 마시고 가파른 계단을 따라 40분 정도 올라가면 정상에 이르는데 이 길이 매우 힘들다.

총 2시간 30분 정도 걸려 올라가는데 한겨울에는 견딜 수 없을 만큼 춥지만, 해가 뜨고 내려올 때는 땀이 날 정도로 덥기 때문에 감기에 걸리지 않도록 주의해야 한다. 새벽 2시에 출발해 정상에 올라

시내 산 중턱에 있는 성 캐더린 수도원

잠시 기도하다 보면 아침에 떠오르는 일출이 장관을 이룬다. 태양 빛이 나무 한 그루 없는 주변 산을 온통 붉은색으로 물들이는 광경에 절로 감탄이 터져 나온다.

산 정상에는 모세 기념 교회가 있다. 모세는 여덟 번 시내 산에 올랐다. 그리고 이스라엘 백성을 이끌고 왔을 때는 이곳에서 십계명과 하나님의 백성으로서 지켜야 할 율법을 받았다. 그때 처음 받은 말씀은 이것이었다.

> 세계가 다 내게 속하였나니 너희가 내 말을 잘 듣고 내 언약을 지키면 너희는 모든 민족 중에서 내 소유가 되겠고 너희가 내게 대하여 제사장 나라가 되며 거룩한 백성이 되리라 출애굽기 19:5~6

하나님이 시내 산에서 이스라엘 백성에게 요구하신 것이 무엇인가? 그것은 "너희는 이제부터 내 소유다. 너희는 제사장 나라가 되며 거룩한 백성이 되리라"는 것이었다. 이는 선택받은 백성으로서 하나님의 백성답게 살아야 함을 가르치고 있다. 그러므로 시내 산은 하나님의 백성으로서 정체성을 확립하는 곳이다.

시내 산은 지리적으로도 출애굽 여정에서 가장 남쪽에 자리하고 있다. 가나안을 향해 계속 남쪽으로 내려왔으나 이제부터는 북쪽으로 올라가는 것이다. 마라톤으로 말하면 반환점에 선 것이다.

하나님은 반환점과 같은 시내 산에서 이제는 하나님의 백성답게 천국으로 상징되는 가나안을 향해 가라고 말씀하셨다. 이집트의 400년 생활에서 몸에 배었던 우상 숭배를 청산하고 오직 자신을 이집트에서 구해 낸 하나님만 섬기라고 한 것이다. 그래서 십계명의 첫 번째 계명도 "너는 나 외에는 다른 신들을 네게 두지 말라"는 것이었다.

시내 산 이전까지는 모든 것이 용서되고 용납되었다. 홍해 바닷가에서 원망할 때도 하나님은 이집트 병사를 물에 빠뜨리면서까지 이스라엘을 구원하셨다. 마라에서 물로 원망할 때도 쓴물을 단물로 바꾸어 주셨으며, 신 광야에서 양식이 떨어져 원망할 때도 만나를 내려 주셨고, 르비딤 므리바에서도 물로 원망할 때 그들을 징계하는 대신 바위를 갈라 물을 내어 마시게 하셨다.

지금까지는 하나님이 어떤 분인지 잘 알지 못했으나 이제부터는 어떤 고난과 어려움 속에서도 원망하지 않고 선택받은 백성답게 나가야 한다. 그러나 이후의 여정 가운데 나타난 이스라엘 백성은 여전히 원망과 불평으로 가득 찼다. 그런 이스라엘 백성에게 하나님은 이전까지와는 다르게 징계를 내리셨다.

시내 산을 떠나자마자 원망하는 이스라엘의 진 끝을 불살랐고,

탐욕으로 고기를 구하는 자들을 죽이셨으며, 모세를 비방하는 미리암에게 나병이 들게 했다. 또한 모세의 지도력에 반항하는 고라 일당을 생매장시켰으며, 정탐꾼의 보고를 듣고 원망하는 자를 모두 죽이셨다. 이집트를 떠나 시내 산에서 하나님의 말씀을 받은 백성에게는 징계 수위가 이전과 달랐다.

이것은 오늘날 우리에게도 마찬가지로 적용된다. 하나님을 모르고 세상과 짝하며 세상의 죄 가운데 살던 때와 하나님을 믿고 하나님의 백성으로 사는 자에 대한 징계는 다른 것이다. 그래서 《성경》은 "주인의 뜻을 알고도 준비하지 아니하고 그 뜻대로 행하지 아니한 종은 많이 맞을 것이요 알지 못하고 맞을 일을 행한 종은 적게 맞으리라"(누가복음 12:47~48)고 말하고 있다.

이는 하나님의 직분에서도 마찬가지다. 하나님을 위한 사명은

장로 70인이 머물렀던 시내 산 중턱

시내 산 중턱에 있는 고백의 문

금송아지 숭배처 원경

모두 귀한 것이지만 직분에 따라 주신 사명의 정도는 다르다. 그래서 이스라엘이 시내 산에 머무를 때 백성은 시내 광야의 범위를 벗어나 산으로 올라갈 수 없었다. 장로 70인은 시내 산 중턱까지 올라갈 수 있었지만 역시 산 정상까지는 허락되지 않았다. 산 정상은 오직 모세만이 올라가 하나님의 말씀을 직접 들을 수 있었다. 이 범위를 넘으면 죽임을 당했다. 하나님이 남다른 은혜를 주시고 사명을 맡겨 주신 것에는 반드시 그에 해당하는 책임이 따른다.

시내 산을 내려갈 때는 올라올 때 이용한 낙타길 대신 모세가 올라왔다는 가파르지만 빠른 길을 택했다. 이 길에는 장로 70인이 기다렸다는 장소와 엘리야가 호렙 산으로 와서 하나님의 음성을 들은 곳이 있다.

장로 70인이 머물렀던 곳에는 큰 나무가 몇 그루 자라고 있고 그 옆에는 엘리야 채플이라 불리는 건물 한 채가 남아 있었다. 그 옆으로 난 좁은 계단길을 내려가다 보면 소위 '고백의 문'을 지나게 된다.

금송아지 숭배처 근경

옛날 이곳을 지키던 한 수도사가 자신의 죄를 고백하지 않으면 지나가지 못하게 했다고 해서 붙은 이름이다.

거룩한 산 시내 산, 하나님이 임재하시고 말씀을 주신 성산. 문득 "내가 거룩하니 너희도 거룩하라"(레위기 19:2)는 말씀이 생각났다. 하나님의 백성답게 사는 것, 목회자답게 사는 것, 그것은 세상과 구별되게 사는 것이 아닌가. 날마다 자신의 죄를 고백하며 살 때 가능할 것이다.

고백의 문을 지나 가파른 계단을 내려가다 보면 성 캐더린 수도원이 하나의 작품 사진처럼 U자형 계곡 사이로 시야에 들어온다. 더 멀리에는 언덕 위에 세워진 아주 작은 흰 건물이 보이는데 바로 이스라엘 백성이 금송아지를 숭배했던 곳이다.

성 캐더린 수도원은 330년경 성 캐더린을 이곳에 안장했다는 전설에 따라 성 캐더린 수도원으로 불리게 됐다. 지금 있는 수도원은 6세기경에 건축된 후로 한 번도 파괴되거나 정복당한 일이 없어 부속 도서관에는 3천여 점의 귀중한 성서사본이 그대로 보존되어 있다. 그리고 수도원 안에는 이드로의 우물과 가시떨기나무가 있다.

수도원은 금요일에 문을 열지 않으며, 오전 9~10시 사이에 문을 열기 때문에 일출을 보고 산에서 내려오면 한 시간 정도 기다려야 한다. 문을 열면 간신히 두 사람이 지나갈 만한 통로가 나오는데 오른쪽에는 모세의 장인 이드로의 우물이 있고 왼쪽으로 가면 우리나라 산딸기와 비슷한 가시떨기나무 가지가 길게 늘어져 자라고 있다. 지금은 가까이 갈 수 없게 막아 놓아서 7미터 거리에서만 볼 수 있다.

수도원에서 나와 7~8분 걸으면 버스 정류장이 있다. 이곳에 서면 이스라엘 백성이 진을 친 시내 광야가 보이고 그 중간에 금송아지를 숭배했던 자리가 보인다. 보통 성지 순례 때는 금송아지를 숭배했던 장소를 들르지 않지만, 버스 정류장에서 걸어서 가보았다. 지금까지도 《성경》 사건을 연상시키듯 금송아지 숭배처 앞에는 옛 무덤이 그대로 남아 있고 언덕 위에는 흰색 기념 건물만 세워져 있었다.

하나님의 백성이 그에 합당하게 행동하지 못할 때 어떤 결과가 오는지 무덤을 바라보며 잠시 묵상에 잠겼다. 시내 산에서부터 이스라엘 백성이 가야 했던 하나님 백성답게 사는 길. 오늘 내게 주어진 목회자답게 사는 길은 무엇인가? 그것은 시내 산을 떠나는 내게 하나의 과제로 남았다.

그들 중에 섞여 사는 다른 인종들이 탐욕을 품으매 이스라엘 자손도 다시 울며 이르되 누가 우리에게 고기를 주어 먹게 하랴 민수기 11:4

탐욕으로 죽은 기브롯 핫다아와 무덤

탐욕의 끝은 죽음

_다베라와 기브롯 핫다아와

"시내 광야를 떠난 이스라엘 백성은 얼마 가지 못해 악한 말로 불평했고, 하나님은 이스라엘 진영 끝을 불살랐다. 이에 백성이 부르짖자 모세는 기도하기 시작했으며 그 기도로 불은 다시 꺼졌다. 그러나 이스라엘 백성은 그들과 함께 이집트를 나온 다른 종족이 탐욕을 품고 불평하자 그들처럼 만나밖에 없다고 다시 울면서 원망했다.

하나님은 그들이 머문 땅 사방으로 엄청난 양의 메추라기를 내려 주셨다. 그러나 탐욕으로 구한 백성은 고기를 씹기도 전에 하나님의 징계로 죽임을 당했다. 그곳을 일컬어 기브롯 핫다아와라 했는데 이는 욕심을 낸 백성을 거기 장사했다는 의미다. 이후 이스라엘 백성은 그곳을 떠나 하세롯에 이르렀다 민수기 11:1~35."

시내 산에서 십계명과 율법을 받고 성막을 제조한 후 성막을 앞세우고 북진하던 이스라엘은 악한 말로 원망을 쏟아냈다. 이에 하나님은 그들의 진영 끝을 불살랐고 그곳 이름을 다베라라 했다.

다베라의 위치에 대해 아직 밝혀진 것은 없다. 다만 시내 산을 떠나 북동쪽으로 나아가던 이스라엘 백성이 첫 번째로 진을 친 곳이라는 《성경》의 정보만 의지할 뿐이다. 아마 시내 산에서 3일 길 정도 되는 것 같다.

오늘날 시내 산과 기브롯 핫다아와 사이에 움 타히라Umm Tahira라는 곳이 있는데 이름이 비슷해 이곳을 다베라로 보아도 무방하지 않을까 싶다. 다베라가 시내 산과 기브롯 핫다아와 사이에 있는 것은 분명하기 때문이다. 〈민수기〉 33장 16절에서도 출애굽 여정지에서 다베라가 빠진 것을 보면 다베라가 기브롯 핫다아와라임을 알 수 있다. 또한 다베라와 기브롯 핫다아와의 두 지명은 같은 어원으로 본다.

다베라로 추정되는 움 타히라를 찾기 위해 누웨이바에서 지프를 빌렸다. 움 타히라는 1/25만 지도에만 나오기 때문에 미리 준비한 지도를 펼쳐 놓고 지프 기사와 상의한 후 출발했다.

누웨이바에서 아스팔트 길을 따라 시내 산으로 가다가 45킬로미터 지점에서 포장길을 벗어나 와디를 따라 정남쪽으로 내려갔다. 이제부터는 지도에 나온 거리와 자동차가 달리는 거리를 측정하며 찾아갈 수밖에 없었다. 더욱이 사막길이어서 자칫 방향 감각을 잃으면 엉뚱한 곳으로 갈 수도 있었다.

지도에 나온 대로 6킬로미터를 달리자 사막의 우물이 보였다. 비르 사프라Bir Safra라는 우물이었는데 알고 보니 도중에 오른쪽으로 가는 와디 길을 놓쳐 2킬로미터 정도 다른 길로 온 것이다. 다시 북쪽으로 올라가 와디를 따라 7킬로미터 정도 달리자 이스라엘이 진을 칠 만한 광활한 사막 평지가 나왔다. 북쪽 와디 길을 제외하고는 모두 1,000미터가 넘는 산으로 둘러싸인 곳이었다. 움 타히라가 틀림없었다. 지프 기사는 이곳을 비리Biri로 발음했다.

어쨌든 움 타히라는 산이기 때문에 이스라엘이 진을 친 《성경》의 다베라는 우리가 서 있는 이 광활한 지역이나 여기서 북쪽으로 펼쳐진 와디 사알Wd. Saal 근처였을 것이다. 왜냐하면 움 타히라 바로 북쪽으로 이어진 와디 사알은 오늘날 시내 산으로 가는 포장도로와 만나는 지점까지 넓은 와디로 이어지기 때문이다.

정확한 지점은 찾지 못했으나 다베라로 추정되는 넓은 사막에서 하나님 보시기에 악한 말로 불평하다가 진 끝을 불사름 당한 이스라엘 백성을 생각하며 기브롯 핫다아와로 향했다.

시내 산에서 다베라까지는 대략 35킬로미터, 다베라에서 기브롯 핫다아와까지는 25킬로미터 정도 거리이나 당시 이스라엘 백성은 오늘날 포장도로보다는 남쪽으로 난 와디 길로 갔을 것이다. 실제로 와디 사알에는 지금도 우물이 있고 와디도 넓다.

그러나 우리는 와디 사알을 이용해 포장길로 나간 다음 다시 아스팔트 길을 따라 북동쪽으로 올라가 오늘날 나와미스Nawamis로 불리는 기브롯 핫다아와로 갔다. 나와미스는 포장도로에서 3킬로미터 정도 사막으로 가면 되지만, 보통 성지 순례 시에는 걸어서 왕복 6킬로미터나 되는 사막길을 가기 어렵다 보니 그냥 지나치곤 한다.

마침내 나와미스에 도착하자 사막 한가운데 둥근 모양의 돌로 쌓은 무덤이 사방으로 흩어져 있었다. 무덤 옆에는 가끔 찾아오는 사막 관광객을 상대로 물건을 파는 여자와 어린아이가 있고 나뭇가지로 만든 천막 밑에서 차를 파는 사람도 있었다.

기브롯 핫다아와는 '탐욕의 무덤'이란 뜻이다. 이집트의 고기 가마를 그리워하다 너무 큰 욕심을 냄으로써 오히려 재앙을 받아 죽은 이스라엘 백성을 장사 지낸 무덤을 이룬 데서 붙은 지명이다. 그 사실을 보여 주듯 5000년 이상 된 돌로 쌓은 둥근 모양의 무덤이 여기 저기에 널려 있다.

일반적으로 알려진 출애굽 여정지로 순례팀을 인도하게 되면 〈민수기〉 말씀을 읽으며 이곳에서 일어난 사건을 함께 되새긴다.

다베라로 추정하는 움 타히라

기브롯 핫다아와 돌무덤

바람이 여호와에게서 나와 바다에서부터 메추라기를 몰아 진영 곁 이쪽저쪽 곧 진영 사방으로 각기 하룻길 되는 지면 위 두 규빗쯤에 내리게 한지라 백성이 일어나 그날 종일 종야와 그 이튿날 종일토록 메추라기를 모으니 적게 모은 자도 열 호멜이라 그들이 자기들을 위하여 진영 사면에 펴 두었더라 고기가 아직 이 사이에 있어 씹히기 전에 여호와께서 백성에게 대하여 진노하사 심히 큰 재앙으로 치셨으므로 그 곳 이름을 기브롯 핫다아와라 불렀으니 욕심을 낸 백성을 거기 장사함이었더라 민수기 11:31~34

이스라엘 백성은 하늘의 양식보다 노예로 살던 땅에서 먹던 음식을 더 낫게 여겼다.

기브롯 핫다아와에서 탤런트 한인수 장로와 함께

우리가 애굽에 있을 때에는 값없이 생선과 오이와 참외와 부추와 파와 마늘들을 먹은 것이 생각나거늘 이제는 우리의 기력이 다하여 이 만나 외에는 보이는 것이 아무 것도 없도다 민수기 11:5~6

왜 하나님은 광야에서도 충분한 고기를 주시지 않았을까? 하나님은 고기를 먹고 싶다고 울며 원망하는 이스라엘 백성에게 바람을 불게 해 바다에서부터 이스라엘이 진을 치고 있는 곳까지 메추라기를 몰아다 주셨다. 사방으로 하룻길 되는 거리(40킬로미터)에 90센티미터 높이의 엄청난 양이었다. 하나님은 250만 명이나 되는 이스라엘 백성에게 하루 이틀이 아니라 고기 냄새조차 싫어하기까지 고기를 줄 수 있는 분임을 보여 주셨다. 그러나 탐욕으로 구했기에 그들은 고기를 채 씹기도 전에 큰 재앙으로 죽임을 당하게 되었다.

하늘의 떡을 먹으면서 세상의 떡을 구하고 그것도 탐욕으로 고기를 구했던 이스라엘 백성이 죽은 기브롯 핫다아와에서 하나님의 백성답게 사는 것이 무엇인지 생각해 보았다. 그것은 비록 땅에 발을 딛고 있지만, 하늘을 바라보고 사는 것이다. 세상 욕심을 버리고 하늘의 것을 추구하며 사는 것이다. 그러므로 광야에서 만나만 먹어도 감사해야 한다. 세상에 욕심을 가지면 세상 것을 추구하게 되고 결국 멸망에 이르게 된다.

오늘날 영적 영향력을 잃어 가는 한국교회의 가장 큰 어려움은 영적 지도자들이 너무 세상 욕심에 빠져 있다는 것이다. 한때 《내려놓음》이란 책이 출간돼 많은 사람의 관심을 끈 적이 있다. 우리는 세상의 것을 내려놓고 하늘의 것을 바라보며 나아가야 한다. 세상 것을 버려야 하늘의 것을 얻을 수 있기 때문이다. 잠시 있다가 없어질 세상 것을 좇는 자가 아니라 세상 것으로 하늘의 영원한 것을 사는 자가 진짜 하나님의 백성이다.

백성이 기브롯 핫다아와에서 행진하여 하세롯에 이르러 거기 거하니라 모세가 구스 여자를 취하였더니 그 구스 여자를 취하였으므로 미리암과 아론이 모세를 비방하니라 민수기 11:35~12:1

비방은 신앙의 성장을 멈추게 한다

_하세롯

미리암이 나병에 걸린 하세롯

"이스라엘이 기브롯 핫다아와를 떠나 하세롯에 도착했을 때 모세는 구스 여자를 아내로 취했다. 이를 본 형 아론과 누이 미리암이 비방하자 하나님은 미리암에게 나병이 들게 하셨다. 이 일로 가나안으로 진행하던 이스라엘은 미리암의 나병이 정결케 되는 이레 동안 움직이지 못하고 하세롯에 머물러야 했다 민수기 12:1~15."

이스라엘 백성은 기브롯 핫다아와를 떠나 하세롯에 진을 쳤다. 하세롯은 바란 광야에 이르기 전, 시내 산 동북쪽 35킬로미터 지점에 있는 지금의 아인 하드라Ain Khadra 혹은 후드라Hudra로 추정한다.

시내 산을 떠나 누웨이바로 향하는 사막길 중심도로에서 2킬로미터 정도 북쪽으로 가면 멀리 하세롯이 눈에 들어온다. 단체로 기브롯 핫다아와와 하세롯을 방문할 때면 지프를 타고 가까이 가서 보는데 한 시간만 사용해도 하루 치를 내야 하기 때문에 기브롯 핫다아와를 들르지 않을 때는 대형 버스를 하세롯 근처에 주차해 놓고 걸어서 간다. 사막 체험을 하지 못했다면 이곳에서 왕복 한 시간 정도 사막을 걷는 것도 좋은 추억이 된다.

오늘날 하세롯에는 몇 가구가 살고 있으며 바위 밑 동굴에서는 지금도 물이 나오고 있다. 또한 사막을 여행하는 사람이 숙박할 만한 최소한의 시설도 갖추고 있다.

화이트 캐니언에서 하세롯까지는 30분 거리에 있다.

하세롯에서 아론과 미리암이 모세에게 구스 여인을 취했다고 비방하자 하나님은 온유하고 충성스러운 모세를 비방한다고 진노하셨다. 이에 미리암이 징계를 받아 나병에 걸렸고 다시 깨끗하게 낫기까지 7일이 걸렸다. 그동안 이스라엘은 가던 길을 멈추고 이곳에 머물러야 했다.

기브롯 핫다아와에서 하세롯까지는 1시간 30분 거리이다. 그러나 중간에 화이트 캐니언이라 불리는 절벽이 있어 길을 돌아서 남쪽으로 내려갔다가 다시 오아시스가 있는 이곳까지 올라와야 한다. 따라서 기브롯 핫다아와를 떠나 구태여 이 길을 갈 필요가 없었다. 그러나 이스라엘은 나병에 걸린 미리암으로 인해 오아시스가 있는 하세롯에 진을 치게 됐다.

시내 산을 떠난 이스라엘은 하루라도 빨리 가나안으로 가야 했다. 그러나 미리암의 비방으로 가던 길을 멈출 수밖에 없었다. 이는 우리 신앙생활에서도 마찬가지다. 하나님을 믿고 죄 가운데서 벗어났다면 천국으로 상징되는 가나안을 향해 계속 전진해야 한다. 그러나 비방은 그런 믿음의 성장을 멈추게 한다.

그래서 야고보는 이렇게 말했다.

> 우리가 다 실수가 많으니 만일 말에 실수가 없는 자라면 곧 온전한 사람이라 능히 온 몸도 굴레 씌우리라 야고보서 3:2

> 형제들아 서로 비방하지 말라 형제를 비방하는 자나 형제를 판단하는 자는 곧 율법을 비방하고 율법을 판단하는 것이라 네가 만일 율법을 판단하면 율법의 준행자가 아니요 재판관이로다 야고보서 4:11

성지 순례는 3~4일째 되는 날이 가장 피곤하기 때문에 쉽게 짜증을 내며 일정에 대해 불평하기 쉽다. 그리고 한 사람의 불평은 순례팀 전체에 영향을 미치는 만큼 순례 전에 미리 당부하곤 한다.

"성지 순례란 꼭 성지 현장을 밟는 것만이 아닙니다. 그것은 어떤 상황에서도 인내하며 오히려 감사하면서 걷는 길입니다."

하세롯의 대추야자 나무에 몸을 기대 잠시 휴식을 취하면서 말을 조심하는 것이 얼마나 중요한지 새삼 깨닫게 되었다. 미리암의 비방이 전체 이스라엘 백성의 행진을 7일이나 멈추게 했으니 말이다.

사막의 오아시스 하세롯

3

새 부대로 정복에 나서며

하세롯을 떠나 릿마에 진을 치고 …… 에시온게벨을 떠나 신 광야 곧 가데스에 진을 치고 가데스를 떠나 에돔 땅 변경의 호르 산에 친을 쳤더라

민수기 33:18~37

약속의 땅을 코앞에 두고

_하세롯 이후 여정지

요르단 쪽에서 바라본 에시온게벨

하세롯을 떠난 이스라엘 백성은 바란 광야의 릿마에 진을 쳤다. 이어 림몬베레스, 립나, 릿사, 그헬라다, 세벨 산에 진을 쳤고 세벨 산을 출발한 후에는 하라다, 막헬롯, 다핫, 데라, 밋가, 하스모나, 모세롯, 브네야아간에 진을 쳤다. 그리고 다시 브네야아간을 떠나 홀하깃갓, 욧바다, 아브로나에 이어 에시온게벨에 진을 쳤는데, 에시온게벨은 현재 작은 텔 유적으로 남아 있다. 다시 에시온게벨을 떠난 이스라엘 백성은 계속 행진해 신 광야에 있는 가데스 바네아에 이르렀다 민수기 12:16, 33:18~36.

하세롯에서 정탐꾼을 보낸 가데스 바네아까지의 여정지는 대부분 확인이 불가능한 지역이다. 실제로 출애굽 경로 중 가장 확실한 곳은 가데스 바네아뿐이다. 하세롯에서 가데스 바네아까지는 지도상 직선 길로 거의 200킬로미터이고 현대 길로 보면 280킬로미터가 된다. 이스라엘 백성이 찾아간 길은 에돔 족이 길을 허락하지 않아 돌아갔으니 이보다 1/2 정도는 더 멀었다.

이 구간에 하세롯과 가데스 바네아를 포함해 꼭 20곳에 진을 쳤으니 총 400킬로미터를 잡으면 평균 20킬로미터마다 진을 친 것이다. 하루에 5킬로미터 정도 가는 것을 생각하면 이는 하루마다 진을 친 것은 아니다. 곧 이스라엘 백성의 가고 멈춤은 오직 하나님의 인도에 따른 것이다.

> 구름이 성막 위에서 떠오를 때에는 이스라엘 자손이 그 모든 행진하는 길에 앞으로 나아갔고 구름이 떠오르지 않을 때에는 떠오르는 날까지 나아가지 아니하였으며 출애굽기 40:36~37

하나님 나라로 향해 가는 사람은 오직 하나님의 인도를 받아야 한다. 천국 가는 길은 오직 한 길, 예수 그리스도가 열어 놓은 길이기 때문이다. 하나님이 가라 하시면 가고, 서라 하시면 서야 한다. 아무리 좁고 힘든 길이라 해도 선한 목자 되신 예수 그리스도가 인도하시는 대로 따라가야 한다. 그 길만이 구원의 길이다.

하세롯에서 가데스 바네아까지 답사할 수 있는 곳은 다섯 곳이 채 되지 않는다. 그중 브네야아간, 욧바다, 아브로나는 이스라엘 내에 있고, 에시온게벨은 요르단에, 가데스 바네아는 이집트에 있다. 모두 다 국경이나 국경과 가까운 곳에 있어 답사를 위해서는 당국의 허가를 받아야 하는 곳도 있다.

먼저 브네야아간을 찾기 위해 예루살렘에서 이스라엘 남쪽으로 내려갔다. 브네야아간은 〈역대상〉 1장 42절에는 야아간(영역본 NIV에는 Akan), 〈신명기〉 10장 6절에는 브에롯 브네야아간Beeroth BeneJaakan으로 나온다. 이곳은 엘 아우자El-Auja 남쪽 약 10킬로미터 지점, 가데스 바네아에서는 북쪽으로 11킬로미터 지점에 있는 엘 비레인El-Birein으로 본다. 오늘날 고대 농경지 터와 텔 닛사나T. Nitsana가 위치한 곳이다.

이스라엘은 광야 여정 중 브네야아간을 떠나 모세롯에 이르렀다(신명기 10:6). 그러나 〈민수기〉 33장에서는 그와 반대로 모세롯에서 진을 친 후 출발해 브네야아간에 이르렀으며, 이곳을 떠나 홀하깃갓에 진을 쳤다고 기록하고 있다. 홀하깃갓은 에돔 변경에 자리한 곳이다.

브에롯다임 공원과
에수스 마을 안내판

《성경》 기록에 근거해 이 지역을 답사해 본 결과 브네야아간은 가데스 바네아에서 북동쪽으로 9킬로미터 정도 떨어진 오늘날 브에롯다임 공원Beerotayim Park으로 추정할 수 있다. 실제로 이곳에서 만난 유대인은 그들의 조상이 출애굽 여정에서 진을 친 곳 중 한 곳으로 믿고 있었다.

현재 이곳은 이스라엘 지도에 《성경》 지명과

관련 있는 브에롯다임 시내Nakhal Beerotayim로 표기되어 있으며 시내 상류에는 에수스Ezuz라는 작은 마을이 있다. 에수스 마을로 들어가 브에롯다임 공원을 찾아보니 사막에 수풀이 우거져 있으나 규모가 작아 우리나라의 작은 정원 정도밖에 되지 않았다. 그래도 물이 귀한 사막에서 이런 숲이 있다는 것이 신기했다.

브네야아간은 '야아간의 아들들', 브에롯 브네야아간은 '야아간의 아들들의 우물들'이라는 뜻이 있다. 공원 안에도 이름의 뜻처럼 우물이 있었는데 '아론의 샘'이라는 안내판이 보이고 그 옆에는 모세의 우물도 있었다. 우물 주위로 옛 건물 유적도 조금 남아 있었으며 어린이 놀이시설까지 갖추고 있었다. 키 큰 에셀나무와 나무숲, 샘이 있는 것으로 보아 이스라엘 백성이 진을 칠 만한 곳이었음을 확인할 수 있었다.

브네야아간으로 추정하는 오늘날 브에롯다임의 아론의 샘 _ 이스라엘

40년 광야생활을 하면서 이스라엘 백성은 물을 어디에서 구했을까? 《성경》을 보면 하나님이 마라에서 쓴물을 단물로 변하게 하셔서 그들에게 물을 마시게 하셨고, 므리바에서는 모세로 하여금 바위에서 샘물을 터트려 마시게 하셨다. 그 외에는 물을 먹었다는 기록이 없다.

그러나 사막이라고 해서 모래만 있는 것은 아니다. 오아시스도 있다. 그리고 이스라엘이 진을 친 곳 대부분은 오아시스가 있는 곳이었다. 그들은 오아시스에 머무는 동안 다음 장소에서 마실 물까지 준비했을 것이다. 그리고 물이 부족할 때는 이슬에서 물을 섭취했을 수도 있다. 하나님은 만나를 내릴 때 이슬도 함께 내리셨기 때문이다.

> 저녁에는 메추라기가 와서 진에 덮이고 아침에는 이슬이 진 주위에 있더니 그 이슬이 마른 후에 광야 지면에 작고 둥글며 서리같이 가는 것이 있는지라 출애굽기 16:13~14

브네야아간을 떠나 진을 친 곳은 홀하깃갓이었다. 이곳 역시 요르단 지역으로 추정되지만 장소는 알 수 없다. 그다음으로 진을 친 곳은 욧바다였다.

욧바다는 《탈무드》에서 욧밧Jotbat으로 나온다. 그러나 〈열왕기하〉 21장 19절에 나오는 욧바와 출애굽 때 이스라엘이 진을 친 욧바다와는 다른 곳이다. 이스라엘이 진을 친 욧바다는 《성경》의 에시온게벨 북쪽 40킬로미터, 오늘날 에일라트Eilat 북쪽의 아인 타바Ain Tabah 혹은 아인 엘 가디안Ain el-Ghadian과 동일시되는 지역이다.

오늘날 욧바타 남쪽 2.5킬로미터 지점에 자리한 욧바다의 고대 유적지

또 다른 견해로 에일라트 북쪽의 아인 욧바타Ain Jotbatha를 《성경》의 욧바다로 보기도 하나 아인 타바라는 주장이 더 설득력이 있다. 아인 욧바타는 현대 이스라엘 지도에는 욧바타Yotvata로 표시되어 있으며, 고대 지역은 지금의 욧바타 남쪽 2.5킬로미터 지점에 자리하고 있다. 이곳에서는 철기시대의 요새가 발견되기도 했다.

아브로나 표지판

오늘날 욧바타에는 에일라트에서 90번 도로를 타고 올라오는 길에 휴게소가 있으며, 고대 욧바다는 이곳에서 남쪽으로 내려가 포장도로에서 내려 걸어가거나 지프를 이용해야 한다. 성지 순례

출애굽 여정지 아브로나 _ 이스라엘

를 하다 보면 예루살렘으로 가는 도중 욧바타 휴게소에 들러 잠시 쉬곤 하지만 휴게소에서 2킬로미터 떨어진 고대 지역은 좀처럼 방문할 기회를 갖지 못했다. 그러다 2010년 아들 내외와 함께 고대 욧바다 지역을 답사하게 되었다.

예루살렘에서 지프를 타고 무려 네 시간 넘게 운전한 후에야 이곳에 도착했다. 고대 유적지는 산 언덕에 있었으나 이스라엘이 진을 친 곳을 더 보고 싶었기에 유적지 옆으로 난 큰 와디를 사진에 담았다. 지금 이곳에는 많은 싯딤나무가 자라고 있고 이스라엘 정부에서도 싯딤나무 보호 구역으로 철조망을 둘러서 보호하고 있었다.

이스라엘이 욧바다를 떠나 다음으로 진을 친 곳은 아브로나로, 에시온게벨과 에돔 국경으로 가는 도중에 있다. 오늘날 에시온게벨 북쪽 15킬로미터, 아카바 만 최북단에서 12킬로미터 떨어진 아인 데피예Ain Defiyeh 혹은 다피야Dafiya로 보는데, 평탄한 모래톱에 얕은 물구덩이가 있었던 곳으로 추정된다. 히브리어로 아인 아브로나Ain Avrona라 하고, 현대 이스라엘 지도에는 하밧 에브로나Khavat

Evrona로 표기되어 있다.

에일라트에서 북쪽으로 12킬로미터 떨어진 아브로나로 향했다. 지금도 표지판에 에브로나Evrona로 표기되어 있어 생각보다 쉽게 비포장길로 들어가는 입구를 찾을 수 있었다. 비포장길을 따라 올라가 보니 유적지 방문자를 위한 정자 같은 것이 보였다. 조금이나마 사람이 살았던 흔적과 함께 수로 흔적도 눈에 띄었지만, 그것도 점차 사라져 가고 있었다.

아라바 계곡 건너편에는 요르단이 지척이고 남쪽으로는 대추야자 숲을 이루고 있는 이스라엘 키부츠가 가까운 거리에 있었다. 이스라엘 백성이 진을 쳤다는 단 한 구절에 근거해 찾아온 곳이지만 역시 출애굽 여정지 가운데 한 곳이라는 의미가 있었다.

아브로나를 떠나 다음으로 진을 친 곳은 에시온게벨이었다. 에시온게벨• 은 오늘날 아카바 만 위쪽에 자리한 요르단 쪽 항구로 구약시대에는 제련소가 있던 곳이다. 요르단과 이스라엘 국경선에 있어서 일반인은 방문 전에 허락을 받아야 하는데, 2009년 탤런트 한인수 장로와 함께 출애굽 여정 촬영을 하면서 방문 기회를 얻었다. 우리는 타바 국경을 통해 이스라엘을 거쳐 요르단에 들어갔다.

지도에 의지해 에시온게벨을 찾아가는 길은 절대 쉽지 않았다. 이 지역 고고학자와 여러 차례 통화한 끝에

• **에시온게벨 :** 이곳 위치를 놓고 여러 장소가 제기되고 있지만 《성경》 기록에 근거해 이곳을 항구로 볼 때 홍해 동쪽 아카바 만 일부인 것은 분명하다. 독일 탐험가 프리츠 프랑크Fritz Frank는 성서시대의 만이 훨씬 북쪽에 있었다는 지질학적 근거에 따라 오늘날 아카바 시에서 서북쪽으로 3킬로미터 지점인 텔 엘 켈레이페Tell el-Kheleifeh를 에시온게벨이라고 주장하고 있다. 이곳에서는 철기시대 도기 조각이 발견되기도 했다. 1936년 성서 고고학자 넬슨 글루에크Nelson Glueck는 이곳을 방문한 후 에시온게벨로 단정했으며 2년 후 발굴을 했다.

요르단 쪽에서 촬영한 에시온게벨, 멀찌감치 보이는 곳이 이스라엘 에일라트다.

에시온게벨로 들어가는 군 초소를 찾을 수 있었다. 답사 허가증을 보여 주자 기관단총을 장착한 군 차량은 우리를 앞서 유적지로 안내했다. 5분 정도 국경선 안쪽으로 들어가서는 25인승 버스로는 갈 수 없어 차에서 내려 발목까지 빠지는 모래밭을 지나 마침내 에시온게벨(텔 엘 켈레이페)에 이르렀다.

순간 감격스러운 마음이 요동쳤다. 얼마나 오고 싶어했던 곳인가. 힘들게 찾고, 기관단총을 장착한 군 차량의 안내를 받고, 총을 든 군인들이 옆에서 지키는 가운데 힘들게 답사한 에시온게벨, 마치 보물을 찾은 기분이었다.

작은 텔 유적으로 남아 있는 에시온게벨은 안내판과 함께 철조망으로 둘러 있었고, 뒤로는 이스라엘의 에일라트 도시가 가까이 보였다. 지금은 홍해에서 내륙으로 2~3킬로미터 들어와 있지만, 솔로몬 당시에는 두로 왕과 합작해 배를 건조하던 항구였다. 일부 사람들은 에시온게벨을 홍해에 있는 파로스 섬으로 보기도 하나 그곳은 지리적으로 배를 건조하기 위한 재료 조달이나 사람이 거주하기에 알맞지 않은 곳이다.

에시온게벨은 출애굽 당시만 해도 보잘것없는 진흙 막사가 있었을 뿐이고 에돔 족속은 이곳을 개발하려는 어떠한 시도도 하지 않았다. 그러다 솔로몬 때 비로소 도시로 건설했다.

오늘은 아주 귀한 곳을 답사했다. 요르단 손종희 사장과 많은 사람의 도움으로 찾은 곳이니만큼 그들과 함께 이 감격을 나누고 싶은 마음으로 에시온게벨을 떠났다.

사람을 보내어 내가 이스라엘 자손에게 주는 가나안 땅을 정탐하게 하되 그들의 조상의 가문 각 지파 중에서 지휘관 된 자 한 사람씩 보내라 민수기 13:2

차라리 그 땅을 안 보았더라면

_가데스 바네아

이스라엘 쪽 가데스 바네아 전망대에서 바라본 이집트의 가데스 바네아

"시내 산에서 북쪽으로 올라가 가데스 바네아까지는 11일 만에 도착했다. 이곳에서 이스라엘 백성은 가나안으로 진군하기 전 각 지파별로 대표를 뽑아 열두 명의 정탐꾼을 보냈다. 그러나 정탐꾼의 보고를 듣는 자리에서 이스라엘은 여호수아와 갈렙의 믿음의 보고보다는 나머지 열 명의 보고를 듣고 원망함으로써 40년을 더 광야에서 방황하게 되었다 민수기 13장, 신명기 1:1~39. *"*

에시온게벨을 떠나 진을 친 곳은 신 광야에 있는 가데스 바네아였다. 〈신명기〉 32장 51절에는 가데스의 므리바, 〈에스겔〉 48장 28절에서는 므리바 가데스로 기록하고 있는데 그 뜻은 '가데스의 다툼'이다.

가데스 바네아는 출애굽 여정지 중 가장 정확한 위치를 갖고 있는데, 브엘세바 남쪽으로 80킬로미터 지점인 아인 엘 코세이랏Ain el Qoseirath, 아인 케데이스Ain Qedeis, 아인 코세이메Ain Qoseimeh의 세 개의 샘•이 있는 곳이다. 아인은 '샘'이란 뜻이다.

시나이 반도의 신 광야, 또는 바란 광야(신 광야를 바란 광야의 일부로 보기도 함)에 있는 가데스 바네아는 이스라엘 최남단에 자리하고 있다. 서쪽은 애굽 강(와디 엘 아리시)에 가깝고 동쪽은 에돔과 아모리인의 고지와도 접해 있다. 〈신명기〉 1장 19절에는 '크고 두려운 광야'를 지나 가데스 바네아에 정착했다고 하지만, 〈민수기〉 13장 26절에는 그 광야가 바란 광야임을 말하고 있다. 심판의 샘이란 이름의 뜻을 참고해 볼 때 이곳은 사막 지대에 귀하게 존재하는 오아시스였으며, 이스라엘 백성이 시내 산을 출발한 후 11일 만에 도착해서 가장 오래 머문 곳이다.

호렙 산에서 세일 산을 지나 가데스 바네아까지 열 하룻길이었더라 신명기 1:2

• 세 개의 샘 : 고고학자마다 세 개의 샘 가운데 가데스 바네아로 보는 곳이 다르긴 하지만 아인 엘 코세이랏은 그 중 가장 큰 샘으로 1년 내내 물이 넘쳐 주위에 목장 지대가 형성되어 있다.

시내 산에서 가데스 바네아까지는

와디 길로 갔다고 해도 340~360킬로미터 거리이다. 이 길을 11일 동안 갔다면 하루에 32킬로미터 정도 걸었다는 계산이 나온다. 그러나 이것은 개인이 갈 수 있는 거리지, 250만 명에 이르는 이스라엘 백성이 11일 만에 갈 수 있는 거리는 아니다.

그렇게 가데스 바네아에 도착한 이스라엘은 지파별로 열두 명의 대표를 뽑아 가나안 본토에 정탐꾼을 파견했다. 그러나 여호수아와 갈렙을 제외한 다른 정탐꾼들의 비신앙적 보고에 백성은 원망했고 결국 20세 이상의 원망한 사람은 죽을 때까지 광야에서 40년을 방랑하게 되었다.

가데스 바네아 역시 이스라엘과 이집트의 국경 지대에 자리하고 있어 이집트 정부의 통행 허가증 없이는 방문이 어렵다. 또 통행증을 발급받았다 해도 현장 군부대에서 다시 허락을 받아야 하기 때문에 일반 외국인이 방문하는 것은 거의 불가능하다.

장인수 목사와 함께 가데스 바네아 전망대에서

그러나 이스라엘 국경 근처에는 가데스 바네아를 멀리서 바라볼 수 있는 전망대가 있다. 왜 그곳에 전망대를 만들어 놓았을까? 우리는 〈출애굽기〉를 하나님의 구원 역사로 믿고 있지만, 이스라엘에서는 초등학교에서 역사 과목으로 배우고 있다. 오늘날 유대인이 이곳에 전망대를 만들어 놓은 것은 비록 지금은 이집트 지역에 위치해 있어 갈 수 없지만 그 옛날 자기 조상이 가나안 입성을 앞두고 40년을 광야에서 방랑하게 된 것을 상기하고자 했기 때문이라고 생각된다.

멀리 희미하게 보이는 가데스 바네아를 바라보며 그 옛날 이 자리에서 일어난 정탐꾼 사건을 잠시 생각해 보았다. 각 지파에서 대표로 뽑힌 열두 명의 정탐꾼에게 주어진 일은 정탐할 땅의 주민 수와 그들의 힘, 그 땅이 좋은지와 나쁜지, 성읍이 진영인지 산성인지, 토지가 비옥한지 메마른지, 나무가 있는지 없는지 등을 정탐하고 그곳의 실과를 가져오는 것이었다.

포도가 처음 익을 즈음인 7~8월에 출발한 정탐꾼은 네게브(남방) 길로 향해 산지로 올라갔다. 남쪽 신 광야에서 오늘날 시리아의 르홉까지 올라간 후 다시 내려와 헤브론 에스골 골짜기에 이르렀다. 그곳에서 포도송이가 달린 가지를 베어 둘이 막대기에 꿰어 메고는 석류와 무화과도 따서 가져왔다. 이들은 모두 40일 동안 함께하면서 하나님이 약속하신 젖과 꿀이 흐르는 가나안 땅을 정탐하고 가데스로 돌아왔다.

먼저 정탐꾼은 가져온 과일을 보여 주며 이렇게 보고했다.

> 당신이 우리를 보낸 땅에 간즉 과연 그 땅에 젖과 꿀이 흐르는데 이것은 그 땅의 과일이니이다 그러나 그 땅 거주민은 강하고 성읍은 견고하고 심히 클 뿐 아니라 거기서 아낙 자손을 보았으며 …… 가나안인은 해변과 요단 가에 거주하더이다 민수기 13:27~29

이는 본 그대로 전한 보고였다. 이들은 헤브론에서 2~3일 걸리는 가데스 바네아까지 오는 동안 포도송이를 시들지 않게 하려고 가지째 잘라 둘이 메고 왔다. 그만큼 정확하게 보여 주려고 했다. 이들의 보고에 의하면 객관적으로 이스라엘이 점령하기 쉽지 않은 상황이었다. 백성은 동요하기 시작했고, 갈렙은 동요하는 백성을 안심시키며 이렇게 외쳤다.

> 우리가 곧 올라가서 그 땅을 취하자 능히 이기리라 민수기 13:30

그러나 여호수아와 갈렙을 제외한 나머지 열 명의 정탐꾼은 악평을 쏟아냈다.

> 우리는 능히 올라가서 그 백성을 치지 못하리라 그들은 우리보다 강하니라 우리가 두루 다니며 정탐한 땅은 그 거주민을 삼키는 땅이요 거기서 본 모든 백성은 신장이 장대한 자들이며 거기서 네피림 후손인 아낙 자손의 거인들을 보았나니 우리는 스스로 보기에도 메뚜기 같으니 그들이 보기에도 그와 같았을 것이니라 민수기 13:31~33

결국 정탐꾼의 보고는 둘로 나뉘었다. 여호수아와 갈렙은 그들이 아무리 강해도 하나님이 함께하시면 능히 이길 수 있다고 했지만, 나머지 열 명은 자기들을 스스로 메뚜기에 비유하며 이길 수 없다고 주장했다.

안타깝게도 이스라엘 백성은 부정적이고 불신적인 보고를 듣고 또다시 이집트로 돌아가는 것이 낫겠다고 원망했다. 더욱이 이들은 "하나님이 우리와 함께하시니 그들을 두려워하지 말라"는 여호수아와 갈렙의 외침에 오히려 돌로 치려고 했다. 이들은 르비딤에서 이길 수 없는 싸움을 모세의 기도로 승리했던 사실을 잊고 있었다. 다른 열 명의 정탐꾼처럼 믿음의 눈이 아닌 세상의 눈으로 약속된 젖과 꿀이 흐르는 땅을 바라보았던 것이다.

포도송이를 메고 오는 정탐꾼 부조 _ 이탈리아 밀라노 두오모 성당

차라리 그들이 정탐에 나서지 않았더라면, 그래서 그 땅에 들어가서 어려움을 맞닥뜨렸다면 어땠을까. 결국 이스라엘 백성은 약속의 땅에 들어가지 못한다고 원망한 20세 이상의 사람들이 죽기까지 40년을 더 광야에서 방랑해야만 했다.

천국은 아무나 차지할 수 있는 것이 아니다. 예수님의 말씀처럼 침노하는 자만이 들어갈 수 있다. 아무리 세상이 강하다 해도 그 세상을 이기신 예수님을 믿는 믿음으로 능히 그 땅을 차지할 수 있는 것이다. 세상이 강한 것이 문제가 아니라 이미 그 세상을 이기신 예수님이 내 안에 있느냐가 중요하다.

무릇 하나님께로부터 난 자마다 세상을 이기느니라 세상을 이기는 승리는 이것이니 우리의 믿음이니라 요한일서 5:4

아말렉인과 산간 지대에 거주하는 가나안인이 내려와 그들을 무찌르고 호르마까지 이르렀더라 민수기 14:45

금한 길은 가지 말아야

_ 아랏과 호르마

호르마(텔 마소스)의 유적 _ 이스라엘

"가데스 바네아에서 한 원망으로 가나안에 들어가기까지는 40년이나 더 늦춰졌다. 그러나 하나님의 명령을 어기고 산 정상으로 올라간 이스라엘 백성은 아말렉과 산간 지대에 거주하는 가나안 사람에게 패해 호르마까지 쫓겨났다.

이스라엘이 가데스를 떠나 에돔 길로 향하려 했을 때, 에돔 왕이 길을 허락하지 않자 에돔 변경으로 돌아 호르 산에 이르렀다.

이때 남방에 거주하는 아랏 왕이 이스라엘이 아다림 길로 올라온다는 소식을 듣고 이스라엘을 공격했다가 오히려 멸망했는데 그곳 이름을 호르마라 했다. 이후 길 때문에 원망하는 자는 불뱀에 물려 죽임을 당했지만, 모세가 놋뱀을 만들어 장대 위에 다니 그것을 쳐다보는 자마다 다시 살게 되었다 민수기 14, 17, 20, 21장."

가데스 바네아에서 가나안으로 올라가지 말라는 하나님의 명령을 무시하고 자신들의 잘못을 만회라도 하듯 가나안으로 향한 무리는 결국 아말렉과 산간 지대에 거주하는 사람에게 패해 호르마까지 쫓겨났다. 지도자 없이 하나님의 명령을 어기고 간 길은 백전백패일 수밖에 없다. 불순종의 길은 오히려 가나안으로 가는 길을 더디게 할 뿐만 아니라 결국은 멸망의 길이었다.

〈여호수아〉 15장 30절에 홀마로 나오는 호르마는 이스라엘 백성이 하나님의 명령을 거역하고 북진하다가 패해 쫓긴 곳이다. 후에는 이스라엘 백성이 아랏을 멸하고 그곳을 호르마라고 했다. 따라서 호르마와 아랏을 같은 곳으로 볼 수 있다. 그러나 〈여호수아〉 12장 14절에서는 호르마와 아랏을 개별 도시로 기록하고 있다. 이 경우 호르마•의 위치에 대해서는 여러 견해가 있다.

그중 한 곳으로 언급되는 텔 마소스를 찾기로 하고 예루살렘에서 지프로 출발했다. 가데스 바네아에서 10번, 211번, 40번 도로를 따라가면 브엘세바까지는 95킬로미터, 브엘세바에서 동쪽으로 25번 도로를 타고 9킬로미터 가다가 왼쪽으

• **호르마** : 〈여호수아〉 12장 14절에 나타난 아랏과 호르마를 개별로 보는 경우 호르마는 브엘세바 남동쪽 약 10킬로미터 지점에 있는 텔 마소스Tell Masos로 간주할 수 있으며, 스밧(사사기 1:17, 민수기 21:2~3)과 호르마를 같은 곳으로 본다면 텔 마소스 북동쪽에 있는 텔 이라Tell Ira로 여길 수도 있다. 《성경》 기록에 의하면 호르마와 관련해 세 가지 전통이 있다.
첫째, 이스라엘 백성이 가나안 정탐 보고를 듣고 원망하자 하나님은 모세를 통해 가나안으로 올라가지 말 것을 경고했다. 그러나 하나님의 경고를 무시하고 가나안으로 올라간 이스라엘은 아말렉과 산간에 거주하는 가나안 사람에게 패해 호르마까지 쫓겨났다(민수기 14:39~45).
둘째, 이스라엘은 가나안 남쪽으로 행진하는 동안 아랏을 파괴하고 그곳을 호르마라 개칭했다(민수기 21:1~3).
셋째, 이스라엘이 가나안에 정착한 후 유다와 시므온 지파가 연합으로 호르마를 공격해 파괴했다(사사기 1:17).

텔 아랏의 성소 터로 이스라엘 국립공원으로 지정되어 있다.

로 비포장도로를 따라 2.5킬로미터 더 가면 호르마로 주장하는 텔 마소스가 나온다.

오늘날 텔 마소스는 바로 앞에 물은 흐르지 않지만 브솔 시내의 상류가 있고 그 위에 작은 언덕 형태로 남아 있다. 대부분 유적지에는 무덤이 있듯이 이곳 역시 언덕 옆에 무덤이 있었다. 점차 사라져 가는 무덤은 그 옛날 하나님의 명령을 거역한 자들이 쫓겨 왔던 교훈을 일깨워 주는 듯했다.

텔 마소스 동쪽으로 그리 멀지 않은 곳에 베두인 가정이 있으며 언덕 위에서 보면 북쪽으로 작은 마을이 보인다. 그리고 아직도 베두인이 사용하고 있는 큰 우물도 있었다.

훗날 호르마는 시므온 지파의 성읍으로, 또 유다 지파 남쪽의 일부분으로 언급되었다(가나안 정착 후 두 지파가 같이 호르마를 쳤기 때문). 다윗은 아말렉 사람이 시글락을 침노해 탈취했던 사람과 노략물을 되찾았을 때 그 전리품을 호르마에도 보냈다. 그것은 다윗이 사울을 피해 도피 생활할 때 호르마 사람이 환대해 준 것에 대한 보답일 것이다.

하나님의 명령을 거역하고 북진했다가 패해 쫓겨난 호르마, 또 다윗의 도피 생활을 도와 전리품을 받았던 이곳에서 언제나 하나님과 함께하는 길만이 승리의 길임을 되새기며 아랏으로 향했다.

호르마에서 아랏으로 가는 길은 비교적 잘 닦여 있어서 찾아가기 어렵지 않다. 아랏은 동서로는 브엘세바와 마사다 중간인 마사다 서남쪽 약 17킬로미터 지점에 있으며, 남북으로는 헤브론과 아로엘 중간에 자리한 동부 네게브의 중요한 도시로 에돔과 에일라트 항구로 가는 간선도로를 관할했다. 현대 아랏은 고대 당시보다 동남쪽으로 8.5킬로미터 정도 떨어져 있다.

아랏•은 이스라엘 국립공원으로 지정된 곳이라 안내표지판도 잘 갖춰져 있다. 특별한 경우가 아니면 찾는 사람이 극히 드물어서 텔 정상까지 지프로 올라갈 수 있다. 지프를 세워 놓고 나무 계단을 올라가자 견고한 성벽과 성문이 원형 그대로 남아 있었다.

출애굽 당시 아랏 왕은 가데스 바네아에서 직접 가나안으로 들어가려는 이스라엘 백성을 막기 위해 이스라엘 사람 몇 명을 사로잡았으나 오히려 이스라엘에 멸망했다. 그리고 이곳을 호르마라 불렀는데 '철저한

• 아랏 : 아랏의 고대 도시는 BC 2700년경에 파괴된 후 BC 11세기까지 그대로 방치되었다. 그때부터 작은 정착지가 생겨났는데, 마을 중앙에는 겐 족속의 성소로 보이는 제단이 갖춰진 성지가 있었다. 솔로몬 시대에는 강한 성채가 그 자리에 있었다. 텔 아랏은 발굴 결과 BC 2900~2700년경부터 큰 도시가 있었음이 드러났다. 초기 청동기 도시는 2.5미터 두께의 성벽으로 둘러싸였는데 이 벽은 반원형 탑으로 보강되었다.

아랏 성채의 성벽과 성문 _ 이스라엘

파괴'라는 뜻이었다.

텔 아랏 정상에 서자 동쪽으로 8킬로미터 정도 떨어져 있는 현대 도시 아랏이 시야에 들어왔다. 그 사이로 보이는 사막에서는 물을 공급해 농사를 짓고 있어 점차 녹색을 띠는 모습이었다. 특히 네게브 지방의 공업 발전의 추진력이 된 현대 아랏은 유리와 섬유공장 외에 농업 시험장으로도 성공하고 있다. 도시 근처에는 중수 생산과 방사성 광물 채굴 연구를 위한 공장이 곳곳에 들어서 있다.

가데스 바네아에서 북진하다 패해 호르마까지 쫓긴 이스라엘은 에돔에 있는 왕의 대로로 가나안에 들어가고 싶어했다. 그러나 그곳에는 에돔 족속이 자리하고 있었고 그들은 이스라엘이 지나가는 것을 막았다. 당시 수적으로도 이스라엘은 충분히 에돔을 치고 올라갈 수 있는 전력이었지만 하나님 말씀에 따라 그들을 공격하지 않고 에일라트와 에시온게벨 옆으로 돌아 모압 광야길로 갔다.

이스라엘이 지나가고 싶어했던 왕의 대로는 요르단 고원 지대를 따라 남북으로 이어진 큰길이다. 길의 이름은 성서 이야기에서 따온 것으로 공식적으로는 큰길大路이라고 부른다.

특히 왕의 대로 중 요르단 고원 지대 남쪽은 동쪽의 사막과 서쪽의 험한 산악 지대 사이의 비옥한 지역을 중심으로 길이 나 있다. 그래서 이스라엘은 이 길로 가기를 원했던 것이다. 그러나 하나님은 이미 이 지역을 에서의 후손에게 기업으로 주셨고 이에 이스라엘은 강제로 빼앗을 수 없어 마지못해 험하고 우물도 없는 광야길로 돌아서 갔다.

왕의 대로는 성지 순례 시 페트라에서 암만으로 올라갈 때 갈 수 있다. 그러나 아르논 골짜기는 길이 험해 우기인 겨울철에는 비가 조금만 와도 통행이 제한되기 때문에 동쪽 사막길로 갈 수밖에 없다. 그외 길은 오늘날에도 밀 농사를 비롯해 밭농사를 짓고 있다.

하나님이 허락하시지 않은 길은 비록 빠르고 평탄한 길이라도 가지 말아야 하며, 가라고 하신 길은 멀고 어렵더라도 가야 한다. 그런데 이스라엘 백성은 하나님의 명령에 따라 왕의 대로를 벗어나 홍해 길로 에돔 땅을 우회하자 하나님과 모세를 원망하기 시작했다.

백성이 호르 산에서 출발하여 홍해 길을 따라 에돔 땅을 우회하려 하였다가 길로 말미암아 백성의 마음이 상하니라 백성이 하나님과 모세를 향하여 원망하되 어찌하여 우리를 애굽에서 인도해 내어 이 광야에서 죽게 하는가 이곳에는 먹을 것도 없고 물도 없도다 우리 마음이 이 하찮은 음식을 싫어하노라 하매 민수기 21:4~5

신앙의 길도 마찬가지다. 멸망으로 가는 길은 넓고 평탄하지만 결국 사망의 길이다. 반면 구원으로 인도하는 길은 좁고 힘들지만 그 길로 가야 한다.

왜 우리는 이 세상에 살면서 좀 더 편하고 쉬운 길을 마다하고 좁고 힘든 길을 가야 하는가? 그 길만이 생명의 길이기 때문이다. 이스라엘 백성처럼 양식과 물을 구하기 어려운 홍해 광야길이라 할지라도 하나님이 가라고 하신 길이면 고난 중에도 오히려 감사하며 가야 한다. 그러나 이스라엘 백성은 힘든 길로 인도하시는 하나님을 원망했다. 이에 하나님은 그들에게 불뱀을 보내셨고 원망하던 많은 사람이 죽어나갔다. 그러나 그들이 돌이켜 회개하자 놋뱀을 만들어 뱀에 물

아르논 골짜기의 왕의 대로 _ 요르단

린 자가 그것을 쳐다보면 살도록 하셨다.

오늘날에도 사막에는 맹독을 가진 뱀이 있다. 불뱀이란 독이 강한 뱀을 지칭한다. 놋뱀을 보면 살 수 있었다는 것은 놋뱀을 바라보면서 자신의 죄가 불뱀의 독처럼 얼마나 생명에 치명적인가를 깨닫게 한 것이다. 그런데 뱀에 물렸는데도 오히려 그 놋뱀을 보면 낫는다고 한 것은 이성적인 판단이 아닌 믿음에 의해서만 가능한 것이다. 그러므로 이는 예수 그리스도의 십자가를 상징한다.

놋뱀 _ 요르단 느보 산

흥미로운 것은 이 지역 주변에 고대로부터 놋(구리) 광산과 구리 제련소가 여러 곳 있었다는 점이다. 그중 한 곳으로 이스라엘 국립공원으로 지정된 팀나에는 솔로몬의 구리 광산이 있다. 또한 아라바 계곡 건너편 요르단 쪽에는 가데스 바네아를 떠나 진을 친 부논과 오봇에 구리 광산과 제련소가 있다.

부논은 사해 남쪽 끝에서 65번 도로를 따라 84킬로미터 내려가서 다시 내륙 쪽으로 15킬로미터 거리에 있다. 페트라에서는 북쪽으로 35킬로미터 지점에 있는 오늘날 키르벳 페이란으로 추정되며 《성경》 기록에 따르면 살모나와 오봇 사이에 자리하고 있다.

그들이 호르 산을 떠나 살모나에 진을 치고 살모나를 떠나 부논에 진을 치고 부논을 떠나 오봇에 진을 치고 민수기 33:41~43

살모나 우물

부논•은 에돔 성읍 중 한 곳으로 유대인 역사학자 에우세비우스 Eusebius에 의하면 고대에 구리 광산이 있었다고 한다. 실제로 페이란(부논)을 기준으로 대규모 동 제련소가 있는 키르벳 엔 나하스Kh. en-Nahas는 8.4킬로미터, 키르벳 느케이브 아세이메르Kh. Nqeib Aseimer는 7킬로미터 남동쪽에 자리하고 있다. 에우세비우스는 고대로부터 강제 노동이 성행했던 전통에 따라 훗날 기독교인도 부논에서 채광과 제련하는 일에 강제로 동원되었다고 기록하고 있다.

비잔틴시대에는 이곳에 회당과 수도원이 세워졌는데 수도원이 파괴된 자리에서 데오도레Theodore(587~588) 주교의 이름이 새겨진 비문이 발견되었다.

• **부논** : BC 2200~1800년 사이에 사람이 살기 시작했으며 이때 이미 동(구리)이 최초로 제련된 것으로 보인다. 그리고 제련된 동을 이집트로 실어 나르는 무역로도 개통되었다. 특히 이스라엘이 BC 13세기 후반, 부논에서 동을 캐기 시작하면서 500여 년 동안 버려져 있던 이곳은 활기를 되찾았다. 그러나 이후 다시 버려졌다가 나바테안인이 채광과 제련을 다시 시작하면서 아랍시대에는 큰 번영을 누렸다.

부논(페이란)의 교회 터 _ 요르단

그리고 1932년에는 이곳에서 교회 터와 수도원, 무덤이 발견되기도 했다. 우리가 방문했을 때도 교회 유적은 그대로 남아 있었다. 그리고 와디(건천) 옆에는 저수조 시절과 로마 때 수도교도 일부 남아 있었다.

다음으로 찾아간 오봇Oboth은 이스라엘 백성이 부논을 출발해 진을 친 곳으로 부논과 이예아바림 사이에 있다. 《성경》에서 오봇으로 보는 키르벳 엘 구웨이바로 가기 위해서는 부논에서 65번 도로로 나와 북쪽으로 10킬로미터 올라간 후 다시 지프나 트럭을 이용해 서쪽으로 가야 한다.

65번 도로 근처에 있는 마을에서 오봇으로 가려면 자동차로 50여 분 더 내륙으로 들어가야 하기 때문에 우리는 현지인의 트럭을 이용하기로 했다. 차 주인은 트럭의 타이어 바람을 빼고 출발했다. 알고 보니 가는 길 중간에 모래사막과 돌이 있어 바퀴의 공기 압력을 낮춰

오봇 유적지 _ 요르단

야 했다. 아니나 다를까, 출발한 지 10분도 채 되지 않아 모랫길을 달렸고 잘 달리던 차는 탄력이 부족해 모래에 빠지고 말았다. 할 수 없이 트럭에 탄 사람들과 함께 모래에 빠진 차를 밀어 힘들게 빠져나왔다.

마침내 오봇 유적지에 이르고 보니 매우 큰 와디 구웨이바Wd. Ghuweiba가 있었다. 와디 건너에는 구리가 함유된 검은색 광석이 널려 있고 베두인의 돌무덤으로 보이는 형체도 있었다. 유대인 역사학자 요세푸스Josephus에 의하면 구리 광산은 부논에서 오봇까지 매우 넓은 지역에 걸쳐 분포되어 있었다.

트럭으로 왕복 두 시간을 달려 모래와 돌이 있는 광야를 다녀오는 것도 이렇게 힘든데 그 옛날 아라바 계곡을 따라 살모나, 부논, 오봇으로 이어지는 여정을 소화한 이스라엘 백성은 이보다 더하지 않았을까. 비록 《성경》에는 한 구절밖에 나오지 않지만 살모나, 부논, 오봇을 답사하기 위해 1박 2일을 덜컹거리는 트럭과 지프 뒤에서 엉덩방아를 찧어 가며 고생한 기억을 뒤로하고 다음 답사지 이예아바림으로 향했다.

가데스 바네아에서 떠나 세렛 시내를 건너기까지 삼십팔 년 동안이라 이때에는 그 시대의 모든 군인들이 여호와께서 그들에게 맹세하신 대로 진영 중에서 다 멸망하였나니 신명기 2:14

새 부대로 정복에 나서며

_세렛 시내

38년 만에 도착한 세렛 시내 _ 요르단

가데스 바네아를 떠나 이예아바림이 있는 세렛 시내에 이르기까지는 무려 38년이 걸렸다. 그러나 가데스 바네아에서 여호수아와 갈렙을 제외한 다른 정탐꾼의 보고를 듣고 원망했던 20세 이상의 이스라엘 백성은 40년 가까이 광야에서 방랑하다가 하나님의 말씀대로 모두 광야에서 죽었다. 이제 여호수아와 갈렙 그리고 광야에서 태어나 자란 새로운 세대와 함께 세렛 시내를 출발해 요르단 고원으로 북진하는 일만 남았다 *민수기 21:10~12.*

이집트를 벗어나 가데스 바네아까지 일정을 보면 시내 산까지 3개월, 시내 산에서 11개월 넘게 머무른 후 다시 11일 만에 가데스 바네아에 도착했으니 모두 1년 3개월 정도 걸렸다. 거리는 람세스Rameses(《성경》의 라암셋)에서 시내 산까지 446킬로미터, 시내 산에서 가데스 바네아까지 435킬로미터로 모두 891킬로미터를 걸은 셈이다. 가데스 바네아에서 세렛 시내까지 현대 도로 기준으로 보면 약 230킬로미터 거리이다. 이 거리를 가는 데 38년이 걸린 것이다.

이제부터는 광야생활을 마치고 가나안에 들어가기 위한 실질적인 준비 기간이 필요했다. 출애굽 초기 르비딤Rephidim에서 아말렉과의 싸움과 아랏에서의 싸움을 제외하면 38년 동안 싸움 없이 광야에서 방랑했지만 이제 곧 가나안에 들어가면 그곳에 자리한 블레셋을 비롯한 가나안의 일곱 족속과 싸워야 했다. 가나안을 목전에 둔 이스라엘 백성에게는 마치 정식 게임을 앞두고 오픈 게임을 하는 것과 같았다.

하지만 하나님은 감당할 시험밖에 허락하지 않으신다. 그리고 감당하지 못할 때는 피할 길을 내주신다.

광야생활을 마치고 20세 이상의 이스라엘 백성이 출발한 된 세렛 시내를 찾았다. 세렛 시내는 동쪽에서 사해 최남단으로 이어지는 긴 계곡으로 사해와 가까울수록 계곡은 깊어진다. 버드나무 시내로도 불린 이 계곡은 예부터 남쪽의 에돔과 북쪽 모압과 자연 경계를 이룬 곳이다.

이예아바림 마을 _ 요르단

보통 성지 순례 시 암만에서 페트라를 다녀올 경우에는 동쪽 사막에 있는 세렛 시내 상류를 지나게 되는데 작은 와디 형태로 되어 있어 구분하기가 어려워 그냥 지나치기 쉽다. 그러나 왕의 대로가 지나는 중·하류 쪽 세렛 시내는 계곡이 상당히 깊고 그 옆으로 이스라엘이 진을 쳤다는 이예아바림이 있다.

이예아바림은 오늘날 많은 감람나무가 자라고 있으며 50여 가구가 한 마을을 이루고 있다. 마을을 지나 산꼭대기로 올라가면 굽이쳐 흐르는 계곡이 한눈에 들어온다.

성지를 찾을 때마다 그 현장에서 주시는 하나님의 말씀이 새롭게 느껴지곤 하는데 세렛 시내에 서니 "새 포도주는 새 부대에 담아야 한다"는 말씀이 더 깊이 다가왔다. 그 비옥한 고센 땅에 살던 사람들은 40년 광야생활 동안 훈련을 이기지 못하고 오직 여호수아와 갈렙 그리고 광야에서 자라난 새 세대만이 이곳 세렛 시내에서 가나안을 향해 북진하지 않았던가. 광야라는 열악한 환경 속에서 태어나 자란

여호수아, 갈렙 그리고 광야에서 태어나 자란 새로운 새대만이 가나안을 향해 출발했던 세렛 시내 _ 요르단

세대였기에 그들은 어떤 상황에서도 오직 하나님 말씀에 순종할 수 있었다.

당시 세렛 시내에서 아르논 골짜기까지는 모압Moab 족이 자리하고 있었다. 그런데 하나님은 에돔에서처럼 이스라엘이 모압 지역에 있는 왕의 대로로 가는 것을 허락하시지 않았다. 이스라엘은 할 수 없이 동쪽으로 더 나아가 모압 광야길로 지났으며 이때도 모압과 싸우지 않았다.

> 여호와께서 내게 이르시되 모압을 괴롭히지 말라 그와 싸우지도 말라 그 땅을 내가 네게 기업으로 주지 아니하리니 이는 내가 롯 자손에게 아르를 기업으로 주었음이라 신명기 2:9

모압 광야길로 가던 이스라엘은 아르논 골짜기에 이르러서는 왕의 대로로 가기 위해 아모리 족 헤스본 왕 시혼에게 사신을 보냈다. 당시 아르논 강에서 얍복 강까지 대부분의 지역은 헤스본 왕 시혼이 암몬 족에게서 빼앗아 차지하고 있었고, 암몬 족은 아모리 족에 밀려 오늘날 요르단 수도인 암만(《성경》의 랍바)을 중심으로 좁은 지역만 차지하고 있었다.

시혼 왕이 왕의 대로를 통과하는 것을 거절하자 이스라엘은 에돔과 모압 족과는 달리 이들을 야하스에서 쳐서 무찌르고 아르논에서 북쪽 얍복 강까지 점령했다. 그러나 암만을 중심으로 한 암몬 족의 경계가 견고해 그들의 성은 점령하지 못했다.

우리는 이스라엘이 점령한 아모리 족의 수도 헤스본을 찾았다. 헤스본의 위치에 대해서는 여러 의견이 있으나 대체로 오늘날 텔 히스반T. Hisban으로 본다. 이곳은 요르단 강 하류, 사해 최북단에서 동쪽으로 약 25킬로미터, 암만에서는 남서쪽으로 20킬로미터 지점으로 와디 헤스반Wd. Hesban 남쪽에 위치해 있다.

헤스본•은 3세기 아우렐리아 에스부스Aurelia Esbus로 개칭되었는데 성서학자 제롬Jerom은 이곳을 "요르단에서 로마식 거리 환산법으로 20마일 떨어진, 여리고 앞산에 있는 아라비아의 유명한 도시"로 기술했다. 후에는 에스부스Esbus로 불리기도 했다.

〈민수기〉 21장 26절에 보면 "헤스본은 아모리인의 왕 시혼의 도성이라"고 표현한 기록이 있으며, 모세는 이 성을 취해 르우벤 지파에게 주고 북방 갓 지파와 경계의 요충지로 삼았다. 모압과 이스라엘은 헤스본 주변 지역을 놓고 잦은 싸움을 했는데 모압의 에글론 왕이 차지했다가 사사들의 노력으로 이스라엘이 다시 점령했다.

텔 히스반(헤스본)은 1968~74년 사이 네 차례에 걸쳐 발굴이 이루어졌다. 그리고 최근까지도 계속 이어져 헤스본을 처음 방문한 1999년보

• **헤스본** : 아합이 죽은 이후까지도 이스라엘의 영토였다가 모압의 메사가 대원정을 통해 다시 점령했다. BC 600년경 암몬인에게 멸망한 것으로 알려져 있으며(예레미야 49:3), 암몬인은 이 지역의 소유권을 선포했다. 이에 따라 텔 히스반은 BC 6~3세기 동안 버려져 있었고 BC 2세기 마카베오가 이곳에 다시 거주했던 것으로 보인다.

출애굽 당시 아모리 족 헤스본 왕 시혼의 도성이었던 헤스본의 교회 터

다 2010년에는 두 배도 넘는 지역이 발굴되었다.

헤스본에 올라가자 주변 지역에 비해 그렇게 높지 않음에도 사방이 한눈에 들어왔다. 정상에는 비잔틴시대의 교회 터와 그 옆에 아랍시대의 유적이 함께 남아 있었는데 시대의 흐름이 그대로 느껴지는 듯했다.

출애굽 당시에는 이스라엘을 대적한 아모리 족의 수도였고 이스라엘이 점령한 후에는 르우벤 지파가 차지했으며 이스라엘이 남북으로 분열되자 모압이 다스리고 있다가 훗날 교회가 세워지기도 했던 헤스본. 그러나 다시 이슬람이 정복한 후에는 아랍시대의 건축물이 들어섰다. 이렇듯 신앙 역시 영적 힘이 약하면 언제든지 교회가 사원으로 바뀔 수도 있는 것이다.

1999년 네덜란드 암스테르담을 방문했을 때다. 시내 한복판에 있던 명동성당보다 큰 성당 여러 곳이 모두 백화점으로 바뀌어 있었다. 한두 개도 아니고 여러 성당 중에서 한 곳만 빼고는 십자가가 세워진 채로 백화점 간판을 달고 있었던 것이다. 그나마 남아 있는 성당도 일본인에게 팔려 곧 백화점으로 바뀐다고 한다.

오늘날 대부분의 유럽 교회는 이렇게 백화점으로, 심하게는 술집으로 변해 가고 있다. 이스탄불의 성 소피아 박물관도 본래는 성당이었다. 그러다 사원으로 바뀌고, 지금은 박물관으로 명칭을 바꾸었다.

국민소득 2만 달러부터는 교인 수가 준다는 것이 세계적인 통계이다. 우리는 지금 2만 달러를 앞두고 있다. 이런 역사적 현실을 직시하며 한국교회가 유럽교회의 전철을 밟지 않기 위해서는 영적 힘을 잃어서는 안 된다. 그 힘은 바로 예수님처럼 사는 데서 온다. 대접받고자 하는 대로 먼저 대접하고, 섬김을 받고자 하는 대로 남을 먼저 섬기며, 높아지고자 하는 대로 먼저 겸손하게 낮아지는 것이다.

그가 사신을 브올의 아들 발람의 고향인 강 가 브돌에 보내어 발람을 부르게 하여 이르되 보라 한 민족이 애굽에서 나왔는데 그들이 지면에 덮여서 우리 맞은편에 거주하였고 민수기 22:5

발람의 고향 브돌에서 본 유프라테스 강 _ 시리아

하나님이 축복하면 누가 저주하랴

_브돌

"이스라엘이 아모리 사람의 성읍을 빼앗자 모압 왕 발락은 유프라테스 강변의 브돌로 사신을 보내 발람을 초청한 후 싯딤에 진을 치고 있는 이스라엘을 저주하도록 했다. 발람은 처음에 거절했으나 결국 계속되는 요청으로 나귀를 타고 모압 귀족을 따라갔다.
그러나 가는 도중 하나님은 나귀의 입을 열어 말을 하게 하셨고 하나님의 뜻을 깨달은 발람은 바알의 산당과 비스가 산꼭대기, 브올 산꼭대기에서 이스라엘을 저주하는 대신 축복했다. 이에 발락이 분노해 돌아가라고 하자 발람은 모압의 장래에 대해 예언한 후 자기 고향으로 돌아갔다 민수기 22~24장."

출애굽 당시 모압은 이스라엘보다 수적 면에서 월등히 불리했기 때문에 이스라엘이 왕의 대로로 가는 것을 막을 수 없었다. 그러나 하나님은 모압과 싸우지 말라고 하셨고 이스라엘은 왕의 대로 대신 모압 광야길로 북진해 가나안을 목전에 둔 여리고 앞 모압 평지에 진을 쳤다.

모압 왕 발락은 수적 열세로 싸움을 포기한 대신 유프라테스 강변의 브돌에 살고 있는 발람에게 모압과 미디안 장로들로 사신단을 보내 이스라엘을 저주하도록 했다. 그러나 발람은 하나님으로부터 "복을 받은 이스라엘을 저주하지 말고 그들을 따라가지도 마라"는 말씀을 듣고 요청을 거절했다. 그러자 발락은 더 높은 신분의 귀족을 다시 사신으로 보내왔고, 하나님은 발람에게 그들을 따라가되 이스라엘을 저주하지는 말라고 말씀하셨다.

발락은 싸움을 포기하고 광야 먼 길을 돌아서 모압 평지로 온 이스라엘을 왜 그토록 저주하려 했을까? 이스라엘 입장에서 보면 얼마든지 모압을 점령할 수 있었음에도 싸우지 않았는데 말이다.

발락이 발람에게 사신을 보낸 브돌의 현지 주민 _ 시리아

분명한 사실은 이스라엘은 하나님의 말씀에 따라 모압을 치지 않고 쉽고 비옥한 왕의 대로 대신 멀고 힘든 광야길로 갔으나 모압은 그런 하나님의 은혜를 알지 못했던

것이다. 그래서 유프라테스 강이 있는 그 먼 거리까지 사신을 보내 이스라엘을 저주하도록 했다.

발람의 고향인 브돌은 어떤 곳인가? 브돌은 앗수르어로 '아나 앗수르 우티르 아슈밧Ana-Asshur-utir-asbat'으로, 디글랏빌레셀 1세(BC 1116~1077)가 건설한 브돌을 아람인에게 빼앗겼다가 다시 살만에셀을 통해 되찾은 것을 기념해 부른 것으로 전해진다. 뜻은 "내가 앗수르를 위해 이곳을 다시 세웠다"이다.

브돌은 터키와 시리아의 북쪽 국경 지역인 갈그미스(오늘날 자라불루스) 남쪽 20킬로미터 지점의 유프라테스 강과 맞닿아 있는 텔 아마르T. Amar, T. Ahmar 또는 피트루Pitru와 동일시되며 메소보타미아 상부에 자리하고 있던 고대 성읍이다.

2007년 시리아를 답사하는 과정에서 발람의 고향 브돌을 처음 찾았다. 시리아 지도를 보니 학자들이 말하는 텔 아마르가 표시되어 있었다. 그러나 텔 아마르는 시리아 최북단 갈그미스 국경에서 동남쪽으로 불과 20킬로미터 거리에 있어 남쪽 도시인 다라에서는 하루 만에 가기 어려웠다. 중간 지점인 홈스라는 곳에서 1박을 한 후 고산(텔 할라프)을 답사하고 브돌로 갔다.

브돌 답사 시 들른 고산(텔 할라프) _ 시리아

고산 역시 시리아와 터키 국경 사이에 있는 유적지로 이곳에서 브돌로 가기 위해서는

716번 도로를 타고 남쪽으로 40킬로미터 내려간 후 터키 국경과 나란히 난 M4번 도로를 따라 서쪽으로 196킬로미터 달려 마르비즈Marbij로 간다. 그리고 다시 자라불루스로 향하다 유프라테스 강을 건너 남쪽으로 내려가면 된다.

2010년 두 번째 브돌을 찾았을 때는 보다 빠른 길로 가기 위해 유프라테스 강을 건너기 전 갈그미스로 올라가는 좁은 지방도로를 선택했다. 문제는 M4번 도로에서 북쪽으로 올라가다 텔 아마르로 향하는 입구를 찾기가 매우 어렵다는 것이다. 고대 유적지 지명이라 현지인도 잘 알지 못해 만나는 사람마다 여러 번 물어 가며 입구를 찾았다.

지방도로를 벗어나 농촌 마을을 지나 2킬로미터 정도 달리자 멀리 텔(인공 언덕)이 보였다. 이제는 언덕만 봐도 유적지인지 일반 산인지 쉽게 알 수 있어 우리가 찾는 텔 아마르, 《성경》에 나오는 브돌임을 직감할 수 있었다.

발락이 사신을 보낸 요르단 케라크(《성경》의 길하레셋)에서 브돌까지는 족히 744킬로미터나 된다. 당시 하루에 40킬로미터를 간다 해도 19일 거리요, 20킬로미터를 가면 한 달이 넘는 거리이다. 발락이 이렇게 먼 거리에 있는 발람에게 이스라엘을 저주하도록 두 차례나 사신을 보낸 것은 그만큼 이스라엘을 두려워했다는 뜻이다. 더구나 그 사이에도 이스라엘은 여전히 모압 평지에 머무르고 있었으니 그들의 두려움은 그만큼 계속되었던 것이다. 《성경》을 보면 그들의 두려움이 어느 정도였는지 짐작할 수 있다.

모압이 심히 두려워하였으니 이스라엘 백성이 많음으로 말미암아 모압이 이스라엘 자손 때문에 번민하더라 미디안 장로들에게 이르되 이제 이 무리가 소가 밭의 풀을 뜯어 먹음 같이 우리 사방에 있는 것을 다 뜯어 먹으리로다 하니 그 때에 십볼의 아들 발락이 모압 왕이었더라 민수기 22:3~4

저녁 노을에 비친 발람의 고향 브돌 _ 시리아

《성경》에는 브돌이 강가에 있다고 말하고 있는데, 우리가 방문했을 때는 아사드Asad 댐 건설로 상류에 물이 차 유적지 바로 앞까지 유프라테스 강물이 흐르고 있었다. 언덕 정상에 오르자 유적지는 발굴된 상태 그대로 남아 있고 주위에 서너 가구가 살고 있었다.

저녁 늦게야 브돌에 도착한 우리는 주위에 마땅한 숙박시설이 없어 아쉽지만 서둘러 자리를 떠나야 했다. 유프라테스 강을 따라 숙소로 가는 동안 이스라엘을 저주하라는 발락의 요청을 거부하고 오히려 축복한 발람을 생각해 보았다.

발락의 두 번째 요청에 발람은 하나님의 허락을 받고 마지못해 모압 귀족을 따라갔다. 발람이 온다는 소식을 들은 발락은 아르논 골짜기까지 나와 그를 영접했다. 당시 아르논 북쪽은 이스라엘이 아모리 족으로부터 빼앗은 지역으로 모압 국경이었다. 국경까지 나와 발람을 영접할 만큼 발락은 이스라엘을 두려워했다. 그러나 발람은 이렇게 말했다.

내가 오기는 하였으나 무엇을 말할 능력이 있으리이까 하나님이 내 입에 주시는 말씀 그것을 말할 뿐이니이다 민수기 22:38

이는 오직 하나님의 말씀만 하겠다는 것이다. 그리고 이튿날 아침 바알 산당에 올라가 바알에게 제물을 드리는 그곳에서 오히려 이스라엘을 축복했다. 그러자 발락은 이스라엘의 끝 부분만 볼 수 있는 비스가 산꼭대기로 데리고 갔으나 그곳에서도 발람은 이스라엘을 축복했다. 세 번째는 브올 산꼭대기로 데리고 가서 이스라엘을 저주하

발람이 이스라엘을 축복한 비스가 산. 오른쪽 뒤편이 이스라엘이 진을 친 곳이다.

도록 했다. 이때 발람은 자기가 이스라엘을 축복하는 것을 하나님이 기뻐하시는 것을 보고 이제는 점술을 사용하지 않고 이렇게 축복했다.

> 야곱이여 네 장막들이, 이스라엘이여 네 거처들이 어찌 그리 아름다운고 그 벌어짐이 골짜기 같고 강 가의 동산과 같으며 여호와께서 심으신 침향목들 같고 물가의 백향목들 같도다 그 물통에서는 물이 넘치겠고 그 씨는 많은 물가에 있으리로다 그의 왕이 아각보다 높으니 그의 나라가 흥왕하리로다 하나님이 그를 애굽에서 인도하여 내셨으니 그 힘이 들소와 같도다 그의 적국을 삼키고 그들의 뼈를 꺾으며 화살로 쏘아 꿰뚫으리로다 꿇어앉고 누움이 수사자와 같고 암사자와도 같으니 일으킬 자 누구이랴 너를 축복하는 자마다 복을 받을 것이요 너를 저주하는 자마다 저주를 받을지로다 민수기 24:5~9

이스라엘을 축복하신 하나님이 우리를 축복하셨으니 세상이 우리를 저주할 수 없다. 세상의 저주는 하나님의 축복에서 벗어난 자에게 주어질 뿐이다. 믿음으로 아브라함의 자손 된 자에게 세상의 저주는 아무 효력이 없다. 발락이 발람을 통해 이스라엘을 저주하지 못했던 것처럼!

이스라엘이 싯딤에 머물러 있더니 그 백성이 모압 여자들과 음행하기를 시작하니라 …… 이스라엘이 바알브올에게 가담한지라 여호와께서 이스라엘에게 진노하시니라 민수기 25:1~3

마지막 실패자

_모압 평지의 아벨싯딤

아벨싯딤에서 본 모압 평지 _ 요르단

“이스라엘이 가나안 입성을 앞두고 싯딤에 머물러 있을 때 백성 중 일부가 모압 여인과 음행을 저지르고 그들의 신에게 절하는 우상 숭배에 빠졌다. 이로 인해 하나님의 진노가 임했으나 아론의 손자 엘르아살의 아들 비느하스가 음행하는 이스라엘 남자 시므리와 미디안 여자 고스비를 죽임으로써 염병이 그쳤다. 그러나 염병으로 죽은 자가 2만 4,000명이나 되었다. 하나님은 모세에게 미디안을 대적해 이스라엘로 하여금 음행케 한 모든 남자를 죽여 원수를 갚도록 하셨다 민수기 25:1~18, 31:1~12.”

이스라엘이 가나안을 앞두고 마지막으로 진을 친 곳은 여리고 앞 모압 평지로 이곳에서 최소 수개월 이상 머물렀다. 그 사이 가나안 점령을 위한 인구 조사를 비롯해 슬로브핫 딸의 상속 문제와 여러 가지 규례에 대한 말씀, 미디안을 멸절하라는 명령, 가나안 땅의 경계 설정 등 많은 일이 있었다.

그중 가장 안타까운 일이 벌어졌다. 이스라엘 백성 가운데 많은 사람이 모압 여인과 음행할 뿐만 아니라 그들이 섬기는 바알브올 신에게 제사를 드리고 경배하는 우상 숭배에 빠진 것이다. 하나님은 진노하셨고 결국 음행한 백성의 우두머리는 목 매달려 죽임당하고 많은 사람이 염병으로 죽어나갔다. 이때 비느하스가 음행하는 이스라엘 남자 시므리와 미디안 여자 고스비를 죽임으로써 비로소 재앙이 그쳤다. 그러나 이 일로 2만 4,000명이 죽임을 당했다.

2만 4,000명의 이스라엘 백성은 누구인가? 이들은 가데스 바네아에서 원망함으로써 죽어 간 사람이 아니다. 40년의 광야생활 속에서도 끝까지 견디며 살아남은 자이다. 그러나 가나안을 눈앞에 둔 모압 평지에서 음행과 우상 숭배에 빠져 죽임을 당했다. 마지막 실패자인 것이다.

얼마나 안타까운 일인가! 우리 주위에서도 이런 안타까운 일이 가끔 일어나는 것을 본다. 그토록 어려움 가운데서도 믿음을 지키고 말씀을 따라 하나님 나라를 향해 가던 사람이 인생 후반에 가서는 세상의 유혹과 쾌락, 물질과 명예 앞에 무릎 꿇는다는 사실이다. 신앙은 마지막이 중요하다. 그래서 《성경》은 이렇게 권고해 주고 있다.

우리가 선을 행하되 낙심하지 말지니 포기하지 아니하면 때가 이르매 거두리라 갈라디아서 6:9

모압 평지의 싯딤으로 주장되는 두 곳 중 한 곳을 찾았다. 싯딤은 아벨싯딤을 줄인 말로 아벨싯딤은 〈민수기〉 33장 49절에만 나온다. 싯딤은 '아카시아', 아벨싯딤은 '아카시아 나무의 목장'이란 뜻처럼 아카시아 나무숲이 우거진 곳이라는 말이다.

아벨싯딤은 요르단 강 하류 동쪽 10~13킬로미터 지점, 사해 북쪽 9.6킬로미터 지점인 텔 엘 케프레인T. el Kefrein으로 추정된다. 모압 평지가 내려다보이는 고립된 언덕에 자리하고 있다.

그러나 성서 고고학자 넬슨 글루에크는 이곳을 텔 엘 함맘T. el Hammam의 요새로 본다. 텔 엘 함맘은 텔 엘 케프레인으로부터 남동쪽으로 2.4킬로미터 정도 떨어진 요새 지역이다. 모압 고원으로 오르는 언덕 기슭 중에서도 가장 전략적인 곳에 자리하고 있어 와디 엘 케프레인의 출구를 굽어볼 수 있다.

오늘날 이곳은 요르단 군사 지역으로 접근하기가 어렵다. 특히 이스라엘 진이 벧여시못에서 아벨싯딤까지 걸쳐 있었다는 기록으로 보면 사해 가까이 있는 벧여시못에서 동쪽의 텔 엘 함맘보다는 북동쪽 텔 엘 케프레인을 아벨싯딤으로 보기에 더 설득력이 있다.

텔 엘 케프레인을 찾기 위해 암만에서 사해로 내려가는 40번 도로를 따라갔다. 고대 유적지 암만은 839미터 고지이고 아벨싯딤 바다보다 200미터 더 낮은 지역이다 보니 30킬로미터 되는 거리에 경사가 심하고 굽은 길도 많다.

아벨싯딤에서 벧여시못까지는 직선거리로 10킬로미터여서 당시 이스라엘 인구가 어느 정도였는지 짐작할 만하다. 출애굽 당시 장정만 60만 명이었으나 40년 광야생활 동안 많은 사람이 죽고 태어나면서 가나안을 앞두고는 1,730명이 더 늘었다(민수기 26:51). 광야라는 험한 환경에서도 오히려 인구가 증가했다는 것은 하나님의 전적인 보호와 인도하심의 은혜가 컸음을 보여 준다.

모압 평지가 내려다보이는 아벨싯딤에서 마지막 실패자가 되었던 2만 4,000명을 생각해 보았다. 그리고 람세스에서 마지막으로 진

아벨싯딤. 뒤로 보이는 곳이 이스라엘이 음행하다가 죽임당한 모압 평지이다. _ 요르단

을 친 이곳까지 성지 답사 여정을 뒤돌아보며 이제껏 인도해 주신 하나님에게 감사의 기도를 드렸다. 65회에 걸쳐 성지를 답사하면서 물질적인 어려움과 현장에서의 고초, 육신적인 피로 속에서도 큰 보호와 인도함을 느끼게 하신 하나님, 고난은 축복받는 그릇과 같은 것임을 출애굽 여정 마지막 지점에서 다시 한 번 확인하는 마음을 주신 하나님에게 감사했다.

또 이르되 우리가 만일 당신에게 은혜를 입었으면 이 땅을 당신의 종들에게 그들의 소유로 주시고 우리에게 요단 강을 건너지 않게 하소서 민수기 32:5

갓 지파가 요구했던 요르단 동편 길르앗 라못 _ 요르단

여기가 좋사오니
_르우벤과 갓 지파

르우벤과 갓 지파는 요르단 강을 건너기 전 강 동편에 있는 땅이 목축하기에 좋은 것을 보고 가나안으로 들어가지 않고 그곳에 거주하기를 원했다. 결국 모세는 가나안 정복에 참여하는 조건으로 그들의 요구를 수용했다 민수기 32장.

가나안을 앞두고 요르단 고원 지대의 비옥한 토지를 본 르우벤과 갓 지파는 강을 건너지 않고 요르단 동쪽에 있는 땅을 요구해 아모리 족으로부터 빼앗은 지역에 정착하기를 원했다. 그들이 보기에 북쪽의 길르앗과 야셀은 물론 디본과 헤스본을 비롯한 남쪽 지역 역시 목축하기에 좋은 땅이었기 때문이다.

실제로 지금도 아르논 골짜기 북쪽은 많은 양을 키우고 밀 농사를 하기에 적당하다. 특히 이제껏 광야만 방랑하던 이스라엘 백성에게 요르단 동쪽 땅은 그야말로 너무나 좋은 목축 장소였다. 모세는 요르단 서쪽 지역 점령을 위한 싸움에 참가하는 조건으로 르우벤과 갓 지파에게 요르단 동편에 정착하는 것을 허락했다.

르우벤과 갓 자손은 하나님이 약속하신 땅 가나안보다는 우선 눈

갓 지파가 요구했던 요르단 동편의 사본 근처 _ 요르단

에 좋아 보이는 요르단 동편에서 살기를 원했다. 400년 전 고센 땅에 살던 이스라엘 백성이 고센의 좋은 자연환경과 정치적 배경으로 인해 하나님이 아브라함에게 약속하신 땅에 대한 갈망을 잊고 살았던 것처럼 이들 역시 좋은 자연환경만 보았던 것이다. 결국 이들은 요르단 서편에 살던 지파보다 더 빨리 역사의 무대에서 알게 모르게 사라졌다.

아브라함과 조카 롯이 헤어질 때도 그랬다. 롯은 우선 양 치기에 좋고 살기 좋은 환경만 보고 그 지역 사람이 하나님 앞에 얼마나 큰 죄악을 저지르며 살고 있는지는 선택의 조건에 넣지 않았다. 더구나 롯이 선택한 소돔과 고모라는 약속의 땅에서 벗어난 곳이었다. 결국 그는 전쟁과 하나님의 유황불 심판으로 모든 소유를 다 잃고 말았다.

오늘 우리 신앙생활에서도 이런 모습을 쉽게 경험한다. 생활환경이 좋을수록 하나님 나라에 대한 갈망은 식어지고 세상에 안주하기를 원한다.

나 역시 하나님이 붙잡아 주시지 않으면 한순간도 버틸 수 없다는 생각으로 살고 있다. 1년이면 몇 차례씩 성지 답사하는 것을 보고 다른 사람은 매우 건강하다고 말해 주지만, 그 일은 건강해서 할 수 있는 일이 아니다. 성지 순례와 연구에서 많은 기쁨과 은혜를 얻기에 감사함으로 넉넉히 하는 것이다. 성지에서 주시는 하나님의 은혜를 세상에 전하는 것이 가장 큰 기쁨이요 소망이 된다.

지금까지 모든 일도 하나님이 하신 것임을 조금도 의심하지 않는다. 그러나 조금만 건강상태가 좋아져도 내 힘으로 성지 사역을 하려고 할 때가 있다. 하나님의 일에 '내가'가 들어가는 것이다. 인간적

르우벤 지파가 살기를 요구했던 요르단 동편의 헤스본 _ 요르단

인 의지가 나쁜 것은 아니지만 그것 또한 하나님이 주시지 않으면 안 되는 것이다.

그래서 르우벤과 갓 지파가 요구한 요르단 동편 비옥한 지역에 갈 때마다 베드로가 변화산에서 했던 말이 생각난다.

> 두 사람이 떠날 때에 베드로가 예수께 여짜오되 주여 우리가 여기 있는 것이 좋사오니 우리가 초막 셋을 짓되 하나는 주를 위하여, 하나는 모세를 위하여, 하나는 엘리야를 위하여 하사이다 하되 자기가 하는 말을 자기도 알지 못하더라 누가복음 9:33

세상 것이 아무리 좋아도, 내게 주어진 환경이 아무리 좋아도 하

나님이 우리를 위해 예비해 놓으신 하나님 나라만 하겠는가. '여기가 좋사오니' 때문에 하나님 나라를 향한 열정이 식는다면 작은 것 때문에 큰 것을 잃는 것이요, 일시적이고 보이는 것 때문에 더 귀한 영원한 것을 잃는 것이다.

요르단 동편이 목축하기에 좋다 해도, 아니 아브라함이 살던 갈대아 우르가 세계 최초의 문명이 발생한 지역이라 해도, 고센 땅이 아무리 비옥해도 가나안 땅만 못하다. 그곳은 하나님이 축복하신 땅이요, 약속의 땅이자 믿는 자에게는 천국으로 상징되는 곳이다.

모세가 모압 평지에서 느보 산에 올라가 여리고 맞은편 비스가 산꼭대기에 이르매 여호와께서 길르앗 온 땅을 단까지 보이시고 신명기 34:1

영적 시야를 넓혀라

_느보 산과 벧브올

모세가 가나안을 바라본 느보 산 _ 요르단

"모압 평지에 마지막으로 진을 친 모세는 광야 40년의 생활을 되돌아보면서 이스라엘 백성을 향해 마지막 축복기도를 했다. 그리고 느보 산에 올라가 가나안 땅을 바라본 후 120세에 죽어 벧브올 맞은편 골짜기에 장사되었다 신명기 34장*."*

40년 광야생활 동안 이스라엘 백성의 원망 가운데서도 지도자로서 온유함을 잃지 않았던 모세는 그들을 가나안 땅을 바라보는 지점까지 인도했다. 그러나 므리바 물가에서 물로 인해 원망하는 백성을 향해 순간 화를 참지 못해 하나님의 영광을 가림으로써 가나안 땅에는 들어가지 못하고 그 땅을 바라보는 느보 산에서 죽었다.

> 이는 너희가 신 광야 가데스의 므리바 물가에서 이스라엘 자손 중 내게 범죄하여 내 거룩함을 이스라엘 자손 중에서 나타내지 아니한 까닭이라 네가 비록 내가 이스라엘 자손에게 주는 땅을 맞은편에서 바라보기는 하려니와 그리로 들어가지는 못하리라 하시니라 신명기 32:51~52

결국 모세는 한 번의 실수로 그토록 갈망했던 약속의 땅에 들어가지 못했다. 그러나 하나님은 이스라엘 백성에게 약속하신 땅을 그에게 모두 보여 주셨다. 모세가 본 지역은 오늘날 레바논 남쪽인 납달리와 단에서부터 브엘세바를 중심으로 한 네게브까지, 서해(지중해)에서 요르단 강가에 있는 여리고와 소알까지였다.

> 모세가 모압 평지에서 느보 산에 올라가 여리고 맞은편 비스가 산꼭대기에 이르매 여호와께서 길르앗 온 땅을 단까지 보이시고 또 온 납달리와 에브라임과 므낫세의 땅과 서해까지의 유다 온 땅과 네겝과 종려나무의 성읍 여리고 골짜기 평지를 소알까지 보이시고 신명기 34:1~3

느보 산에서 볼 수 있는 지역은 사해 북쪽 끝과 여리고 정도이다. 날씨가 아주 좋을 때에는 멀리 예루살렘 고지 부분이 희미하게 보일 뿐이다. 그럼에도 모세가 약 150킬로미터도 더 떨어진 북쪽의 헤르몬 산과 단에서부터 남쪽 브엘세바까지 보았다는 것은 육신의 눈인 아닌 영의 눈으로 보았음을 말해 준다.

느보 산은 요르단 성지 순례 때 빠지지 않고 들르는 곳이어서 찾아가는 데는 어려움이 없다. 다만 모세가 모압 평지에서 "느보 산으로 올라가 비스가 산꼭대기에 이르매"라는 〈신명기〉 34장 1절의 말씀과 달리 〈민수기〉 27장 12절, 〈신명기〉 33장 49절에는 아바림 산으로 나오기 때문에 지명의 혼동이 있었다.

일반적으로 아바림은 산맥으로, 느보 산과 비스가 산은 아바림

느보 산에서 바라본 모압 평지

상공에서 본 구약의 여리고(좌)와 현대 여리고(우)

산맥에 있는 두 개의 봉우리 혹은 한 봉우리를 각각 다르게 부르는 지명으로 본다. 또 다른 의견으로 느보 산에 있는 가장 높은 봉우리를 비스가 산으로 보기도 한다.

어쨌든 모세가 가나안을 바라본 느보 산 정상에는 현재 모세 기념 교회와 모세의 놋뱀이 세워져 있다. 수십 번 느보 산을 방문했지만 예루살렘까지 볼 수 있을 정도로 좋은 날씨는 두세 번밖에 되지 않았다. 좋은 날씨에 정상에서 가나안을 바라다보니 산 밑의 모압 평지와 멀리 푸른 녹색을 띤 여리고가 시야에 들어왔다. 느보 산 정상에 서면 부르는 찬송가가 있다.

"허락하신 새 땅에 들어가려면 맘에 준비 다하여 힘써 일하세." (347장)

느보 산 정상에 세워진 모세 기념 교회 _ 요르단

가나안을 바라보는 모세의 심정은 어떠했을까? 왜 하나님은 모세가 가나안으로 들어가는 것을 허락하시지 않았을까? 만약 모세가 가나안에 들어갔다면 어떤 결과가 나타났을까? 아마 틀림없이 이스라엘 백성에게 영웅을 넘어 신과 같은 존재가 되었을 것이다. 그것은 모세 자신을 위해서도 좋은 일이 아니다.

그 외 영적 의미로 보면 모세는 율법을 상징한다. 따라서 율법을 갖고 천국으로 상징되는 가나안에 들어갈 수 없음을 보여 준다. 하나님은 모세 자신을 위해서도 가나안에 들어가는 것을 허락하시지 않았던 것이다. 그러나 눈에 보이는 여리고 부근뿐만 아니라 모든 지역을 영안으로 보여 주셨다.

느보 산에서 모세가 바라본 약속의 땅을 저 멀리 바라보았다. 내

눈에도 역시 여리고 지역밖에 보이지 않았다. 그렇다. 사람은 보이는 것을 추구하기 마련이다. 이 세상을 보면 이 세상 것만 추구하게 되지만, 다른 세상을 보면 그 세상 것을 구하게 된다. 《성경》은 이렇게 말하고 있다.

> 우리가 주목하는 것은 보이는 것이 아니요 보이지 않는 것이니 보이는 것은 잠깐이요 보이지 않는 것은 영원함이라 고린도후서 4:18

사람이 보이는 것만 보면 물질 중심으로 생각할 수밖에 없다. 그러나 보이지 않는 것을 바라볼 수 있다면 정의, 사랑, 신뢰, 구제 등이 물질보다 더 귀하다는 것을 깨닫게 된다. 세상 것이 아무리 좋다

벧브올에 있는 모세의 샘과 골짜기, 뒤로 느보 산 정상이 보인다.

해도 언젠가는 없어질 일시적일 뿐이다. 우리는 시야를 넓혀 하늘의 것을 바라보아야 한다. 하늘의 것은 영원한 것이요, 그것은 하늘의 것을 바라보고 그것을 구하는 자의 것이다.

이후 모세는 죽어 느보 산 아래에 있는 벧브올 맞은편 골짜기에 장사되었다. 느보 산에 세워진 모세 기념 교회에서 아래쪽으로 내려가 산골짜기를 내려다보면 작은 건물이 하나 보이는데 그것이 모세의 샘이다. 지금도 물이 솟아나고 있으며 골짜기를 따라 아래로 흘러 내려 간다. 모세를 장사한 곳이 이 골짜기 맞은편이라고 했으니 이곳 어디엔가 그의 무덤이 있을 것 같은데 《성경》에서는 그 묘를 아는 자가 없다고 말하고 있다.

예루살렘에서 여리고 남서부 부케아로 가는 지역에 이슬람 사원이 있다. 이슬람 전승에 의하면 훗날 모세를 그토록 들어가기 원했던 가나안 땅으로 옮겨와 그곳에 장사했다는 말이 있는데 그 역시도 전승일 뿐이다.

요단이 곡식 거두는 시기에는 항상 언덕에 넘치더라 궤를 멘 자들이 요단에 이르며 궤를 멘 제사장들의 발이 물가에 잠기자 …… 물은 온전히 끊어지매 백성이 여리고 앞으로 바로 건널새 여호수아 3:15~16

르단 강 도하〉, 로렌초 기베르티 작 _ 이탈리아 피렌체 두오모 성당 부속 세례당

마지막 열한 번째 시험

_요르단 강과 아담읍

“모세의 뒤를 이어 이스라엘 백성을 이끌게 된 여호수아는 가나안으로 들어가기 전 모압 평지에서 여리고로 정탐꾼을 보냈다. 그리고 요르단 강을 건넌 후에 여호수아는 하나님의 말씀에 따라 각 지파대로 열두 사람을 불러 그 수대로 열두 개의 돌을 길갈에 세우도록 했다. 이는 언약궤가 요르단을 건널 때 강물이 끊어졌다는 것을 이 돌을 통해 이스라엘 자손에게 영원히 기념으로 남기기기 위함이었다. 이어 여호수아는 백성에게 할례를 베풀었고 그 달 14일에 유월절을 지키고 다음날 처음으로 그 땅의 소산물을 먹자 만나가 그쳤다 여호수아 1~5장.”

이스라엘 백성이 건너간 요르단 강은 여리고 앞부분이었다. 요르단 강은 사행蛇行 강으로 갈릴리 바다에서 사해 북단까지 직선거리로 96킬로미터이나 실제는 이보다 훨씬 길다. 그 가운데 사람이 건널 수 있는 나루터가 몇 군데 있는데 여리고 앞과 아담읍 앞, 오늘날 벧 산 근처 등이다.

요르단 강은 갈릴리 바닷물로 70퍼센트 정도를 이스라엘의 식수와 농경수로 사용하고 있어 요르단 강으로 내려보내는 수량은 매우 적다. 또 갈릴리 바다 밑의 염분 분출을 막기 위해 일정한 수위를 조절한다. 많은 비가 유입되지 않는 경우를 제외하고는 요르단 강으로 흘려보내는 물이 거의 없다 보니 남쪽으로 갈수록 더욱 강물이 적다.

그러나 성서시대에는 지금보다 훨씬 많은 물이 흘렀다. 요르단 마다바의 성 조지 교회 바닥에 있는 고대 모자이크 지도를 보면 여리고 앞 요르단 강을 건너는 배의 그림이 그려져 있다. 그만큼 당시에는 요르단 강물이 배를 타고 건너다녀야 할 정도였다는 것을 알 수 있다. 더욱이 이스라엘이 요르단 강을 건널 때는 곡식을 거두는 시기인 4월 말부터 5월 중순경으로 그때는 항상 강물이 언덕까지 넘쳤다고 기록하고 있다.

요단이 곡식 거두는 시기에는 항상 언덕에 넘치더라 여호수아 3:15

이스라엘은 겨울이 비가 내리는 우기로 10월부터 약간씩 내리기 시작해 11월에서 1월까지 비가 내린다. 이때 파종을 하는데, 4월 말부터는 《성경》에서 말하는 곡식 거두는 시기로 보리와 밀을 수확한다. 《성경》의 기록처럼 요르단 강물은 우기 때 가장 많은 물이 흐르는 것이 아니라 3~4개월이 지난 뒤에 강물이 불어 언덕까지 넘친다.

왜 비가 그치고 몇 개월이 지나서야 요르단 강물이 넘칠까? 그 이유는 헤르몬 산에서 찾을 수 있다. 헤르몬 산은 이스라엘 최북단에 있는 산으로 오늘날 이스라엘, 시리아, 레바논 국경에 위치해 있다. 높이 2,770미터로 겨울에 내린 많은 양의 눈이 봄부터 녹기 시작해 4월 말부터는 산 아래로 스며들어 요르단 강으로 유입된다. 특히 헤르몬 산 밑은 지하수맥이 실핏줄처럼 연결돼 있어 사방에서 지하수가 분출한다. 또 《성경》의 기록대로 겨울 직전에는 오히려 강물이 적고 봄이 지나면서 엄청난 양의 물이 텔 단과 바니아스(빌립보 카이사레아)에서 흘러내리며 폭포를 이루기도 한다.

이스라엘은 요르단 서안을 합해도 우리나라의 1/2밖에 되지 않는데 그중에서도 반은 광야와 사막으로 이루어져 있다. 물이 부족할 수밖에 없는 곳에서 그렇게 많은 물이 텔 단에서 흘러내리는 것을 보면 탄성을 터뜨릴 정도다.

그런데 왜 하나님은 요르단 강물이 가장 많이 흐르는 시기에 강을 건너게 하셨을까? 더구나 강물이 언덕까지 넘치는 그 강가에서 바로 건

마다바 성 조지 교회 바닥에 있는 모자이크 지도, 요르단 강에 나루터와 배가 그려져 있다.

단에서 흘러내리는 샘물 _ 이스라엘

너가면 될 것을 왜 3일 동안 머물도록 하셨을까?

그것은 가나안 입성을 앞두고 마지막 열한 번째 시험이었다. 하나님은 이스라엘 백성이 1년 중 물이 가장 많이 흐르는 요르단 강을 3일 동안 바라보면서 어떤 태도를 갖는지 보기 원하셨던 것이다. 그런 강물을 다리를 놓는다든지 밧줄이라도 메고 건넌다든지 하지 않고 무조건 건너라는 하나님의 명령을 과연 따르는지 말이다.

그러나 지금 요르단 강가에 있는 이스라엘 백성은 광야에서 원망하다가 죽은 자들과 달랐다. 대부분 광야에서 태어나 자란 이들로 열한 번째 시험을 무사히 통과했다. 광야는 어떤 곳인가? 오직 하나님의 도움만 의지하며 살아야 하는 곳이 아닌가! 그런 훈련 과정이 이들에게 믿음으로 요르단 강을 건너게 할 수 있었다.

요르단 강은 이스라엘과 요르단 사이의 국경을 이루고 있다. 이스라엘 백성이 건넜던 여리고 앞 요르단 강 역시 국경이어서 우리는 예수님이 세례를 받은 지점을 찾아갔다. 이곳은 요르단 정부에서 순례객을 위해 개방하였기에 쉽게 방문할 수 있다.

한번은 주일에 이곳을 찾게 되어 예배를 드렸다. 어떤 찬송을 부를까 생각하다 요르단 강과 관련된 〈요단 강 건너가 만나리〉라는 찬송을 부르기로 했다. 그러자 장로님이 "장례식 때 부르는 찬송을 왜 부르세요, 다른 찬송을 부릅시다" 하는 것이었다. 그때 문득 기독교 신앙은 죽음을 뛰어넘는 생명의 종교임에도 천국을 향한 소망보다 여전히 죽음에 대한 두려움 속에서 신앙생활을 하는 사람이 많다는 생각을 하게 되었다. 〈요단 강 건너가 만나리〉는 죽음 속에서도 천국 소망을 갖게 하는 찬송이지만 우리는 알게 모르게 슬픈 장례식 찬송으로만 생각하고 있다.

《성경》에서 요르단 강은 육신적인 죽음을 상징한다. 이스라엘 백성이 건넌 요르단 강 앞에서 죽어야 산다는 예수님의 말씀을 새삼스럽게 되새겨 본다. 기독교인에게 죽음은 절대 두려운 것이 아니다. 그것은 좀 더 많은 이에게 생명의 복음을 전하지 못하고 하나님에게 간다는 아쉬움일 뿐이다.

요르단 강에서 주일 예배를 드린 다음 날 요르단 강물이 찼던 북쪽 아담읍을 찾았다. 이스라엘 백성이 건넌 여리고 앞 요르단 강가에서 아담읍까지는 35킬로미터 거리이다. 이곳 역시 요르단 강가에 있어 허가를 받지 않으면 방문이 어렵다.

요르단에는 농사를 지을 수 있는 땅이 귀하다 보니 우리나라의 민통선과 같은 이곳에서도 농사를 짓고 있었다. 실제로 요르단의 대부분 과일과 채소는 이곳에서 생산된다.

요르단 강을 건넌 이스라엘 백성은 여리고 평원에 있는 길갈에 진을 치고 여리고 공격을 준비했다. 여리고는 이스라엘이 온다는 소식에 두려워해 성문을 굳게 닫고 있었다. 이에 곧바로 여리고를 공격하지 않고 길갈에 진을 친 이스라엘은 하나님의 명령대로 요르단 강을 건널 때 주어온 열두 개의 돌로 길갈에 기념비를 세웠다. 이는 이스라엘 후손에게 요르단 강을 건넌 일을 기억하게 해 항상 하나님을 경외하도록 하기 위함이었다.

그리고 부싯돌로 칼을 만들어 광야에서 태어난 남자에게 할례를 베풀었다. 그것은 이집트의 수치를 그들에게서 떠나가게 했다는 의미로 여겨 길갈이라 칭하게 됐다. 이스라엘은 길갈에 진을 친 그달 14일 저녁부터 여리고 평지에서 유월절을 지키고 유월절 이튿날에는 그 땅의 소산물을 먹었다.

여기서 이스라엘 백성을 위한 하나님의 배려를 깨닫게 된다. 곧

아담읍 근교의 농지 _ 요르단

식 거두는 시기에 요르단 강을 건너게 함으로써 가나안에서 양식을 쉽게 구할 수 있게 하신 것이다. 만약 추수기에 가나안에 들어오지 않았다면 여리고 정복을 위한 군량미를 구하는 데 어려움이 많았을 것이다. 싸움하는 동안에는 농사를 지을 수 없었을 테니 추수기에 가나안에 들어오도록 하신 하나님의 섭리는 놀라운 것이었다. 그래서 하나님은 가나안에 들어오자마자 만나를 거둔 것이 아니라 요르단 강을 건너 길갈에 진을 친 후 유월절 이튿날 그 땅의 소산을 먹은 때부터 만나를 내리지 않으셨다.

> 유월절 이튿날에 그 땅의 소산물을 먹되 그 날에 무교병과 볶은 곡식을 먹었더라 또 그 땅의 소산물을 먹은 다음 날에 만나가 그쳤으니 이스라엘 사람들이 다시는 만나를 얻지 못하였고 그 해에 가나안 땅의 소출을 먹었더라 여호수아 5:11~12

이스라엘이 요르단 강을 건넌 후 진을 친 여리고 앞 길갈 _ 이스라엘

하나님의 인도하심은 이런 것이다. 가나안에 입성한 후에도 계속 만나를 내려 주셨다면 얼마나 좋았을까? 그러나 가나안에서는 자신의 노력과 수고를 통해 양식을 구해야 했다. 우리는 때때로 스스로 노력하지 않고 단지 '하나님의 뜻이면 어떻게 되겠지' 하는 막연한 신앙을 가질 때가 있다. 이는 믿음이 아니라 자신이 노력하지 않은 것에 대한 핑계일 뿐이다.

하나님의 역사는 우리가 최선을 다하는 가운데 일어난다. 우리가 생각할 때 그것이 실패했더라도 하나님은 인간의 실패를 통해서도 역사하신다.

이에 백성은 외치고 제사장들은 나팔을 불매 백성이 나팔 소리를 들을 때에 크게 소리 질러 외치니 성벽이 무너져 내린지라 백성이 각기 앞으로 나아가 그 성에 들어가서 그 성을 점령하고 여호수아 6:20

9000년 전의 여리고 성벽과 망대

전쟁은 하나님에게 속한 것이니

_ 여리고와 아이

"길갈에서 유월절을 지킨 이스라엘은 하나님의 명령에 따라 여리고 성 주위를 돌다가 7일째 되는 날에 제사장의 나팔 소리에 맞춰 큰소리로 외쳐 불렀다. 그 소리에 여리고 성은 무너졌고 이스라엘은 한 명의 희생자도 없이 여리고를 점령했다. 이때 이스라엘 정탐꾼을 숨겨 주었던 라합과 그 가정은 구원을 받았다.

그러나 아간이 전리품을 몰래 숨김으로 인해 하나님의 진노로 아이 성 공격에 실패하게 됐다. 결국 이스라엘은 아간과 그에게 속한 모든 것을 이끌고 아골 골짜기로 가서 그들의 물건과 함께 그들을 돌로 치고 불살랐다. 이후 이스라엘은 두 번째로 아이 성을 공격해 함락시켰다 여호수아 6:1~8:29."

일반 고고학설에 따르면 여리고는 BC 8000년경 사람이 살았던 흔적이 남아 있으며, BC 7000년경에는 4헥타르 면적에 인구 2,500~3,000명 정도로 이루어진 도시 생활이 시작되었다. 이후 이집트 힉소스가 정복해 거대한 성곽을 쌓았으나 BC 1550년에는 이집트에서 힉소스 족이 추방되면서 성곽도 파괴되었다. 발굴 결과 높은 돌담으로 둘린 고대 여리고 성은 담벼락 두께가 내벽은 5미터나 된다. 그 가운데 돌로 쌓은 망대는 높이 9미터에 지름 8미터인 둥근 기둥형 돌탑이다.

이스라엘이 이런 견고한 여리고 성을 함락시킨다는 것은 불가능한 일이었다. 그래서 하나님은 인간적인 방법이 아닌 이해할 수 없는 명령을 내리셨다.

너희 모든 군사는 그 성을 둘러 성 주위를 매일 한 번씩 돌되 엿새 동안을 그리하라 제사장 일곱은 일곱 양각 나팔을 잡고 언약궤 앞에서 나아갈 것이요 일곱째 날에는 그 성을 일곱 번 돌며 그 제사장들은 나팔을 불 것이며 여호수아 6:3~4

하나님의 이런 명령은 도저히 이해할 수 없는 것임을 여리고 지형을 통해서도 분명하게 알 수 있다. 여호수아 당시 여리고 성은 오늘날 종합운동장만 한 크기였다. 그리고 성 밖 동쪽은 200만 명 이상 진을 칠 수 있는 넓은 평지이고, 서쪽은 유대 광야가 시작되는 시험산이 높이 솟아 있었다. 이스라엘이 요르단 강을 건너오자 여리고 성

구약시대의 텔 여리고

밖에 있던 주민은 모두 성 안으로 들어가고 성문을 굳게 잠가 놓은 상태였다.

이스라엘이 진을 친 길갈은 오늘날 여리고 지역에 있다. 코앞에 여리고 성을 둔 채로 이스라엘의 모든 군사는 하루에 한 바퀴씩 성을 돌라는 하나님의 명령을 받았다.

그러나 당시 싸움에 나갈 만한 군사, 곧 20세 이상 된 남자는 601,730명이었다(민수기 26:51). 60만 명이 종합운동장만 한 여리고 성을 돈다는 것은 결코 쉬운 일이 아니다. 더구나 여리고 성과 서쪽 유대 광야 사이는 불과 200미터 정도 거리요, 사람이 다니는 길은 50미터도 채 되지 않았다. 따라서 1미터에 1명을 계산하면 한 줄에 50명이 행군할 수 있다. 여리고 성 둘레를 400미터로 보면 한 번 도는 데 50×400=2만 명이 된다. 따라서 60만 명이 한 바퀴를 돌려면 60÷2=30바퀴를 돌아야 한다. 60만 명이 하루에 2만 명씩 30바퀴

신약시대 여리고에서 본 오늘날 모습

를 돈다는 것은 결코 쉬운 일이 아니다. 그런데 마지막 날에는 일곱 바퀴를 돌아야 했으니 2만 명이 210바퀴를 돌아야 한다. 이는 계산상 질서 있게 밤낮으로 쉬지 않고 돌아야 가능한 일이었다.

그런데 왜 하나님은 이렇게 어렵고 이해가 되지 않는 명령을 내리셨을까?

여리고는 이스라엘의 힘으로 무너뜨릴 수 있는 성이 아니었다. 사람의 방법으로 할 수 없는 것을 사람의 방법으로 한다면 실패할 수밖에 없다. 오직 하나님의 방법과 능력으로만 가능하다. 그것을 보여주시기 위해 하나님은 이스라엘 백성이 이해할 수 없는 명령을 내리신 것이다. 실제로 이스라엘이 하나님의 방법을 순종했을 때 피 한 방울 흘림 없이 여리고 성을 점령할 수 있었다.

여리고를 방문할 때마다 이런 하나님의 말씀을 반복해 묵상하면서 어렵고 힘든 일을 이겨나간다. 어려운 형편에 처음 신학을 하겠다고 결심했을 때도 그랬고, 지금 하고 있는 성지 연구도 그렇다. 내 방법을 포기하면 하나님은 그분의 방법과 뜻대로 이루어 가신다. 여리고는 하나님의 방법과 능력이 무엇인지 늘 깨닫게 해주는 곳이다.

최근 200년 사이에 여리고에는 큰 변화가 있었다. 1840년 이집트 총독 이브라함 파사Ibraham Pasha의 군대가 유다를 떠나면서 여리고 시가지를 파괴하고, 1871년에는 대화재로 모든 시가지가 불타 버렸으며, 1918년 영국 알렌비Allenby 장군이 터키 통치로부터 여리고를 장악했다. 이후 1900년 초부터는 여리고 시가 확장되어 1940년 3,000명 인구에서 1948년 팔레스타인 난민의 유입으로 인구가 늘어나 8만여 명에 이르게 되었다. 1967년 6일 전쟁으로 이스라엘이 점령한 후에는 그해 기준 인구가 6,000여 명으로 조사되었다. 이들 중 90퍼센트가 이슬람교도이고 10퍼센트가 크리스천이었다.

하나님의 능력으로 여리고를 함락시킨 이스라엘에게 생각지 않은 실패가 찾아왔다. 아간이 하나님의 명령을 어기고 시날 산의 외투 한 벌과 은 200세겔, 50세겔 되는 금덩이 하나를 자기 장막 속에 숨긴 것이다. 이 일로 이스라엘이 아이 성을 공격하다 오히려 36명이 죽임을 당하게 되었다.

아이(엣 텔)• 는 믹마스 북쪽에 있는

• **아이 성 : 벧엘 동남쪽 3킬로미터 지점에 있는 엣 텔Et-Tell과 믹마스 동남쪽 키르벳 하이Kh. Hai, 엣 텔 동쪽 2킬로미터 지점의 키르벳 쿠드리야Kh. Khudriya, 벧아웬과 동일시되는 키르벳 하이얀Kh. Haiyan 등으로 주장되는데 가장 설득력 있는 곳은 엣 텔로 이스라엘 지도에는 키르벳 텔 하 야Kh. Tell, Ha-Ay로 표시되어 있다.**

에브라임 성읍으로 북쪽은 골짜기로 되어 있고 서쪽은 암석이 많은 언덕이 있다. 여리고에서는 북쪽으로 조금 올라가다가 서쪽으로 이어지는 와디 계곡을 따라가면 되는데 20킬로미터 정도 거리이다. 당시 아이 성은 주민 수가 1만 2,000명밖에 되지 않는 작은 성이었으니 군사는 1,000명 정도였을 것이다. 그래서 이스라엘은 2~3,000명의 군사면 충분히 함락시킬 수 있다고 생각했다.

> 여호수아에게로 돌아와 그에게 이르되 백성을 다 올라가게 하지 말고 이삼천 명만 올라가서 아이를 치게 하소서 그들은 소수이니 모든 백성을 그리로 보내어 수고롭게 하지 마소서 하므로 여호수아 7:3

그러나 결과는 이들의 예상과 전혀 달랐다. 이스라엘 백성은 하나님 없이 자신들의 군사력으로 공격했을 때 아무리 작은 성이라도 함락시킬 수 없음을 아이 성의 실패를 통해 깨달았다.

원인은 바로 하나님의 말씀을 어긴 아간의 범죄에 있었다. 이에 여호수아는 모든 백성으로 하여금 아간이 숨긴 물건과 함께 그를 돌로 쳐 죽이도록 하고 그 위에 돌무더기를 쌓은 후 그곳을 아골 골짜기라 불렀다.

아골 골짜기의 위치를 둘러싸고 일반적으로 두 곳이 거론된다. 하나는 예루살렘에서 여리고로 내려가는 와디 켈트이고, 다른 하나는 여리고 남쪽 유대 광야에 있는 부케아 지역이다. 그러나 모든 백성이 돌로 쳤다는 기록을 따르면 와디 켈트보다는 부케아 지역이 더 설득력이 있다. 와디 켈트는 매우 험한 골짜기로 모든 백성이 아간을

여리고 남쪽 부케아 지역의 아골 골짜기

여리고 서남쪽 와디 켈트

돌로 칠 만한 지형이 아니기 때문이다.

현재 부케아는 이스라엘의 탱크 훈련장으로 사용되고 있어 금요일에만 방문할 수 있다. 이곳에는 밋딘, 스가가, 닙산의 세 성이 있는데 그 외 별다른 유적이 없어 학자들이 조사한 내용을 토대로 GPS로 좌표를 찾아가야 한다.

아골 골짜기를 막상 방문해 보면 골짜기가 아니라 광야에 약간 파인 작은 골 정도이다. 우리는 '골짜기' 하면 깊은 계곡을 떠올린다. 그래서 아골 골짜기를 생각할 때도 왠지 험하고 음산한 느낌을 갖고 "아골 골짝 빈들에도 복음 들고 가오리다"라는 찬송을 부른다.

그러나 《성경》에서 말하는 골짜기는 깊은 계곡뿐만 아니라 산과 산 사이를 가리킨다. 넓은 평지로 된 산 사이의 골짜기를 지칭할 때는 히브리어 '에멕'이란 단어를 사용하는데, 가령 '에멕 엘라' 하면 비교적 넓은 계곡 형태의 엘라 골짜기를 가리킨다.

아골 골짜기에서 돌아오는 길에 다시 한 번 아간의 교훈을 생각하며 아간 때문에 공격에 실패한 아이 성 방문 계획을 세웠다. 아간을 처형한 후 하나님은 이스라엘에게 비록 작은 성이지만 아이 성 공략을 위한 작전을 직접 세워 주셨다. 하나님이 함께하시지 않으면 실패할 수밖에 없다는 것을 이미 경험한 이스라엘은 하나님의 방법에 따라 마침내 아이 성을 점령하고 1만 2,000명에 이르는 주민을 모두 진멸했다. 그래서 전쟁은 하나님에게 달린 것이다.

> 여호와의 구원하심이 칼과 창에 있지 아니함을 이 무리에게 알게 하리라 전쟁은 여호와께 속한 것인즉 그가 너희를 우리 손에 넘기시리라 사무엘상 17:47

아이 성은 지금까지 세 차례 가보았는데 처음 방문한 2001년에는 벧엘을 통해 쉽게 찾아갈 수 있었다. 아이 성은 《성경》의 기록대로 벧엘 동편 가까운 곳에 있으며, 예루살렘에서도 북쪽으로 60번 도로를 따라 20킬로미터 정도 가면 된다.

그러나 2010년 아이 성을 다시 찾았을 때는 아랍 마을로 가는 길이 봉쇄되어 있었다. 결국 60번 도로에서 바로 볼 수 있는 거리에 두고도 예루살렘에서 북쪽으로 60번 도로를 따라가다 457번 도로로 빠져나가 8킬로미터 정도를 돌아가야 했다.

이 지역은 치안이 불안해 외국인이 들어가는 것은 위험하다. 현장에 도착하자 아랍 청년들이 구경하듯 몰려들었지만 우리는 애써 친근한 모습을 보이며 돌무더기만 남아 있는 아이 성을 카메라에 담았다.

《성경》을 보면 이스라엘에 점령당한 아이 성은 《성경》을 기록할 때까지 돌무더기만 남아 있었다고 하는데 이는 지금도 마찬가지였다. 단지 유적지 옆에 새로 들어선 아랍 마을이 있을 뿐이었다.

이에 여호수아가 아이를 불살라 그것으로 영원한 무더기를 만들었더니 오늘까지 황폐하였으며 여호수아 8:28

돌만 남아 있는 아이

온 이스라엘과 그 장로들과 관리들과 재판장들과 본토인뿐 아니라 이방인까지 여호와의 언약궤를 멘 레위 사람 제사장들 앞에서 궤의 좌우에 서되 절반은 그리심 산 앞에, 절반은 에발 산 앞에 섰으니…… 여호수아 8:33

축복과 저주의 갈림길

_그리심 산과 에발 산

에발 산과 그리심 산 사이에 있는 세겜

"아이 성을 함락한 후 여호수아는 에발 산에 여호와를 위해 제단을 쌓고 백성은 그 위에 제물을 드렸다. 이어 온 이스라엘과 이방인까지 절반은 에발 산 앞에, 나머지는 그리심 산 앞에 서게 한 후 율법에 기록된 대로 에발 산을 향해서는 저주의 말씀을 선포하고 그리심 산을 향해서는 축복의 말씀을 선포했다 여호수아 8:30~35."

이전에 모세는 죽기 전에 가나안 정복을 앞둔 이스라엘 백성에게 하나님의 말씀을 지키라면서 이렇게 말했다.

> 내가 오늘 복과 저주를 너희 앞에 두나니 너희가 만일 내가 오늘 너희에게 명하는 너희의 하나님 여호와의 명령을 들으면 복이 될 것이요 너희가 만일 내가 오늘 너희에게 명령하는 도에서 돌이켜 떠나 너희의 하나님 여호와의 명령을 듣지 아니하고 본래 알지 못하던 다른 신들을 따르면 저주를 받으리라 네 하나님 여호와께서 네가 가서 차지할 땅으로 너를 인도하여 들이실 때에 너는 그리심 산에서 축복을 선포하고 에발 산에서 저주를 선포하라 이 두 산은 요단 강 저쪽 곧 해지는 쪽으로 가는 길 뒤 길갈 맞은편 모레 상수리나무 곁의 아라바에 거주하는 가나안 족속의 땅에 있지 아니하냐 신명기 11:26~30

가나안에서 정복을 시작해 세겜을 차지한 여호수아는 모세의 말에 따라 에발 산과 그리심 산에서 저주와 축복을 선포하고 그가 명령한 모든 것을 낭독했다. 〈신명기〉 27장을 보면 시므온, 레위, 유다, 잇사갈, 요셉, 베냐민 지파는 백성을 축복하기 위해 그리심 산 앞에 서고, 르우벤, 갓, 아셀, 스불론, 단, 납달리 지파는 저주하기 위해 에발 산에 서도록 했다.

왜 어떤 지파는 축복을 선포하는 그리심 산에 서고 또 어떤 지파는 저주를 선포하는 에발 산 앞에 서야 했을까? 그리고 모세는 왜 미리 그 지파를 지정해 주었을까?

그리심 산 정상의 제단

처음 이 말씀을 대했을 때는 의문을 품지 않을 수 없었는데, 알고 보니 이는 축복과 저주를 선포하기 위한 의식행위일 뿐 어느 한 편이 저주를 받거나 축복을 받는다는 의미는 아니었다. 다만 두 편으로 나누는 데 있어 적자가 서자보다 우선한다는 원리만 따랐을 뿐이다.

중요한 것은 하나님 말씀에는 축복과 저주의 두 큰 주제가 있다는 사실이다. 곧 하나님 말씀에 순종하고 그대로 행할 때는 그리심 산에서 선포한 말씀대로 축복이 임할 것이고, 반대로 그 말씀에 불순종하고 거역하면 에발 산에서 선포한 저주가 임한다는 사실이다.

에발 산과 그리심 산을 찾아가 보니 여호수아가 선포한 대로 두 산 사이에는 세겜이 자리 잡고 있었다. 세겜에서 북쪽은 에발 산이고, 남쪽은 그리심 산이 있었다.

세겜은 이스라엘 내부 정세에 따라 방문에 제약을 많이 받는다. 2000년 초기에는 쉽게 찾을 수 있었으나 그 후 5년 동안은 세겜으로 들어가는 입구를 이스라엘에서 통제한 탓에 방문하지 못했다. 그러

에발 산과 그리심 산 사이에 있는 오늘날 세겜

다 2008년부터 다시 개방했는데 반이스라엘 저항단체가 있는 아랍 도시인 만큼 치안이 불안해 방문 시 주의를 기울여야 한다. 이때는 세겜 시내에 있는 야곱의 우물터 위에 세워진 교회와 성서시대의 세겜 지역만 답사하고 서둘러 나올 수밖에 없었다.

그러던 중 2010년 촬영을 위해 세겜을 다시 찾았을 때는 그리심 산 정상에 올라갈 수 있었다. 사마리아 성으로부터 동남쪽으로 16킬로미터, 예루살렘에서 북쪽으로 약 60킬로미터 떨어져 있는 그리심 산은 높이 881미터로 오늘날에는 제벨 에슬라미예Jebel Eslamiyeh로 알려져 있다.

한겨울이라 정상에는 이슬비 같은 안개가 자욱하고 아래로 내려다보이는 세겜 시내는 먹구름이 생겼다가 다시 햇빛이 비치기를 반복했다. 신기하게도 저주를 선포했던 맞은편 에발 산은 지금까지도 나무가 거의 없는 민둥산으로 남아 있고, 그리심 산은 축복을 선포한 산답게 어느 정도 나무가 자라고 있었다.

감람 산이 유대인에게 거룩한 산이듯 그리심 산은 사마리아인에게는 둘도 없는 성산이다. 지금도 사마리탄Samaritan(사마리아인)이 살면서 전통에 따라 유월절을 지키고 있는데 그 수가 400여 명으로 감소했다.

이곳 회당에는 가장 오래된 《성경》 사본(모세오경)을 보관하고 있다. 이들은 아브라함이 이삭을 제물로 바치려 했던 산이 예루살렘의 모리아 산이 아니라 그리심 산이라고 주장한다.

축복을 선포한 그리심 산 정상에서 맞은편 에발 산을 바라보며 축복과 저주의 갈림길에 있던 이스라엘 역사를 되새겨 보았다. 하나님 편에 서서 말씀에 순종했을 때 부강한 나라가 되었지만 하나님을 떠나 우상 숭배에 빠졌을 때는 국력이 쇠약해져 마침내 멸망에 이른 이스라엘이 아닌가. 이제 나라를 잃었다가 2,000여 년 만에 되찾은 이 땅에서 팔레스타인과 이스라엘 간에 평화가 깃들기를 기원해 본다. 그러나 그 평화는 세계 정치를 통해서는 불가능할 만큼 복잡한 관계로 얽혀 있다. 그것은 오직 이 땅에서 죽음으로 평화를 선포한 예수 그리스도를 향한 믿음으로만 가능하다.

훗날 여호수아는 죽음을 앞두고 저주와 축복의 두 산 사이에 있는 세겜에서 언약의 돌비를 세우고 이렇게 부탁했다.

> 그러므로 이제는 여호와를 경외하며 온전함과 진실함으로 그를 섬기라 너희의 조상들이 강 저쪽과 애굽에서 섬기던 신들을 치워 버리고 여호와만 섬기라 만일 여호와를 섬기는 것이 너희에게 좋지 않게 보이거든 너희 조상들이 강 저쪽에서 섬기던 신들이든지 또는 너희가 거주하는

땅에 있는 아모리 족속의 신들이든지 너희가 섬길 자를 오늘 택하라 오직 나와 내 집은 여호와를 섬기겠노라 여호수아 24:14~15

오늘도 우리 앞에는 축복과 저주가 놓여 있다. 그 갈림길에서 방황하는 자를 향해 저주를 끊고 축복의 자리에 서게 하는 것이 이 성지에서 하나님이 주신 사명이 아닌가! 이슬비 내리는 그리심 산을 내려오며 마음속으로 되새겨 보았다.

지혜로운 속임수 _ 기브온

누가 나를 위해 싸우나 _ 벧호론과 아얄론

제비는 사람이, 결과는 하나님에게 _ 실로

여호와만이 참된 피난처 _ 도피성

지도자의 마지막 부탁 _ 언약의 돌비

생명을 건 품앗이 _ 유다와 시므온의 동맹

광야의 때를 잊지 마라 _ 하롯 샘

믿음의 자리를 지켜야 _ 나오미의 들판

자신을 드리는 제사 _ 법궤의 이동로

여기까지 도우신 하나님 _ 에벤에셀

하나님의 뜻대로 구해야 _ 기브아

4

광야를 지나 약속의 땅으로

여호수아가 곧 그들과 화친하여 그들을 살리리라는 조약을 맺고 회중 족장들이 그들에게 맹세하였더라 여호수아 9:15

지혜로운 속임수

_기브온

나비 삼월서 바라다본 기브온 _ 이스라엘 예루살렘

"이스라엘이 여리고와 아이 성을 함락시키자 주위 가나안 족속은 하나같이 힘을 합해 이스라엘과 맞서 싸울 준비를 했다. 그러나 기브온 Gibeon 주민은 여호수아가 여리고와 아이에서 행한 일을 듣고는 꾀를 내어 사신을 먼 곳에서 온 것처럼 꾸며 길갈에 있는 이스라엘로 보내 그들과 화친조약을 맺었다 여호수아 9장."

여호수아가 여리고와 아이 성을 함락시키자 아이 성보다 큰 기브온은 자신들의 군사력으로는 이스라엘을 이기지 못한다는 것을 알았다. 가만히 앉아 죽기를 기다릴 수밖에 없는 처지에서 기브온은 한 가지 살아날 묘책을 강구했다. 바로 이스라엘과 화친을 도모하는 것이었다.

그러나 문제는 이스라엘이 진을 치고 있는 길갈과 기브온이 너무 가까운 거리에 있다는 점이었다. 실제로 길갈에서 기브온까지는 약 50킬로미터로 군사에게는 하루 반나절이면 충분히 갈 수 있는 거리다. 그러니 이스라엘이 화친에 응할 리가 없었다. 이에 기브온 주민은 먼 나라에서 온 것처럼 사신의 모습을 꾸몄다. 해어진 자루와 포도주 가죽부대, 낡아서 기운 신을 신고 해어진 옷을 입고 마르고 곰팡이 난 떡을 준비하고 길갈로 간 것이다.

> 그들이 길갈 진영으로 가서 여호수아에게 이르러 그와 이스라엘 사람들에게 이르되 우리는 먼 나라에서 왔나이다 이제 우리와 조약을 맺읍시다 하니 …… 또 우리가 포도주를 담은 이 가죽 부대도 새 것이었으나 찢어지게 되었으며 우리의 이 옷과 신도 여행이 매우 길었으므로 낡아졌나이다 한지라 여호수아 9:6~13

다행히 기브온은 이스라엘과 순조롭게 화친조약을 맺었다. 그러나 문제는 이스라엘이었다. 기브온 주민의 속임수에 속아 여호수아와 이스라엘 족장은 하나님에게 한마디도 물어 보지 않은 채 쉽게 조약을 맺은 것이다.

> 무리가 그들의 양식을 취하고는 어떻게 할지를 여호와께 묻지 아니하고 여호수아가 곧 그들과 화친하여 그들을 살리리라는 조약을 맺고 회중 족장들이 그들에게 맹세하였더라 여호수아 9:14~15

사흘 후 이스라엘은 기브온 주민이 근처에 사는 것을 알고 후회했으나 여호와의 이름으로 맹세까지 한 상황인지라 그들을 죽이지 못했다. 그러나 기브온 입장에서는 살아남기 위한 지혜로운 속임수였다. 비록 이스라엘 백성 밑에서 일하는 처지가 되었으나 멸절당한 다른 가나안 족속과 비교하면 지혜로운 방법이었다. 더욱이 그 일이 여호와의 제단을 위해 나무를 패며 물을 긷는 생활이었으니 세상의 종들이 하는 일과는 다르지 않은가! 훗날 솔로몬이 왕이 된 후 기브온에서 하나님 앞에 일천 번제를 드리고 지혜를 구했으니 기브온은 지혜의 성읍이라 할 수 있다.

> 주는 이제 내게 지혜와 지식을 주사 이 백성 앞에서 출입하게 하옵소서 이렇게 많은 주의 백성을 누가 능히 재판하리이까 역대하 1:10

1988년 겨울 처음으로 기브온을 찾았다. 기브온은 예루살렘 북서쪽 8킬로미터 지점인 오늘날 에즈 집Ej-Jib, 또는 엘 집El-Jib이라고 하는데 이스라엘 현대 지도에는 《성경》과 같이 기브온Givon으로 표기되어 있다. 해발 약 792미터 산악의 구릉 지대에 세워진 이 성읍

사무엘의 무덤이 있는 오늘날 네비 삼월, 뒤쪽 중앙에 에즈 집(기브온)이 보인다.

은 이집트 셰숑크 1세Sheshonk I(《성경》의 시삭)의 기록에 보면 그가 점령한 여러 도시 중 한 곳으로 언급되어 있다.

이후 《성경》에서는 기브온에 대한 기록이 없다가 BC 1000년경 다윗이 이곳에서 블레셋을 물리쳤으며, 그의 군대장관 요압과 사울 군대 간의 전쟁이 기브온 못가에서 일어났다(사무엘하 2:12~17). 전쟁으로 이 지역은 헬갓 핫수림('날카로운 칼의 밭'이란 뜻)이라 불렸다. 사울의 일곱 아들은 기브온 주민을 살해한 이유로 다윗 때 기브온 사람들에 의해 목매달려 죽임을 당했다(사무엘하 21:1~9).

솔로몬은 기브온에서 일천 번제를 드렸다(열왕기상 3:4~15). 그러나 솔로몬이 일천 번제를 드린 산당 터는 에즈 집 외에 사무엘의 무덤이 있는 네비 삼월Nebi Samwil로도 본다. 이곳에서는 골짜기 하나 넘어 에즈 집이 보인다.

기브온 연못(위), 바위를 파서 만든 포도즙 틀(아래)
_ 기브온

유다의 예루살렘이 느부갓네살에 함락된 후 이곳은 또다시 주목받았는데 당시 예레미야를 대항했던 거짓 예언자 하나냐가 기브온 출신이었다(예레미야 28:1). 이후 바벨론 귀환 무렵인 BC 5세기경 예루살렘 성벽 재건을 도운 사람 중에는 기브온 사람도 포함되어 있었다(느헤미야 3:7).

기브온은 예루살렘 외곽에 위치한 아랍인 마을이어서 이스라엘 상황에 따라 찾아가는 데 제약을 받는다. 예루살렘 북쪽에 새롭게 형성된 유대인 정착촌 피즈갓제브에서 404번 도로를 타야 하는데 체크포인트가 있어 검문을 받을 때가 있다.

오늘날 지브Jib란 아랍 마을에 들어서면 남쪽 산 언덕으로 기브온이 자리하고 있다. 지금은 집이 언덕 위까지 많이 들어서 있어 기브온의 옛 지역을 찾기가 무척 어렵다. 차를 세워 놓고 좁은 길을 따라 물어 가며 올라가자 마침내 사진으로만 보던 기브온 연못이 나타났다.

〈예레미야〉 41장 12절에 나오는 기브온의 큰 물가는 발굴이 끝난 상태로 방치되어 있었다. 이 못은 지름 11.3미터, 길이 10.8미터의 원통형 바위 연못이었다. 발굴을 통해 바위를 파서 만든 66개의 종 모양으로 된 술통을 발견했는데 이 술통은 철기시대 2기에 포도주 저장고로 사용되었다. 그리고 발효용 술통과 포도 압착기 등도 발견했다. 언덕 서쪽에서는 중기 청동기시대에 만들어진 작은 기둥이 있는 열두 개의 공동묘지 유적도 발굴되었다. 그 중 두 개의 무덤에서 발견된 도기는 여호수아 전 시대에 있었던 것이다.

이곳을 처음 답사했을 때도 연못 옆에 바위를 파서 만든 포도즙틀이 원형 그대로 남아 있었다. 실제로 성서시대에 기브온 일대는 포도 재배가 성행해 포도주를 수출하고 감람나무도 많이 재배했다. 오늘날에는 욥바, 아얄론, 벧호론, 여리고로 이어지는 동서 도로변에 자리하고 있어 교통이 매우 편리하다.

모든 가나안 족속이 이스라엘의 여호수아 군대와 대항할 때 살아남기 위해 속임수를 써서 이스라엘과 화친한 기브온, 후에는 솔로몬이 지혜를 구한 기브온, 이곳 못가에서 참된 지혜는 영혼을 살리는 지혜요, 그것은 하나님께로부터 주어지는 것임을 묵상했다.

이스라엘의 하나님 여호와께서 이스라엘을 위하여 싸우셨으므로 여호수아가 이 모든 왕들과 그들의 땅을 단번에 빼앗으니라 여호수아 10:42

누가 나를 위해 싸우나

_벧호론과 아얄론

기브온을 공격한 가나안 5개 도시 중 하나인 라기스 성 _ 이스라엘 예루살렘

"자신들을 배반하고 이스라엘과 화친한 기브온을 치기 위해 예루살렘을 비롯한 남부 도시 다섯 왕은 연합군을 형성해 올라왔다. 이에 기브온은 여호수아에게 사신을 보내 도움을 요청했다. 여호수아 군대는 밤새 길갈에서 올라와 기브온을 공격하는 연합군대를 태양과 달을 멈추게 하는 기적 속에 그들을 격파하고 다섯 왕을 막게다Makkedah 굴에서 끌어내어 죽였다. 이후 여호수아는 남부를 점령하고 하솔을 비롯한 북쪽까지 가나안의 대부분 지역을 정복했다여호수아 10~12장."

이스라엘과 화친한 기브온을 공격하기 위해 앞장선 사람은 예루살렘 왕 아도니세덱이었다. 그는 아이 성보다 큰 성인 기브온이 이스라엘에 항복과 다름없는 화친조약을 맺은 것에 불안을 느꼈다. 그래서 남부 도시와 연합군을 형성했다.

연합군에 참여한 왕은 아도니세덱 외에 헤브론 왕 호함, 야르뭇 왕 비람, 라기스 왕 야비아, 에글론 왕 드빌이었다. 이들이 기브온을 치기 위해 올라오자 기브온은 길갈에 있는 여호수아에게 도움을 요청했다. 여호수아는 비록 속임수로 화친을 시도한 기브온이지만 어차피 나머지 도시를 정복해야 했기에 서둘러 기브온으로 올라갔다.

예상보다 빠르게, 그것도 밤에 올 거라고는 생각하지 못한 예루살렘 연합군은 갑작스러운 여호수아 군대의 공격으로 크게 패하고 기브온에서 9킬로미터 떨어진 벧호론으로 향하는 비탈까지 도망했다. 당시 여호수아 군대는 예루살렘 연합군보다 군사 수가 훨씬 많았다. 그러나 전쟁은 군사력에 있는 것이 아니라 하나님에게 달려 있다. 《성경》은 이렇게 말하고 있다.

> 여호와께서 그들을 이스라엘 앞에서 패하게 하시므로 여호수아가 그들을 기브온에서 크게 살육하고 벧호론에 올라가는 비탈에서 추격하여 아세가와 막게다까지 이르니라 여호수아 10:10

이 사실은 벧호론 비탈에서 도망하는 연합군을 향해 하늘에서 큰 우박을 내림으로써 그들을 죽인 하나님의 기적 속에서 확인할 수 있다. 연합군은 이스라엘의 칼에 죽은 자보다 우박에 죽은 자가 더 많았다. 이뿐만 아니다. 하나님은 이스라엘이 연합군을 멸절할 때까지 태양을 기브온 골짜기 위에 붙들어 두고 달은 아얄론 골짜기 위에 머물게 하는 기적을 행하셨다.

이러한 하나님의 기적을 찾아 벧호론과 두 골짜기, 아세가를 답사했다. 벧호론Beth Horon•은 《성경》에서 위 벧호론과 아래 벧호론 두 곳으로 언급된다. 위아래 벧호론 사이는 약 3.2킬로미터로 이런 호칭은 위도상 위치가 아닌 해발 높이에 따른 것이다. 곧 위 벧호론은 아래 벧호론의 위도상 남쪽에 있으나 높이는 아래 벧호론보다 240미터 더 높다. 그러나 마다바Madaba(구약의 메드바) 지도에는 두 마을이 한 곳으로 표시되어 있다.

오늘날 벧호론은 예루살렘에서 북서쪽으로 난 443번 도로를 타고 가면 되는데 팔레스타인 지역을 통과해야 해서 유대인은 안전을 위해 이보다 더 먼 남쪽의 1번 도로를 이용한다. 2005년 443번 도로를 이용해 벧호론을 찾아갔을 때만 해도 마을로 들어가는 입구를 통제하고 있었다. 성지를 연구하는 학자임을 밝히고 어떠한 일이 발생해도 스스로 책임지겠다는 약속을 한 후에야 벧호론으로 들어갈 수 있었다.

그렇게 큰 마을은 아니지만 전체적으로 봉쇄되어 있어 마을 내에서만 자동차를 이용할 수 있었다. 그래서 마을 사람은 마을 밖으로 나갈 때 차를 세워 놓고 걸어나가 다시 이스라엘 대중교통을 이용한다. 이는 이스

• **벧호론** : 위 벧호론은 현재 베이트 우르 알 포카Beit Ur al-Foqa, 지도상 표기는 Beit Khoron Elvon으로 예루살렘 서북쪽 약 16킬로미터 지점에 있고, 아래 벧호론은 현재 베이트 우르 알 타흐타Beit Ur al-Tahta, 지도상 표기는 Beit Ghure-Tahta와 같은 곳이다.

라엘 내 대부분의 아랍 마을이 겪는 고충이다. 몇 년 뒤 다시 이곳을 방문했을 때는 아예 철조망 대신 분리 장벽을 쌓아 놓고 있었다.

위 벧호론의 옛 흔적

마을은 《성경》에서 언급한 대로 비탈길로 되어 있고, 비탈길 위에는 옛 흔적이 남아 있었다. 염려했던 것보다 사람들이 반갑게 맞이해 주어 편안하게 사진 촬영을 할 수 있었다.

벧호론에서 그리 멀지 않은 곳에 태양이 멈춘 기브온 골짜기와 달이 머문 아얄론 골짜기가 있다. 기브온 골짜기는 기브온에서 보면 남쪽으로 이어져 있고, 아얄론 골짜기는 예루살렘에서 1번 도로를 따라가다 《성경》의 엠마오인 라트룬 교차로를 지나면 바로 나타난다. 아얄론 골짜기는 우리가 생각하는 것처럼 깊은 골짜기가 아닌 평지와 비슷한 약간 골이 넓은 골짜기여서 자칫 지나칠 수도 있다.

아얄론 골짜기를 자세히 살펴보기 위해 아얄론 성읍에 위치한 아얄론 국립공원을 찾았다. 엠마오 교차로에서 북쪽으로 빠져나가면 바로 국립공원 표지판이 나오는데 표지판을 보고 오른쪽으로 들어가면 된다. 그러나 공원 안에서는 《성경》의 아얄론을 찾기가 쉽지 않다. 특별한 안내 표지판도 없고 유적도 잘 눈에 띄지 않아 안내자의 도움이 필요하다.

《성경》의 아얄론에서 보면 작은 저수조와 함께 골짜기가 하나 보이는데 그곳이 바로 달이 멈추었다는 아얄론 골짜기다. 아얄론은 지금까지 두 번 방문했지만 여건이 되면 다시 한 번 찾고 싶은 곳이다. 하나님의 기적으로 이스라엘이 승리할 수 있었던 아얄론 골짜기에서 하나님의 섭리를 다시금 묵상해 보았다.

> 여호와께서 사람의 목소리를 들으신 이같은 날은 전에도 없었고 후에도 없었나니 이는 여호와께서 이스라엘을 위하여 싸우셨음이니라 여호수아 10:14

그렇다. 하나님은 우리 목소리를 들으시고 우리를 위해 싸우시고 마침내 우리에게 승리를 주시는 분이다.

예루살렘 연합군의 마지막 도피처, 아세가(38번 도로에서 바라본 전경)

이스라엘에 크게 패한 예루살렘 연합군은 아세가와 막게다까지 도망했고 다섯 왕은 막게다 굴에 숨었다. 여호수아는 막게다 굴 입구를 막고 다섯 왕을 지키게 한 후 남은 병력을 추격해 그들의 성읍에 들어가지 못하게 했다. 그리고 막게다 굴에서 다섯 왕을 끌어내어 목을 밟아 죽이도록 했다.

예루살렘 연합군의 마지막 도피 장소인 아세가는 쉽게 찾아갈 수 있다. 유다 남부의 라기스 북동쪽 16킬로미터, 헤브론 북서쪽 24킬로미터 지점의 고원 지대 정상에 세워진 곳으로 지금은 텔 에즈 자카리야T. ez-Zakariyah(이스라엘 명칭은 T. Azeqa)로 불린다. 훗날 유다 자손이 살았던 셰펠라 지역의 성채이기도 했던 이곳은 주변 골짜기를 통제하는 위치에 있었다.

텔 에즈 자카리야(아세가)는 1898년에서 99년 사이에 발굴되었다. 성채 규모는 가로와 세로가 각각 320미터, 135미터였으며 지금은 파괴된 탑과 고대 성곽만이 남아 있다. 이곳에서 발견된 진흙 문서에 의하면 라기스의 지휘관이었던 호사야Hoshaiah가 성내 다른 지휘관에게 아세가 성에서 봉화가 오르지 않은 것으로 보아 바벨론에 정복당한 것 같다고 말한 내용이 기록되어 있다.

오늘날 아세가는 38번 도로에서 보면 높은 산에 나무와 숲이 우거져 있는 모습으로 보이며, 옛 유적은 산속으로 난 길을 따라 올라가야 한다. 이곳 북쪽에서 동쪽으로 난 길을 따라가면 성서시대의 블레셋 지역인 아스돗으로 이어지며, 38번 도로를 따라 북쪽으로 올라가면 《성경》에 나오는 여러 지역을 지나게 된다.

그러나 연합군의 다섯 왕이 숨었다는 막게다는 아쉽게도 정확한

하나님의 섭리로 이스라엘이 승리했던 아얄론 골짜기

위치를 알 수 없다. 라기스와 아세가 지역에 있는 셰펠라 북쪽이나 중앙 어느 지점임은 틀림없으나 정확한 위치는 아직 파악하지 못하고 있다. 단지 《성경》 기록에 따라 아세가에서 그리 멀지 않은 곳으로 추정할 뿐이다.

이스라엘은 연합군과의 싸움에서 승리한 후 계속해서 남부 지역을 정복했으며, 이어 하솔을 비롯한 북쪽까지 차지해 마침내 하나님이 약속하신 땅에 정착하게 되었다. 천국은 침노하는 자가 차지한다는 예수님의 말씀처럼 천국으로 상징되는 가나안을 위해 하나님이 싸워 주심으로써 이스라엘은 그 땅에 들어갈 수 있었다. 날마다 영적 싸움 속에 살아가는 우리 역시 하나님이 우리를 위해 싸워 주신다는 믿음이 필요함을 예루살렘 연합군의 마지막 패퇴 장소 아세가에서 되새겨 보았다.

여호와께서 모세에게 명령하신 대로 그들의 기업을 제비 뽑아 아홉 지파와 반 지파에게 주었으니 여호수아 14:2

땅 분배를 위해 제비를 뽑은 실로

제비는 사람이, 결과는 하나님에게

_실로

"가나안 대부분의 지역을 정복한 여호수아는 하나님이 모세에게 이르신 명령에 따라 제비뽑기해 지파별로 땅을 분배했다. 먼저 요르단 동쪽은 가나안에 들어오기 전에 이미 모세 때 약속된 대로 르우벤과 갓 지파에게 분배했다. 요르단 서쪽은 실로에서 제비를 뽑아 결정했는데 모든 것이 하나님의 섭리대로 이루어졌다 여호수아 13~19장*."*

가나안 정복 활동이 거의 마무리될 무렵 여호수아는 아직 차지하지 못한 지역은 각 지파 스스로 점령하도록 하고 이스라엘 12지파에게 하나님이 모세에게 이르신 말씀에 따라 지파 단위로 땅을 분배했다.

왜 가족이 아닌 지파 단위로 땅을 분배했을까? 이것은 이스라엘의 독특한 지파 조직을 먼저 이해할 필요가 있다.

이스라엘 초기의 기본 지파 조직은 가장 큰 단위인 민족(이스라엘 자손)에서부터 지파, 씨족, 가문(혹은 가족)순으로 이루어졌으며, 개인으로는 갈미의 아들 아간Achan에게까지 이른다. 민족의 구성단위는 시간이 흐르고 부富와 힘과 규모가 커질수록 약한 가족 집단은 크고 강한 가족 집단에 병합되고 이에 따른 노예와 일부 이방 여인에 의해 점차 혈연관계를 넘어 지파의 범위도 넓어졌다. 이스라엘의 대표적인 지파 순위도 바뀌었는데 곧 첫 번째였던 르우벤 지파가 유다 지파에게 수위 자리를 내주었으며, 이런 배경으로 12지파의 땅 분배 지역에 대한 경계는 정확하지 않았다.

또 한 가지 생각해 볼 점은 이스라엘 지형이다. 이스라엘은 남북으로 지형이 비슷하다. 그리고 북쪽으로 올라갈수록 동서의 폭이 좁고 남쪽으로 내려갈수록 넓다. 북쪽은 강우량이 많아 농사나 나무가 자라기에 좋은 지역이 많지만 중간 지점의 예루살렘에서부터 남쪽으로 내려갈수록 초목이 현격히 줄어들고 브엘세바부터는 네게브 사막이 펼쳐져 있다. 자연히 지파마다 서로 좋은 지역을 차지하려 했을 테고 인구가 많은 지파일수록 넓은 지역을 요구했다. 이런 복잡한 요인으로 공평한 땅 분배가 사실상 어렵게 되자 이때 취한 방법이 제비뽑기였다. 이전에 이미 하나님은 모세에게 땅의 넓이는 인구 비례로, 지역 분배(위치)는 제비뽑기로 하도록 명령하셨다.

수가 많은 자에게는 기업을 많이 줄 것이요 수가 적은 자에게는 기업을 적게 줄 것이니 그들이 계수된 수대로 각기 기업을 주되 오직 그 땅을 제비 뽑아 나누어 그들의 조상 지파의 이름을 따라 얻게 할지니라 민수기 26:54~55

여호수아는 하나님이 모세에게 주신 명령에 따라 실로에서 제비뽑기해 지파별로 땅을 분배했다. 그러나 요르단 강 동쪽은 모세 때 이미 약속된 대로 르우벤과 갓 지파에게 분배했다. 나머지 지파는 요르단 서쪽을 놓고 제비를 뽑았는데 그 결과 모든 것이 하나님이 정해주신 대로 이루어졌다.

성서 지리를 연구하는 가운데 발견한 가장 놀라운 사실 중 하나가 바로 땅 분배에 관한 하나님의 섭리다. 각 지파는 서로 좋은 땅을 차지하려 했고, 제비를 뽑을 때 역시 좋은 땅이 돌아오기를 원했을 것이다. 그러나 결과는 그들의 생각처럼 되지 않았다. 갈릴리와 그 북쪽의 비옥한 땅은 아셀, 납달리, 스불론, 잇사갈 등 약한 지파가 차지했고, 유대 광야와 헤브론 산지, 네게브 사막의 열악한 지역은 강한 유다 지파가 차지했다. 다만 그 중간은 베냐민, 단, 에브라임 지파가 분배받았다.

2000년, 여호수아가 땅 분배를 놓고 제비뽑기를 했던 실로를 방문하게 됐다. 1920년대 실시한 덴마크 조사단의 발굴 결과를 보면 실로는 벧엘 북동쪽 16킬로미터 지점에 있는 키르벳 세일룬Kh. Seilun과 같은 곳이다.

실로는 다른 지역에 비해 비교적 찾기가 쉽다. 예루살렘에서 중앙 산악 지대로 난 60번 도로를 따라 올라가다 보면 42킬로미터 지점에서 실로로 들어가는 입구가 나온다. 이 입구에서 60번 도로로 1.5킬로미터 더 북쪽으로 가면 동쪽 산 언덕으로 고대 실로가 보인다.

처음 찾았을 때와 이전과 달리 대부분의 지역이 발굴되었는데 특히 교회 터는 발굴이 거의 끝나고 북쪽에는 성소 터도 드러나 있었다. 이곳은 중기 청동기시대(BC 2100~1600) 사람들이 살았다는 조사

실로의 성소 터

결과처럼 실제로 사람의 거주 흔적을 찾아볼 수 있었다.

그 옛날 땅 분배를 위해 제비를 뽑았던 실로, 후에는 회막이 세워지고 법궤가 안치되었던 곳, 지금은 황폐한 모습으로 남아 있지만 이곳 실로에 서서 산악 지대를 바라보니 《성경》 말씀이 떠올랐다.

> 제비는 사람이 뽑으나 모든 일을 작정하기는 여호와께 있느니라 잠언 16:33

그렇다. 사람이 아무리 좋은 계획을 세우고 온갖 노력을 다한다 해도 그것을 주시는 분은 하나님이다. 우리의 모든 계획과 노력은 하나님에게 달려 있음을 잊어서는 안 된다. 이 사실을 잊을 때 결국은 얻었던 모든 것을 놓칠 수 있음을 이스라엘 역사에서 배우게 된다. 제비뽑기로 좋은 지역을 차지했던 북쪽 지파는 열악한 지역을 차지한 남쪽 지파보다 먼저 하나님을 떠나고, 세상의 우상에 빠져 하나님을 배신하고 온갖 음행과 죄악으로 남쪽 지파보다 134년 먼저 앗수르에게 멸망당했다.

믿음생활은 환경이 문제가 아니라 그 환경을 극복하려는 하나님을 향한 믿음이 더 소중하다. 주어진 환경이 어려울수록, 인간의 힘으로 극복하기 어려운 여건에 있을수록 더욱 하나님을 의지할 수밖에 없다면 오히려 그 환경은 믿음을 키우는 더 큰 축복이 된것이다.

어려운 환경에서 오히려 더 소중한 것을 찾은 대표적인 사람이 바로 갈렙이다. 갈렙은 모세가 맹세했던 헤브론 산지를 자신에게 달라고 부탁했다.

그 날에 여호와께서 말씀하신 이 산지를 지금 내게 주소서 당신도 그 날에 들으셨거니와 그 곳에는 아낙 사람이 있고 그 성읍들은 크고 견고할지라도 여호와께서 나와 함께 하시면 내가 여호와께서 말씀하신 대로 그들을 쫓아내리이다 하니 여호수아가 여분네의 아들 갈렙을 위하여 축복하고 헤브론을 그에게 주어 기업을 삼게 하매 여호수아 14:12~13

헤브론 산지는 사람이 살기에 지세가 험하고 아직 점령하지 못한 곳이었다. 더구나 그곳에는 장대한 아낙 자손이 살고 있었으며 성읍 또한 크고 견고했다. 그럼에도 갈렙은 모든 사람이 꺼려하는 헤브론 산지를 달라고 여호수아에게 요청했다. 그는 하나님이 함께하시면 그들을 쫓아낼 수 있다는 믿음이 있었다. 그리고 마침내 헤브론 산지를 차지했다.

헤브론은 몇 차례 방문한 적이 있는데 한번은 아랍인이 운영하는 렌터카를 이용해 헤브론에 있는 막벨라 굴을 답사하게 되었다. 그런데 들어가는 길이 좁고 복잡해 굴 위에 세워진 아브라함 대사원 뒤편으로 길을 잘못 들었다. 더욱이 그곳에는 헤브론 시장이 있어 좁은 시장길을 차를 몰고 지나려니 사람들이 손으로 차를 치는 것이었다. 헤브론은 지금도 아랍인 도시 가운데 반이스라엘 정서가 강한 곳이어서 답사할 때마다 늘 불안한 마음으로 찾곤 한다.

헤브론은 예루살렘에서 60번 도로를 타고 남쪽으로 내려가다 헤브론 외곽에 있는 이스라엘 키부츠 마을로 들어가면 마을을 지나 헤브론 시내로 이어진다. 키부츠와 헤브론 시내 사이에는 검문소가 있어 이스라엘 정세가 좋지 않을 때는 통제가 심해 답사하기가 쉽지

갈렙이 요구했던 오늘날 헤브론

않다. 검문소를 지나 시내 중심으로 들어가는 길은 헤브론 시내가 봉쇄된 후 가게들이 폐허가 된 채로 남아 있고 포장도로는 이미 제 역할을 못할 정도로 파괴되어 있었다. 중심가로 들어가는 길도 가파르고 그렇게 넓지도 않았다. 시장에서 보는 헤브론은 사방이 산악지대로 둘러싸여 있고, 집은 대부분 산 경사지에 자리 하고 있었다.

그 옛날 갈렙이 "이 산지를 내게 주소서"라고 말했던 헤브론, 그 중심지에 있는 아브라함 무덤 위에 세워진 아브라함 대사원에서 산악으로 둘러싸인 헤브론을 바라보며 기도했다.

나를 통해 이루고자 하시는 성지 사역의 영역을 더욱 넓혀 주소서. 헤브론 산지와 같이 나 자신의 힘으로 할 수 없는 그 영역까지 갈렙처럼 믿음으로 점령하게 하소서.

부지중에 실수로 사람을 죽인 자를 그리로 도망하게 하라 이는 너희를 위해 피의 보복자를 피할 곳이니라 여호수아 20:3

여호와만이 참된 피난처

_도피성

요르단 동쪽의 도피성 길르앗 라못

각 지파에게 땅 분배를 마친 여호수아는 일찍이 하나님이 모세에게 명하신 대로 요르단 동쪽과 서쪽에 각각 세 곳씩 모두 여섯 곳에 도피성을 지정했다. 레위 지파는 제사장 직무를 위해 일정한 지역을 분배받지 않는 대신 이스라엘 모든 지파에서 골고루 성읍을 분배받았다 여호수아 20~21장.

도피성은 부지중에 실수로 사람을 죽인 자에 대해 피의 보복을 방지하기 위해 만든 제도이다. 가까운 도피성으로 피해 대제사장이 죽기까지 그 성에 거함으로써 죽임을 당하지 않도록 한 것이다. 따라서 도피성은 이스라엘 전 지역에서 피하기 쉽도록 적당한 거리를 두고 지정했다. 곧 요르단 동쪽으로는 바산 골란, 길르앗 라못, 베셀 등이며, 요르단 서쪽으로는 게데스, 세겜, 헤브론 곧 키리야트(기럇) 아르바를 지정했다.

이 도피성 중에서 세겜과 헤브론은 비교적 일찍 답사했으나 나머지 지역은 2005년 이후에나 찾을 수 있었다. 또 바산 골란은 아직 방문하지 못했는데 시리아 지역에 있는 데다 오늘날 사헴 엘 골란이라는 명칭만 갖고 찾아가기엔 너무 어려웠다.

먼저 요르단 동쪽의 길르앗 라못은[•] 길르앗 지역에 있는 성읍으로 북쪽부터 에르 람타Er Ramtha, 텔 에르 루메이드T. er-Rumeith, 텔 엘 후슨T. el Husun 등 세 곳이 언급되고 있다.

일반적으로 길르앗은 BC 23세기부터 사람들이 거주하기 시작했으며 이곳에 형성된 길르앗 라못은 예로부터 아주 중요한 교역로의 기점이 되었다. 그뿐만 아니라 광활한 농

• **길르앗 라못** : 길르앗 라못으로 주장되는 세 곳 중 가장 북쪽의 에르 람타는 오늘날 시리아의 다라(에드레이)와 요르단의 이르비드(벧아벨)를 잇는 동서도로와 다메섹과 암만을 연결하는 남북 도로의 중심 국경에 자리하고 있다. 이런 지리적인 요건과 '높은 지대'라는 뜻의 라못 이름은 에르 람타가 길르앗 라못이라는 견해를 뒷받침한다.

두 번째로 텔 엘 루메이드는 다메섹 남쪽 약 112킬로미터, 이르비드 동남쪽 약 24킬로미터, 람타 남쪽 7킬로미터 지점에 있다. 평지에 언덕 형태로 자리하고 있어 사방으로부터 오는 적을 살필 수 있으며 풍성한 길르앗 지역을 지키는 평원의 요충지이다.

마지막은 람타 남서쪽 약 16킬로미터 지점에 있는 텔 엘 후슨이다. 이곳은 오늘날 엘 후슨 el Husn과 1킬로미터 정도 떨어진 곳에 큰 텔 형태로 유적지가 자리하고 있으며 지역 공동묘지로 사용되고 있다.

경지가 주위에 펼쳐져 있어 역사적으로 열왕이 탐낼 만한 곳이었다.

길르앗 라못을 방문하기 위해 요르단 기사와 함께 암만에서 35번 도로를 타고 북쪽으로 올라갔다. 그러나 아무리 둘러보아도 찾지 못하다가 암만에 있는 지인에게 여러 차례 전화 통화를 한 후에야 35번 도로 동쪽으로 난 10번 도로를 타고 텔을 찾아갈 수 있었다. 35번 도로에서는 길르앗 라못보다 높은 언덕과 현대 건물 때문에 보이지 않았는데 10번 도로에서는 반대편 서쪽으로 평지에 언덕같이 솟아올라 있어 비교적 쉽게 찾을 수 있었다.

도로에 차를 세워 놓고 언덕을 올라가자 한 가정이 양을 치고 있는 모습이 보였다. 아주 낮은 언덕이었는데도 동쪽으로 펼쳐지는 넓은 평지가 한눈에 들어왔다. 왜 이곳이 그토록 중요한 요지였는지 알 것 같았다. 넓은 평지에서 많은 곡식을 재배할 수 있고 왕의 대로가 지나는 남북 교통로에 자리하고 있으니 역사적으로 이곳을 차지하기 위해 끊임없이 전쟁이 일어났던 것이다.

특히 분열왕국 때는 아합 왕의 부친 오므리가 아람 왕 벤하닷 1세에게 이곳을 빼앗겼다가 아합 왕이 벤하닷 2세와의 2차 전투에서 승리한 후 되돌려받기로 약속했다. 그러나 벤하닷 2세가 반환하지 않자 아합은 무력으로 정복하기로 결심했다. 이처럼 길르앗 라못은 두 왕국 사이의 국경 지대에 자리한 탓에 200년이 넘도록 끊임없는 전투에 시달렸다.

언제나 전쟁은 이해관계가 있을 때 일어난다. 사막에서는 전쟁할 이유가 없다. 살기에 좋은 환경일수록 그곳을 서로 차지하려는 욕심 때문에 다툼과 전쟁이 일어난다. 그러나 누가 좋은 환경을 주었는가? 나눔의 삶이야말로 분쟁과 다툼을 해결하는 가장 좋은 방편임을 요르단 동쪽의 가장 대표적인 도피성 길르앗 라못에서 드넓은 평지를 바라보며 깨달았다.

도피성을 지정할 때 일정한 장소를 분배받지 못한 레위 지파는 나머지 이스라엘 지파 지역에서 성읍을 제비 뽑아 얻었다. 아론 자손은 유다, 시므온, 베냐민 지파 중에서 13개 성읍을 받았고, 그핫 자손은 에브라임, 단, 므낫세 반 지파 중에서 10개 성읍을 받았다. 게르손 자손은 잇사갈, 아셀, 납달리 등 북쪽 지파 지역에서 13개 성읍을 받았고, 므라리 자손은 르우벤, 갓, 스불론 지파 지역에서 12개 성읍을 받았다. 레위 지파가 받은 성읍은 도피성을 포함해 모두 48개 성읍과 목초지였다.

왜 레위 지파는 다른 지파처럼 자신들만의 땅을 분배받지 못하고

길르앗 라못 유적지에서 양 치는 가정

각 지역에 흩어져 살아야 했을까? 이는 땅 대신 이스라엘의 하나님 여호와가 그들에게 기업이 되었기 때문이다. 그래서 레위 지파는 이스라엘 전 지역에서 제사장 직분을 담당했고 그들의 생업은 각 지파에서 하나님에게 바치는 제물이 되었다.

> 오직 레위 지파에게는 모세가 기업을 주지 아니하였으니 이는 그들에게 말씀하신 것과 같이 이스라엘의 하나님 여호와께서 그들의 기업이 되심이니라 여호수아 13:33

> 레위 사람 제사장과 레위의 온 지파는 이스라엘 중에 분깃도 없고 기업도 없을지니 그들은 여호와의 화제물과 그 기업을 먹을 것이라 신명기 18:1

평지에 언덕 형태로 자리한 길르앗 라못

레위인에게 주어진 48개 성읍 중 가장 인상 깊게 답사한 곳은 갈릴리 최북단 게데스였다. '거룩한 장소'라는 뜻의 게데스Qudesh, Kedesh는 《성경》에 몇 군데 언급되는데 도피성으로 지정된 갈릴리의 게데스는 하솔 북서쪽 11킬로미터, 고대 훌레 호수 서쪽에 위치한 오늘날 텔 게데스T. Qades, T. Kedesh이다.

이곳은 본래 가나안 족속의 수도였으며, 이스라엘이 가나안을 정복하기 이전에 이미 성소가 있었다. 이스라엘에 정복당한 후에는 납달리 지파에게 할당되어 납달리 게데스로 불리기도 했다. 후에는 다시 레위 지파에 할당되어 도피성으로 지정되었다.

사사 바락의 고향이기도 한 게데스는 시스라와의 전쟁을 앞두고 납달리와 스불론 지파의 군대를 소집한 곳이다(사사기 4:9~11).

요르단 서쪽의 도피성 갈릴리 게데스

BC 733년 앗수르의 디글랏빌레셀 3세에게 정복당한 후 마카비 독립시대에는 마카비 형제와 데메트리우스Demetrius 사이에 대격전이 벌어졌다.

텔 게데스는 고고학 조사 결과 이미 청동기시대에 사람이 거주했던 사실이 밝혀졌다. 2010년에는 이곳에서 이집트 프톨레마이오스 왕조가 주조한 약 25그램의 금화가 발굴되기도 했다. 이스라엘 정부의 발표에 따르면 이 금화에는 프톨레마이오스 5세의 부인인 클레오파트라 1세의 형상으로 보이는 것이 새겨져 있다.

오늘날 텔 게데스는 이스라엘 국립공원으로 지정되었는데 동쪽으로 훌레 골짜기가 시야에 들어온다. 게데스 정상에서 멀리 훌레 계곡을 바라보며 레위 지파가 받은 영적 축복을 생각해 보았다. 세상의 땅을 받는 대신에 하나님이 친히 그들의 기업이 되었으니 어찌 다른 지파가 받은 땅과 비교할 수 있겠는가! 비록 세상에서는 한곳에 모여 오순도순 살지 못해도 전 이스라엘을 위해 거룩한 제사장 직분을 담당했으니 얼마나 축복된 일인가!

이제는 우리나라가 레위 지파에게 주어진 직분처럼 전 세계를 위한 제사장 나라가 되었다고 감히 말하고 싶다. 순교자의 피로 가장 짧은 기간에 가장 크게 부흥하고 세계에서 두 번째로 많은 선교사를 파송하는 나라가 되었으니 이는 경제적 축복과 더불어 가장 귀한 영적 축복이 아니겠는가!

너희가 네게 대하여 제사장 나라가 되며 거룩한 백성이 되리라 출애굽기 19:6

영적 축복을 위해 세상 것을 희생하는 삶, 이것이 레위인의 삶이요, 사명자의 삶이다. 나에게 가장 큰 축복이 무엇이냐고 묻는다면 주저 없이 "하나님에게 쓰임받는 것이다"라고 대답한다. 온 이스라엘을 위해 사명자의 삶을 살았던 레위인의 성읍 갈릴리 게데스에서 다시 한 번 나의 남은 삶 또한 그러한 사명자의 삶이 되기를 소원하며 바울 사도의 말을 떠올렸다.

> 이 은혜는 곧 나로 이방인을 위하여 그리스도 예수의 일꾼이 되어 하나님의 복음의 제사장 직분을 하게 하사 이방인을 제물로 드리는 것이 성령 안에서 거룩하게 되어 받으실 만하게 하려 하심이라 로마서 15:16

게데스

모든 백성에게 이르되 보라 이 돌이 우리에게 증거가 되리니 이는 여호와께서 우리에게 하신 모든 말씀을 이 돌이 들었음이니라 그런즉 너희가 너희의 하나님을 부인하지 못하도록 이 돌이 증거가 되리라 하고 여호수아 24:27

지도자의 마지막 부탁

_언약의 돌비

세겜에 있는 언약의 돌비

여호수아가 나이가 들자 각 지파마다 장로와 수령, 재판장, 관리 등 지도자를 세겜으로 불러 모으고 마지막 당부를 했다. 하나님이 이제까지 이스라엘을 위해 하신 일을 기억하라는 것과 여호와를 경외하며 온전하고 진실함으로 섬길 것 등을 남긴 여호수아는 이 모든 말씀을 율법책에 기록하고 상수리나무 아래에 돌을 세워 그 증거가 되게 했다. 그리고 이 일 후에 110세에 죽어 딤낫 세라에 장사되었다 여호수아 23~24장.

여호수아는 르비딤에서 벌어진 아말렉과의 싸움에서 처음 등장했다. 가데스 바네아에서 정탐꾼으로 파송된 여호수아는 모세를 보좌하다 모세 사후에는 이스라엘 백성을 이끌고 요르단 강을 건너 가나안에 입성했다. 여리고를 시작으로 대부분의 가나안 지역을 점령한 그는 실로에서 각 지파별로 제비를 뽑아 땅을 분배했다.

이제 나이가 많아 죽음을 가까이 둔 여호수아는 지금까지 걸어온 길을 생각하며 큰 걱정에 잠겼다. 광야생활 40년 동안 하나님이 기적과 큰 능력을 베푸실 때는 감사와 찬양을 하지만 상황이 바뀌면 다시 이전의 일을 잊고 곧바로 원망하고 불평하는 이스라엘을 보아 왔기 때문이다. 자신이 죽고 나면 또다시 하나님을 원망할 이스라엘 백성을 생각하니 마음이 편치가 않았다. 이에 여호수아는 각 지파별로 지도자를 세겜으로 불러 모으고 마지막 당부를 하게 됐다. 그것은 경고가 담긴 매우 강한 메시지였다.

> 그러므로 이제는 여호와를 경외하며 온전함과 진실함으로 그를 섬기라 너희의 조상들이 강 저쪽과 애굽에서 섬기던 신들을 치워 버리고 여호와만 섬기라 만일 여호와를 섬기는 것이 너희에게 좋지 않게 보이거든 너희 조상들이 강 저쪽에서 섬기던 신들이든지 또는 너희가 거주하는 땅에 있는 아모리 족속의 신들이든지 너희가 섬길 자를 오늘 택하라 오직 나와 내 집은 여호와를 섬기겠노라 하니 여호수아 24:14~15

그리고 여호수아는 자신이 죽은 후에도 하나님을 잊지 않고 계속해서 하나님을 경외하며 온전히 섬기도록 세겜 성소 옆에 있는 상수리나무 아래에 큰 돌을 세우고 그 증거를 삼았다.

이는 온 백성을 이끄는 지도자의 고민이 어떤 것인지 보여 준다. 인간은 상황에 따라 쉽게 변하는 나약한 존재이다. 그러나 영적 지도자는 그런 나약한 무리를 변함없는 신앙으로 이끌어야 하는 사람이다. 그래서 언제나 외로울 수밖에 없다. 여호수아에게는 함께 짐을 질 사람이 필요했지만 오직 하나님밖에 도와줄 이가 없었다.

여호수아가 죽음을 앞두고 마지막 당부를 남긴 언약의 돌비를 찾았다. 이 돌비는 오늘날 나블루스Nablus 중심에 있는 고대 세겜 지역에 자리하고 있다. 지금은 아랍의 중소도시가 되어 성서시대의 세겜은 일부분만 남아 있다.

나블루스 동쪽으로 1킬로미터 지점에 있는 텔 발라타로 불리는 세겜에 도착하고 보니 옛 지역은 철조망으로 둘려 있었다. 지금은 아이들의 놀이터가 되기도 하지만 한가운데는 어른 키만 한 큰 돌이 세워져 있어 그것이 언약의 돌비임을 한눈에 알아볼 수 있었다.

언약의 돌비 _ 세겜

고대 세겜 유적지 텔 발라타에 자리한 돌비 앞에서 한 영적 지도자의 마지막 부탁과 그의 안타까운 심정을 헤아려 보았다. 지도자 한 사람의 영향력은 그 아래 있는 모든 사람에게 미친다. 모세 한 사람으로 이스라엘 모든 백성의 생명이 달려 있을

여호수아가 죽은 딤낫 세라의 하레스 마을

때가 있었다. 이스라엘 백성이 가나안 정탐꾼의 보고를 듣고 원망했을 때 하나님은 그들을 순식간에 멸망시킬 것을 말씀하셨다.

> 여호와께서 모세에게 이르시되 이 백성이 어느 때까지 나를 멸시하겠느냐 내가 그들 중에 많은 이적을 행하였으나 어느 때까지 나를 믿지 않겠느냐 내가 전염병으로 그들을 쳐서 멸하고 네게 그들보다 크고 강한 나라를 이루게 하리라 민수기 14:11~12

큰 능력과 기적을 보고도 상황이 바뀌면 언제든지 원망하는 이스라엘 백성에게 하나님은 더 이상 참을 수 없었다. 그래서 그들을 순식간에 멸절하고자 하신 것이다. 하물며 그런 이스라엘 백성을 이끌고 가는 모세는 어떠했겠는가? 모세 역시 이스라엘 백성에게 염증을 느꼈을 것이다.

출애굽 여정지를 답사하면서 모세의 입장이 되어 생각해 보았

딤낫 세라의 회교 사원

다. 과연 나라면 이스라엘 백성을 어디까지 인도할 수 있었을까? 아마 홍해 바다를 가르는 큰 이적으로 바로의 군사로부터 구원을 얻고서도 목마르다고 원망하는 마라에서 그들을 포기했을 것이다.

그러나 모세는 계속해서 원망하는 이스라엘 백성을 위해 하나님의 마음을 바꿀 간절한 기도를 올렸다.

> 구하옵나니 주의 인자의 광대하심을 따라 이 백성의 죄악을 사하시되 애굽에서부터 지금까지 이 백성을 사하신 것 같이 사하시옵소서 민수기 14:19

모세의 이 기도는 하나님의 진노로부터 이스라엘 백성을 구했다. 모세라는 지도자 한 사람으로 인해 이스라엘은 40년간 광야에서 방황했지만 진멸하는 자리에서 건짐 받고 그 후손이 가나안으로 들어가게 되었다. 그래서 《성경》은 모세의 온유함이 세상 어떤 사람보다 뛰어나다고 말하고 있다.

그런 모세 밑에서 훈련받은 여호수아 역시 죽음을 앞두고 수시로 변하는 이스라엘 백성이 너무나 걱정스러웠다. 돌을 세워 놓고 하나님을 끝까지 섬기라고 당부했던 지도자의 심정이 세겜에 있는 언약의 돌비에 어려 있다.

여호수아는 마지막 당부를 남긴 후 110세에 죽어 딤낫 세라•에 장사되었다. 에브라임 산지에 속한 딤낫 세라는 세겜 남서쪽으로 24킬로미터 떨어진 키르벳 티브네Kh. Tibneh로 오늘날 하레스Hares 지역에 위치한 것으로 알려져 있다.

딤낫 세라는 '남겨진 몫'이란 뜻이다. 이스라엘 자손이 이 땅을 나눌 때 여호수아에게 돌아갈 몫으로 딤낫 세라를 언급하고 있어 지명의 뜻에 여호수아가 받은 땅의 의미가 있다(여호수아 19:49~50).

딤낫 세라를 찾아가려면 먼저 세겜에서 60번 도로를 타고 남쪽으로 8킬로미터 내려가 동서로 난 505번 도로를 만난다. 505번 도로에서 서쪽으로 13킬로미터를 가면 현대 아랍 마을인 하레스가 나오는데 이스라엘 지도에도 꽤 큰 도시로 표시되어 있어 쉽게 찾을 수 있다. 다만 잘 알려진 아랍 마을이 아니어서 어떤 위험을 당할지 모르니 조심할 필요가 있다. 우리가 찾았을 때도 마을 분위기가 심상치 않아 마을로 들

• **딤낫 세라** : 〈사사기〉 2장 9절의 딤낫 헤레스Timnath Heres와 동일한 곳으로 여겨진다. 딤낫 헤레스는 '태양에게 헌정된 땅'을 뜻한다. 특히 이 지명은 고대 이스라엘의 태양신 숭배 사상에 근거한 것으로 보이는데 랍비 전승에서는 여호수아가 태양을 머물게 한 행동과 연결한다(여호수아 10:13). 곧 여호수아의 무덤이 그곳에 떠 있던 태양을 상징한다는 것이다.

이곳에서 북동쪽으로 1.5킬로미터 지점의 네비 살레Nebi Saleh에는 여호수아의 무덤으로 전해지는 곳이 있다. 그리고 동쪽 6킬로미터 지점에는 '여호수아 동네'라는 뜻의 케프르 이슈아Kefr Ishua로 불리는 마을이 있다.

로마시대에 세겜과 예루살렘 사이를 잇는 대로상에 있었던 딤낫 세라는 헤로디안 시대에 작은 왕국의 중심지였으나 68년 베스파시안에 의해 정복되었다. 사마리아와 중세 기독교 전통에 의하면 딤낫 헤레스는 세겜에 이웃한 지역으로 본다.

회교에서 전해지는 여호수아 무덤 _ 요르단 살트

어가지도 못하고 마을 입구에서 발길을 돌릴 수밖에 없었다.

그런데 하레스 외에도 여호수아의 무덤이 있다고 해서 후에 요르단 살트를 찾은 적이 있다. 한 회교 사원에서 보게 된 여호수아 무덤은 일반 무덤보다 7~8배는 긴 석관에 녹색 천으로 덮여 있었다. 현지인 말에 따르면 여호수아의 후손이 이곳으로 이주해 와서 살았다고 했다. 그리고 무덤이 긴 이유는 여호수아가 어디에 묻혔는지 정확한 지점을 알지 못해 석관을 길게 만들었다고 했다. 그러나 살트에 있는 무덤은 확실한 근거가 없고, 《성경》의 기록대로 이스라엘 딤낫 세라에 있는 것이 위치상 의미가 있다.

유다가 그의 형제 시므온에게 이르되 내가 제비 뽑아 얻은 땅에 나와 함께 올라가서 가나안 족속과 싸우자 그리하면 나도 네가 제비 뽑아 얻은 땅에 함께 가리라 하니 이에 시므온이 그와 함께 가니라 사사기 1:3

유다 지파 갈렙이 정복한 드빌(라부드)

생명을 건 품앗이
_유다와 시므온의 동맹

여호수아가 죽은 후 이스라엘 각 지파는 여호수아 생전에 차지하지 못한 지역을 점령해 나가기 시작했다. 가장 먼저 유다 지파가 시므온 지파와 연합해 아도니베섹을 잡고 이어 예루살렘과 헤브론까지 점령했다. 특히 드빌에 이르러 드빌 주민을 치니 갈렙은 기럇 세벨(드빌)을 점령한 옷니엘에게 자기 딸을 주었다. 이어 베냐민과 요셉, 므낫세와 에브라임, 스불론, 아셀, 납달리 지파도 나머지 지역을 점령했다. 그러나 일부 지역에서는 여전히 가나안 족속을 쫓아내지 못하고 함께 거주하기도 했다 사사기 1장.

여호수아 사후 유다 지파는 제비 뽑아 얻은 땅을 정복하기 위해 시므온 지파에게 함께 올라가서 싸워 주면 시므온 지파의 정복 활동도 돕겠다고 제안했다. 시므온 지파가 이 제안을 받아들이자 두 지파는 연합으로 유다 지파 지역에 있는 가나안 족속과 브리스 족속을 정복하고 베섹•에서 도망하는 우두머리 아도니베섹을 잡아 죽였다. 그리고 예루살렘과 헤브론에 거주하는 세새와 아히만, 달매를 죽인 후 모세의 약속대로 헤브론을 손에 넣게 됐다. 또 스밧에 거주하는 가나안 족속을 진멸하고 호르마라 불렀다. 그 외 블레셋 지역 성읍도 점령했다.

유다와 시므온 지파의 동맹은 생명을 건 품앗이였다. 죽음을 건 싸움에서 함께한다는 것은 자신의 생명을 서로 품앗이하는 것과 같다. 이는 유다와 시므온 두 지파가 그만큼 서로 긴밀한 관계를 갖고 있었음을 보여 준다. 혈통적으로 봐도 유다와 시므온은 야곱의 네 아내 중 레아에게서 난 한 혈통의 후손이다.

두 지파가 연합해서 정복한 도시 중 유다 지파 갈렙이 차지한 드빌을 찾았다. 드빌의 위치는 텔 베이트 미르심T. Beit Mirsim과 키르벳 라부드Kh. Rabud 두 곳이 거론되고 있다.

먼저 오늘날 키르벳 라부드는 헤

• **베섹** : 유다 지파가 시므온 지파와 연합해 정복한 땅으로 예루살렘 근처이나 정확한 위치는 알 수 없다. 다만 로드Lod(《성경》의 룻다) 남동쪽 약 3킬로미터, 게셀 동북쪽 4킬로미터 지점에 있는 오늘날 키르벳 베즈카Kh. Bezqa로 보는 의견도 있다. 예루살렘 근처로 보는 경우에는 베섹에서 도망한 아도니베섹이 잡혀 예루살렘으로 끌려가 그곳에서 죽었다는 기록에 근거한 것이다.

이곳은 사울이 군사를 모집한 세겜 북동쪽 베섹(사무엘상 11:8, 키르벳 입지크Kh. Ibziq)과는 다른 곳이다. 여기 나오는 베섹은 가나안 정복 후 유다 지파에게 할당된 곳이었으나 아직 정복하지 못한 채로 남아 있는 성읍이었다. 그래서 유다 지파는 시므온 지파와 동맹을 맺어 이곳을 함께 공격했다.

브론 남서쪽으로 약 13킬로미터 떨어진 지점에 위치해 있는데 브엘세바로 가는 중심 도로인 60번 도로에서 1킬로미터 거리이다. 그러나 라부드 마을로 들어가는 길을 폐쇄해 놓아 차를 갖고 찾아가려면 북쪽 헤브론으로 가서 팔레스타인 지역에서 들어가야 한다. 그러면 족히 한 시간 남짓 소요되고 나오는 데 다시 같은 시간이 걸린다. 그래서 60번 도로가에 승용차를 세워 두고 걸어서 라부드 마을로 갔다.

드빌(라부드)의 우물

산 중턱을 따라 언덕 하나를 지나자 골짜기 너머로 드빌 유적지가 또 하나의 언덕을 이루고 있었다. 유적지는 생각보다 규모가 매우 컸다. 언덕 전체가 폐허가 된 채로 온통 돌과 부서진 건물 흔적으로 가득했다. 가까이 다가가자 마을 사람들이 우리를 피해 성급히 달아났다. 알고 보니 아직 발굴되지 않은 곳에서 도굴하다가 우리를 발견하고는 도망친 것이었다. 아마 유적을 발굴해 팔려고 했던 것 같다.

발굴 결과를 보면 이곳은 청동기 후기부터 BC 586년까지 사람이 살았던 흔적이 남아 있다. 또한 660미터 고지에 자리한 지역이어서 용수 공급을 위해 바위를 파서 만든 저수지를 이용한 흔적도 있다. 저수지 북쪽 2킬로미터 지점에서는 두 개의 우물이 발견되었는데 이는 《성경》의 악사가 아버지에게 윗샘과 아랫샘을 요구한 내용과 배경이 일치하는 부분이다(여호수아 15:15~19, 사사기 1:11~15).

갈렙은 드빌을 점령하는 자에게 자기 딸을 주겠다고 약속했다. 그때 옷니엘이 드빌을 점령해 갈렙의 딸을 아내로 얻게 되었는데 갈렙의 딸은 아버지에게 샘물을 달라고 요청했다.

이르되 내게 복을 주소서 아버지께서 나를 남방으로 보내시니 샘물도 내게 주소서 하매 갈렙이 윗샘과 아랫샘을 그에게 주었더라 사사기 1:15

당시 우물은 가장 큰 재산 중 하나였다. 그래서 우물을 공동으로 파서 함께 사용하기도 했는데 그 때문에 다툼도 많이 일어났다.

드빌로 주장되는 텔 베이트 미르심의 발굴 현장

키르벳 라부드 외에 또 다른 드빌로 주장되는 텔 베이트 미르심은 유다 남쪽 네겝에 있는 가나안인의 왕도로 헤브론 서남쪽 약 25킬로미터 지점에 있고, 키르벳 라부드와는 서쪽으로 15킬로미터 떨어져 있다. 그러나 이스라엘 장벽 바로 밖에 있어 60번 도로 남쪽으로 내려가 다시 31번 도로를 타고 가다 358번 도로를 이용해야 하기 때문에 시간이 두 배 이상 더 걸린다. 길을 잘 알면 60번 도로에서 간선도로를 이용하면 조금 더 시간을 줄일 수 있다.

텔 베이트 미르심은 발굴 결과 BC 23~21세기에 처음으로 주민이 거주했던 것으로 드러났다. 그리고 중기 청동기시대 1기에는 인구 밀도가 낮은 한적한 지역에 자리하고 있었는데 이때 아브라함이 이 지역에 들어왔을 가능성이 있다. 특히 BC 13세기 말 이스라엘의 가나안 점령 때 이 땅을 정복한 것으로 추정되며, 당시 재가 90센티미터 쌓였던 것으로 보아 무서운 재난이 있었던 것으로 보인다. 재난 직후 이스라엘이 재건했지만 BC 12세기에는 블레셋의 영향권에 들어갔다.

유다와 시므온 두 지파의 연합으로 정복한 땅, 그들에게 이 땅은 생명과 같은 곳이었다. 천국은 침노하는 자의 것이라는 말씀처럼 우리는 무엇을 위해 생명을 건 싸움을 할 것인가? 영원한 생명을 위해서라면 어차피 죽어야 할 생명을 기꺼이 주를 위해 바칠 수 있지 않겠는가!

이스라엘 자손이 여호와의 목전에 악을 행하여 바알들을 섬기며 애굽 땅에서 그들을 인도하여 내신 그들의 조상들의 하나님 여호와를 버리고 다른 신들 곧 그들의 주위에 있는 백성의 신들을 따라 그들에게 절하여 여호와를 진노하시게 하였으되 사사기 2:11~12

광야의 때를 잊지 마라

_하롯 샘

하롯 샘 _ 이스라엘 국립공원

"가나안 족속을 멸하고 그 땅을 차지한 이스라엘은 한 민족으로 안정된 정착 생활 속에서 부요함을 누렸다. 그러나 여호수아 세대가 다 죽은 후 그 후손은 가나안 땅을 허락해 주신 하나님을 배신하고 오히려 그 땅의 백성이 섬기던 신들을 섬겼다. 그러자 하나님은 그때마다 징계를 내리셨고 이스라엘은 돌이켜 하나님을 다시 찾았다. 이에 하나님은 사사를 세워 이스라엘을 구원하셨다. 그러나 사사들이 죽은 후 이스라엘 백성은 다시 부패해 하나님으로부터 돌아서기를 계속해서 반복했다 사사기 1~21장."

광야를 떠나 가나안에서 정착생활을 하게 된 이스라엘 백성은 가나안 정복 세대가 지나자마자 하나님을 잊어버리고 오히려 바알과 아세라를 섬겼다. 40년의 광야생활 동안 오직 하나님이 주시는 만나를 먹으며 살다 이제 자신들의 힘으로 얻은 양식으로 살아가게 되니 더 이상 하나님을 의지하지 않게 된 것이다. 이러한 풍요로운 생활은 마침내 하나님의 크신 이적과 광야에서 베푸신 권능을 잊어버리게 했다.

이에 하나님은 이들을 깨우치기 위해 주변 나라로 하여금 이스라엘을 괴롭게 했다. 그러자 고통 가운데 있게 된 이스라엘은 다시 하나님을 찾았고 그때마다 하나님은 사사를 세워 이스라엘을 고통 속에서 건져내셨다. 그러나 평안이 찾아오면 그들은 다시 하나님으로부터 돌아서서 이방 신을 섬겼다. 이렇게 반복하기를 250여 년, 그 사이에 옷니엘을 시작으로 에훗, 삼갈, 드보라, 기드온, 돌라, 야일, 입다, 입산, 엘론, 압돈, 삼손 그리고 사무엘까지 사사가 이스라엘을 구했다.

이들 사사 중 기드온이 300명 군사를 선택한 하롯 샘을 찾아갔다. 당시 이스라엘 백성은 드보라 사사 이후 다시 하나님 앞에 악을 행해 7년 동안 미디안에 의해 고통받고 있었다. 하나님은 이스라엘을 징계하기 위해 미디안으로 하여금 이스라엘을 치게 하셨고 이스라엘 백성은 미디안을 피해 산으로 도망쳐 웅덩이와 굴과 산성을 만들어 지냈다. 그러나 그들이 파종한 곡식은 추수 때 모두 탈취당했으며 짐승 역시 하나도 남지 않았고 극도로 궁핍한 처지가 되었다. 그

바위를 파서 만든 포도즙 틀 _ 이스라엘

제야 이스라엘 백성은 다시 하나님을 향해 부르짖었고 하나님은 그런 이스라엘을 구원하시기 위해 또다시 기드온을 찾으셨다.

그때 기드온은 오브라에서 포도즙 틀에 밀을 타작하고 있었다. 일반적으로 밀은 넓은 마당이나 뜰에서 타작하지만 포도즙 틀에서 타작하면 아주 소량만 얻게 된다. 따라서 기드온이 미디안 족속 몰래 포도즙 틀에서 밀을 타작하고 있었다는 것은 미디안의 압제와 약탈이 얼마나 심했는가를 보여 준다. 더구나 '타작하다'라는 히브리어 '하바트'는 막대기로 치는 것을 의미하기 때문에 소출 역시 적었음을 알 수 있다. 이는 약탈로 인해 이스라엘 백성의 생활이 매우 궁핍했음을 보여 준다.

오늘날 기드온이 살던 오브라는 이스르엘 평야가 있는 아푸라이다. 비교적 큰 도시이지만 《성경》과 관련된 특별한 유적이 없어 성지 순례 시 그냥 지나치곤 한다. 그러나 《성경》에서는 기드온이 오브라에서 밀을 타작하다가 소명을 받은 후 제단을 쌓은 곳이다.

사사로 부름받은 기드온은 자기를 따르는 3만 2,000명의 백성과 함께 하롯 샘 곁에 진을 쳤다. 이때 미디안은 기드온 군사를 치기 위해 모레 산 앞 골짜기에 진을 치고 있었다. 하나님은 기드온을 따르는 백성이 많아 두려워 떠는 자를 돌려보내도록 하셨다. 이에 돌아간 군사가 2만 2,000명이었고 1만 명이 남았다. 그러나 그 수도 많아 정예 군사를 뽑기 위해 하롯 샘가로 가서 물을 마시는 모습으로 미디안과 싸울 군사를 선택하셨다. 곧 개가 핥는 것같이 혀로 물을 핥는 자와 무릎을 꿇고 마시는 자는 집으로 돌려보내고 손으로 움켜 입에 대고 핥는 자 300명을 선택해 미디안과 싸우도록 하셨다.

당시 미디안 군사가 얼마나 많았는지 《성경》은 이렇게 말하고 있다.

> 미디안과 아말렉과 동방의 모든 사람들이 골짜기에 누웠는데 메뚜기의 많은 수와 같고 그들의 낙타의 수가 많아 해변의 모래가 많음 같은지라
>
> 사사기 7:12

이렇게 많은 미디안 군대에 맞서 300명으로 싸우게 하신 이유는 무엇인가? 그것은 이스라엘이 자기의 힘으로 미디안을 물리쳤다고 자랑하지 못하게 하기 위해서이다.

> 여호와께서 기드온에게 이르시되 너를 따르는 백성이 너무 많은즉 내가 그들의 손에 미디안 사람을 넘겨 주지 아니하리니 이는 이스라엘이

나를 거슬러 스스로 자랑하기를 내 손이 나를 구원하였다 할까 함이니라 사사기 7:2

마침내 싸움이 시작되고 이스라엘은 기습 공격을 알리는 나팔을 불며 항아리를 깨뜨려 그 속에 있던 횃불을 들고 외쳤다. 이에 하나님은 미디안 온 진영에서 자기들끼리 서로 칼로 치도록 하셨다. 결국 미디안은 이스라엘에 패해 오늘날 요르단 지역에 있는 아벨므홀라까지 도망했다. 하나님은 하롯 샘에서 선택한 300명의 적은 군사로 해변의 모래 같고 메뚜기 떼와 같은 미디안을 이기게 하셨다.

하롯 샘은 이스라엘 국립공원 안에 있다. 벧 산이나 아푸라에서 이스르엘 평야를 따라 난 71번 도로를 타고 가다 보면 국립공원 안내판을 볼 수 있다. 공원은 길보아 산 아래에 자리하고 있는데 산 아래 바위에서 샘물이 솟아나와 공원 안으로 흐르고 있어 그곳이 하롯 샘인 것을 쉽게 확인할 수 있다.

현장에 도착해서 보니 바위굴에서는 생각보다 많은 양의 물이 흘러나오고 있었다. 이곳은 단체 순례팀으로는 꼭 한 번 답사했는데 참가한 모든 순례객이 흐르는 물에 발을 담그고 기드온의 300명의 용사처럼 손에 물을 받아 마시며 우리도 선택받은 용사가 되기를 기도했다.

하나님은 구원은 인간의 힘으로 얻을 수 있는 것이 아니라 오직 하나님 자신에게 있음을 하롯 샘에서 보여 주셨다. 기드온의 300명의 용사는 하나님의 구원 역사에 단지 하나의 방편이 되었을 뿐이다. 그러나 그 무리에 들어가는 것이 얼마나 큰 축복인가? 과연 누가 그

기드온이 300명의 군사를 선발한 하롯 샘 _ 이스라엘

무리에 들 수 있는가?

두려워 떠는 자는 하나님의 구원 역사에 들어갈 수 없다. 전쟁은 목숨을 건 싸움이다. 자기 목숨을 아끼는 자는 결코 싸움에서 이길 수 없다. 하나님은 3만 2,000명의 기드온 군사 중 두려워 떠는 자를 집으로 돌려보내셨다. 그들은 처음에 용기를 가지고 나왔으나 막상 전쟁을 앞두고는 두려움에 휩싸였다.

우리는 다짐할 때와 그 다짐을 실천할 때가 다른 경우를 종종 본다. 세상의 박해를 무서워하는 자는 믿음의 싸움에서 이길 수 없다. 세상의 환난을 두려워하는 자는 영적 싸움에서 승리할 수 없다. 그래서 모세의 죽음 이후 가나안 정복을 앞둔 여호수아에게 하나님이 첫 번째로 하신 말씀이 바로 강하고 담대하라였다.

또 하나는 위급한 상황에서도 자기보다 전체를 위하는 사람이 하나님의 구원 역사에 들 수 있다. 물을 개같이 핥아 마신 자는 적군이 공격해 오는지 살피지 않고 자신의 목마름만 먼저 생각하는 사람이었다. 그러나 아무리 목마르더라도 적군이 있는지 먼저 살핀 다음 손으로 물을 떠서 마신 자는 이스라엘을 미디안으로부터 구원하신 하나님 역사에 동참할 수 있었다.

예수님은 먼저 자신의 생명을 내어 주심으로써 우리를 사망에서 건져 주셨다. "주를 위해 죽고자 하는 자는 살 것이요, 세상을 위해 살고자 하는 자는 죽을 것이다", 이것이 하롯 샘에서 하나님으로부터 받은 말씀이었다.

사사들이 치리하던 때에 그 땅에 흉년이 드니라 유다 베들레헴에 한 사람이 그의 아내와 두 아들을 데리고 모압 지방에 가서 거류하였는데 룻기 1:1

나오미가 베들레헴을 떠나 이주해 살던 모압 _ 요르단

믿음의 자리를 지켜야

_나오미의 들판

"사사시대에 베들레헴에 살던 엘리멜렉과 그 아내 나오미는 두 아들과 함께 가뭄을 피해 고향을 떠나 모압 땅에 가서 살았다. 그러나 그곳에서 엘리멜렉은 일찍 죽고 10년 후에는 그 지역 여자와 결혼한 두 아들도 죽었다.

이에 나오미는 두 며느리에게 고향으로 돌아가라고 했으나 룻은 끝까지 남아 나오미와 함께 베들레헴으로 돌아왔다. 베들레헴으로 온 룻은 이삭을 주우며 시어머니를 섬기다 보아스를 만나 재혼해 훗날 예수 그리스도의 조상이 되었다룻기 1~4장."

아직 왕이 없던 사사시대에 이스라엘 땅에 큰 가뭄이 들었다. 베들레헴에 살던 엘리멜렉 가족은 가뭄으로 생활이 어렵게 되자 모압 땅으로 이주했다.

당시 가나안에 가뭄이 들면 보통 이집트로 가거나 가뭄이 덜 심한 블레셋으로 내려갔다. 그런데 엘리멜렉은 유일하게 요르단 동쪽에 있는 모압 지역으로 이주했다. 모압은 사해 가운데로 흐르는 아르논 강을 기준으로 남쪽에 자리하고 있고 북쪽은 르우벤 지파와 암몬이 거주하고 있었다. 따라서 엘리멜렉이 베들레헴에서 가까운 아르논 북쪽으로 가지 않고 더 남쪽인 모압으로 간 데는 북쪽에 이미 르우벤 지파가 차지하고 있었기 때문으로 보인다.

또 하나 지리적으로 살펴보면 팔레스타인 지역은 서쪽 지중해에서 불어오는 습한 바람이 예루살렘 800미터 고지의 중앙 산맥을 넘지 못하고 비를 뿌린 후에 건조한 바람이 되어 동쪽으로 분다. 그래서 예루살렘을 넘어가면 바로 유대 광야가 펼쳐진다. 그런데 공기 중 습한 바람이 비를 뿌리지 않고 중앙 산악 지대를 넘을 경우 바다보다 400미터 낮은 곳에 위치한 사해의 습한 공기와 합해져 1,000미터에 이르는 요르단 고원 지대를 넘지 못할 때 이곳에 비를 내리게 된다.

곧 중앙 산악 지대는 넘었지만 평균 200미터 더 높은 요르단 고원 지대는 넘지 못하는 바람이 생길 경우 가나안 땅은 가뭄이 들지만 요르단 고원 지대에 있는 모압과 암몬 지역은 비가 내리게 된다. 엘리멜렉이 모압으로 이주한 것도 모압 땅에 비가 내려 곡식이 풍부하다는 소식을 들었기 때문으로 본다. 실제로 왕의 대로는 이곳 고원 지대의 비옥한 땅을 따라 형성되었다.

성지 순례 시 요르단 남쪽의 아카바에서 페트라를 순례한 후 대부분은 동쪽으로 난 사막길 15번 도로를 이용해 요르단 수도 암만으로 온다. 그러나 왕의 대로가 있는 중앙의 요르단 고원 지대를 따라 35번 도로를 올라가면 아르논 골짜기 근처에 있는 나오미의 들판을 지나게 된다. 특별한 유적이 있는 것은 아니지만 나오미가 모압으로 이주해 온 후 보리농사를 지었다는 나오미 들판의 분위기를 느낄 수 있다. 그러나 이곳은 비가 조금만 내려도 대형 버스는 가기 어려울 정도로 길이 험하고 경사도 심해 겨울 순례 때는 비가 내리면 갈 수가 없다.

그러나 왕의 대로를 따라 암만으로 가는 길은 험하긴 해도 출애굽 경로를 느낄 수 있고 나오미의 들판도 볼 수 있어 순례 시 이 코스를 추천한다. 뿐만 아니라 《성경》에 자주 언급되는 모압과 암몬의 경계를 지었던 아르논 골짜기를 지나기 때문에 왜 이 골짜기가 두 나라의 자연 경계가 되었는지 눈으로 확인할 수도 있다. 오늘날 아르논 골짜기에는 댐이 건설되어 있어 전망대에서 골짜기를 바라보는 정경도 일품이다.

나오미의 들판을 지나오며 한 가지 궁금한 것이 생겼다. 가뭄을 피해 먼 이국땅까지 온 나오미에게 남편에 이어 결혼까지 한 두 아들마저 죽는 불행이 왜 찾아왔을까?

가나안은 하나님이 아브라함과 그 후손에게 약속으로 주신 땅이다. 그러므로 어떤 어려움이 있다 해도 더욱 하나님을 의지하며 약속의 땅을 떠나서는 안 된다. 그런데 아브라함은 기근이 들자 가나안을

오늘날 이스라엘의 곡식단

떠나 이집트로 내려갔다가 아내를 빼앗길 뻔한 위험에 처했고, 야곱과 그의 가족 70명 역시 가뭄을 피해 이집트로 내려갔다가 가뭄이 끝났음에도 약속의 땅으로 돌아오지 않고 이집트의 편안함과 부유함에 빠져 결국 노예와 같은 처지로 살았다.

하나님의 자녀는 하나님이 주신 약속의 땅을 벗어나서는 안 된다. 오늘 하나님을 믿는 우리 역시 하나님이 주신 믿음의 터전, 신앙의 테두리를 벗어나 세상이 좋다고 세상으로 나가서는 안 된다. 믿음의 자리에 어렵고 환난이 있다 해도 하나님이 함께하심을 믿고 끝까지 그 자리를 지키면 마침내 하나님의 축복과 은혜를 누릴 수 있다.

그러나 엘리멜렉과 나오미는 약속의 땅을 떠나 이방 땅 모압으로 이주함으로써 큰 불행을 당하게 되었다. 모압 땅에 거주한 지 10년째, 그의 두 아들이 죽은 후 나오미는 하나님이 자기 백성을 돌아보시고 그들에게 곡식을 주셨다는 소식을 들었다. 그가 떠나온 지 10년 만에 하나님은 약속의 땅에 비를 뿌리고 양식을 주신 것이다. 이제

나오미는 고향으로 돌아갈 준비를 하고 남편을 잃은 두 며느리에게도 각자 집으로 돌아가도록 권면했다. 그러나 룻은 끝까지 시어머니를 따라 이스라엘 땅 베들레헴으로 돌아왔다.

훗날 룻은 비록 이방 여인이지만 하나님이 축복하신 가나안 땅으로 들어옴으로써 이스라엘이 받는 축복의 대열에 들게 되었다. 보아스의 보리밭에서 보아스를 만나 재혼하고 그를 통해 오벳을 낳았으며 다윗의 증조모가 되었다. 뿐만 아니라 그 후손에서 예수 그리스도가 탄생하는 복된 여인이 되었다.

> 여인들이 나오미에게 이르되 찬송할지로다 오늘 네게 기업 무를 자가 없게 하지 아니하셨도다 이 아이의 이름이 이스라엘 중에 유명하게 되기를 원하노라 이는 네 생명의 회복자이며 네 노년의 봉양자라 곧 너를 사랑하며 일곱 아들보다 귀한 네 며느리가 낳은 자로다 하니라 룻기 4:14~15

비록 약속의 땅, 신앙의 테두리를 벗어났어도 다시 믿음의 자리로 돌아오면 하나님은 '왜 나를 떠났느냐?'라고 책망하는 대신 '나의 아들아 잘 돌아왔다' 하시며 하나님의 자녀로 회복시키신다.

이러한 하나님의 사랑은 탕자의 비유에서도 알 수 있다. 모든 재산을 창기와 함께 날려 버린 둘째 아들이 거지 신세가 되어 집으로 돌아왔지만 아버지는 멀리서도 아들을 알아보고 달려가 그를 껴안으며 가락지를 끼우고 새 옷을 입히고 잔치를 베풀어 아들의 지위를 회복시켰다. 이렇듯 탕자와 같은 우리를 여전히 사랑하시고 자녀로 회복시키는 분이 바로 우리 하나님이시다.

수레가 벧세메스 사람 여호수아의 밭 큰 돌 있는 곳에 이르러 선지라 무리가 수레의 나무를 패고 그 암소들을 번제물로 여호와께 드리고 사무엘상 6:14

자신을 드리는 제사

_법궤의 이동로

법궤가 머물렀던 텔 아스돗 _ 이스라엘

사사시대 말기 한나의 기도 속에 태어난 사무엘은 실로에 있는 엘리 대제사장 밑에서 자랐다. 어릴 때 하나님의 부르심을 받은 사무엘은 장성한 후 그가 하는 말로 인해 모든 사람이 하나님의 선지자로 세움받은 줄 알았다.

당시 이스라엘은 블레셋과 계속되는 싸움에서 패하며 언약궤마저도 빼앗기고 말았다. 빼앗긴 언약궤는 블레셋 아스돗으로 옮겨졌고 그 언약궤로 인해 다곤 신상이 부러지는 일이 벌어지자 언약궤는 아스돗에서 가드로, 에그론으로, 벧세메스로 옮겨진 후 마침내 이스라엘 기럇여아림으로 되돌아왔다. 그리고 20년 동안 그곳에 있다가 다윗 때 예루살렘으로 옮겨졌다 사무엘상 1:1~7:2.

사무엘이 선지자로 부름받았을 당시 이스라엘은 블레셋과 싸움에서 계속 패배하다 마침내 언약궤를 가지고 싸움터에 나갔다. 그때 이스라엘은 에벤에셀에 진을 치고 있었고 블레셋은 아벡에 주둔하고 있었다. 이스라엘이 언약궤를 가지고 싸움터로 나갈 만큼 당시 블레셋과의 싸움은 심각했다.

그런데 이스라엘은 왜 언약궤를 가지고 싸움터로 갔을까? 한마디로 하나님에 대한 미신적인 신앙 때문이었다. 전쟁은 하나님에게 속한 것이다. 이스라엘이 전쟁에서 계속 패한 것은 근본적으로 그들이 하나님을 떠났기 때문이지만 그들은 그것을 알지 못했다. 일찍이 하나님은 이스라엘 백성이 가나안으로 들어오기 전 모세와 여호수아를 통해 이방 족속을 가까이해 그들의 풍습을 따르면 그 땅에서 멸망할 것이라고 경고하셨다(여호수아 23:12~13).

에벤에셀로 온 법궤, 그것은 하나님을 향한 이스라엘의 미신적 신앙의 표본이었다. 그들은 법궤를 앞세우고 나아갈 때 요르단 강물이 갈라지고 여리고 성이 무너진 것을 보고 법궤에 큰 힘이 있다고 생각해 싸움터에도 가지고 나갔으나 에벤에셀에서의 법궤는 하나의 상자에 불과했다. 그들은 법궤에 능력이 있는 것이 아니라 법궤를 통해 역사하시는 하나님에게 능력이 있음을 알지 못했다.

결국 이스라엘의 패배로 블레셋에 빼앗긴 법궤는 아스돗으로 옮겨졌다. 더욱이 법궤가 안치된 곳은 블레셋이 숭배하는 다곤 신상 앞이었다. 이것은 하나님으로서는 참을 수 없는 일이었다. 이튿날 다곤 신상은 여호와의 궤 앞에 엎드려졌고 그다음 날에는 머리와 두 손목이 부러져 몸통만 남았다. 이뿐만 아니었다. 법궤로 인해 아스돗 사람들에게 독한 종기가 생겨났다.

에벤에셀에서 아무런 힘이 없었던 법궤는 아스돗에서는 블레셋에 재앙을 불러오는 원인이 되었다. 하나님은 미신적인 신이 아니다. 모든 신 중의 신이며 유일하신 하나님이다. 그러므로 하나님의 역사는 자신의 욕심과 생각에서가 아니라 오직 하나님만 믿고 말씀대로 사는 삶을 통해 일어난다.

신약(사도행전 8:40)에서 아소도Azotus로 불린 아스돗은 지중해 해안에서 4킬로미터쯤 떨어진 현재의 텔 아스돗T. Ashdod을 가리킨다. 가사와 욥바의 중간쯤으로 아스글론 북쪽 16킬로미터, 텔아비브에서 남쪽으로 해안선을 따라 약 42킬로미터 지점에 위치해 있다.

성서시대에 블레셋 지역에 속했던 아스돗은 오늘날 팔레스타인 자치 지구 중 하나인 가자지구 북쪽과 인접한 이스라엘 도시이다. 지중해변으로 난 4번 도로를 따라 남쪽으로 내려가다 아스돗 남쪽 분기점에서 빠져나간 다음 4번 도로를 타고 3킬로미터 더 내려가면 길 끝에 왼쪽으로 작은 둔덕이 있는데 그곳이 텔 아스돗이다. 지금은 사유지이기 때문에 주인의 허락을 받고 들어가야 한다.

법궤

둔덕에는 별다른 유적 없이 소를 방목하고 있어 처음 가는 사람은 찾기가 쉽지 않다. 여기서 다시 북쪽으로 9킬로미터 가면 해안가 성벽과 옛 유적이

해안가에 있는 아스돗 _ 이스라엘

상당히 남아 있다. 아스돗은 1948년 이스라엘이 독립할 때까지 제법 큰 촌락을 이루고 있었지만 독립 후에는 아랍인 상당수가 떠나고 지금은 많은 공장이 들어서 있다.

아스돗에 내린 재앙으로 그곳 사람들은 모든 방백을 모아 놓고 법궤를 어떻게 처리할 것인지 상의했다. 그들은 한결같이 이스라엘 신의 궤를 가드로 옮겨갈 것을 주장했고 법궤는 가드로 옮겨졌다.

그러나 가드에서도 작은 자나 큰 자나 할 것 없이 독한 종기가 발생하자 법궤를 다시 에그론으로 보냈다. 이곳에서도 역시 재앙을 본 에그론 사람들은 "그들이 이스라엘 신의 궤를 우리에게 보내 우리와 백성을 죽이려 한다"라고 부르짖었다. 그리고 블레셋의 모든 방백을 모아 놓고 법궤가 본래 있었던 이스라엘로 보낼 방법을 강구했다.

법궤가 옮겨진 가드와 에그론은 성서시대에는 블레셋 지역이었으나 오늘날에는 가자지구에 속해 있지 않아 두 곳 모두 답사가 가능하다. 그러나 외진 곳에 위치해 있고 비포장도로가 있어 찾아가는 데 약간 어려움은 있다. 특히 에그론은 비포장도로가 많아 승용차로 답사하는 것은 어렵고 지프를 이용하는 것이 좋다.

에그론은 지중해 동쪽 약 15킬로미터, 예루살렘 남서쪽 35킬로미터 지점의 소렉 골짜기가 시작되는 곳에 위치한 지역으로 블레셋의 다섯 도시 연맹체 중 최북단에 자리하고 있다. 오늘날 이곳은 아키르Aqir에서 남쪽으로 5킬로미터 떨어진 카트라Qatra로 이스라엘 지도에는 텔 미크네T. Mikne 또는 텔 에크론T. Ekron으로 표기되어 있다. 이곳은 언덕 북서쪽 넓은 땅에 비잔틴시대의 유적이 남아 있다는 점에서 에그론으로 추정하고 있다.

지도에 표기된 대로 예루살렘에서 텔아비브로 이어지는 1번 도로를 따라가다 라트룬 엠마오 분기점에서 3번 도로로 빠져 남서쪽으로 내려갔다. 현재 이스라엘 지도에는 에그론까지 비포장길이 표시되어 있으나 처음 이곳을 찾아간 2007년에는 비포장도로가 표시되어 있지 않았다. 그래서 지도로 찾아갈 수 있는 르바딤Revadim이란 작은 마을에서 일단 동쪽으로 향했는데 특별한 표지판도 없어 비포장 농토 길을 따라 방향감각에 의지해 찾아갈 수밖에 없었다.

현장에 도착해 보니 에그론은 작은 둔덕 형태로 남아 있었으며 우기가 지나서인지 온통 가시덤불과 마른 잡초로 뒤덮여 있었다. 그래도 잡풀 속에는 감람유를 짜던 곳이라는 표지판이 세워져 있었다. 이미 발굴된 유적은 르바딤 마을에 있는 에그론 역사박물관에 소장되어 있고 현장에는 아무런 유적도 남아 있지 않았다. 이곳이 에그론임을 보여 주는 유일한 단서, 감람유 짜던 곳이라는 표지판을 배경으로 사진을 찍으며 이곳에서 일어난 법궤 사건을 떠올렸다.

잡풀 속에 가려진 에그론 표지판

이스라엘이 에벤에셀에서 빼앗긴 법궤는 아스돗으로, 다시 가드로 옮겨진 후 그곳에 내린 재앙 때문에 또다시 에그론으로 왔다. 법궤가 가는 곳마다 하나님이 재앙을 내리셨고 에그론 사람들은 법궤가 자기 지역으로 오자 심히 두려워했다.

이스라엘 백성이 싸움터로 가지고 나갔을 때는 아무런 힘이 없던 법궤가 이방 땅 블레셋 지역에서는 큰 재앙으로 나타났다. 그 재앙이 얼마나 컸던지 《성경》은 이렇게 기록하고 있다.

> 죽지 아니한 사람들은 독한 종기로 치심을 당해 성읍의 부르짖음이 하늘에 사무쳤더라 사무엘상 5:12

하나님의 능력은 법궤에 있는 것이 아니라 하나님 자신에게 있는 것이다. 그 하나님의 능력을 나의 능력으로 삼는 자는 누구인가? 그것은 보이는 법궤를 믿는 자가 아니라 그 법궤 위에 계신 하나님을 믿는 자이다.

법궤로 인해 독한 종기가 발생하자 에그론 사람들의 고통소리가 하늘에 달했다. 이에 블레셋 방백을 모아 법궤를 다시 돌려보낼 방법을 강구했고, 마침내 법궤가 블레셋 지역에 머문 지 7개월 만에 블레셋은 그 방법을 찾았다. 새 수레를 하나 만들어 멍에를 메어 보지 않은 젖 나는 소 두 마리로 법궤를 실은 수레를 끌게 하되 새끼는 집에 두는 것이다. 그래서 소가 새끼를 생각하지 않고 울거나 좌우로 치우치지 않은 채 수레를 끌고 그 본길로 올라가 벧세메스까지 가면 이 재앙은 이스라엘 신이 내린 것이며 그렇지 않으면 우연히 당한 것으로 보겠다는 방안이었다.

이에 블레셋 사람은 이스라엘 신에게 속건제로 드릴 금으로 만든 물건과 함께 법궤를 새 수레에 실어 두 암소에게 끌게 한 후 벧세메스까지 따라가 보았다. 소는 울거나 좌우로 치우치지 않고 벧세메스로 곧장 향했다.

에그론에서 벧세메스까지는 직선거리로 11킬로미터, 옛길로는 15킬로미터에 이른다. 이 길을 젖도 떼지 않은 새끼를 우리에 두고도 벗어남 없이 곧장 벧세메스로 향했다는 것은 결코 우연이 아니다. 짐승도 자기 새끼를 생각하는 것은 본능이다. 그러나 하나님은 짐승의 본능까지도 그분의 섭리를 위해 절제시키신다. 이것은 분명 하나님이 하신 일임을 블레셋 사람에게 분명하게 보여 주신 것이다.

그 역사의 현장을 찾아 에그론 농토 길을 따라 계속 벧세메스가

나무로 만든 옛날 수레

있는 동쪽으로 갔다. 이곳은 넓게 펼쳐진 농로이어서 두 암소가 수레를 끌고 가는 동안 새끼가 있는 우리를 보고 새끼의 울음을 들을 수 있었을 것이다.

운전대를 잡은 내게도 벧세메스로 가는 두 암소와 같은 마음이 깊이 다가왔다. 두 암소가 자기 새끼의 울음소리까지 극복하며 법궤를 끌고 갔던 것처럼, 제자들이 세상의 모든 것을 버리고 예수님을 따랐던 것처럼, 선교사가 자기 가정을 희생시키면서까지 선교의 길을 가는 것처럼 성지에서 하나님으로부터 받은 말씀을 전할 수 있다면, 그래서 많은 사람이 변화된 삶을 살 수 있다면 나도 기꺼이 벧세메스로 가는 암소가 되겠다고 다짐해 본다.

마침내 에그론에서 법궤를 끌고 온 두 암소는 벧세메스에 도착했다. 새끼를 집에 두고도 발버둥치지 않고 무사히 자기 사명을 다하였다. 그러나 《성경》에 보면 그것으로 끝이 아니었다. 이제 두 암소는 벧세메스에서 번제물로 드려지기까지 했다.

수레가 벧세메스 사람 여호수아의 밭 큰 돌 있는 곳에 이르러 선지라 무리가 수레의 나무를 패고 그 암소들을 번제물로 여호와께 드리고 사무엘상 6:14

성지 순례 때 이곳을 방문하면 팀원들과 함께 말씀을 읽고 은혜를 나눈다. 에그론에서 벧세메스로 법궤를 끌고 온 암소는 자신의 몸까지도 번제물로 태워 하나님에게 드렸다. 이처럼 우리도 우리 자신을 드리는 산 제자로 하나님에게 예배해야 한다.

법궤를 옮겨간 벧세메스

하나님은 제사장 직분을 위해 세상의 기업을 얻지 못한 레위 자손에게 하나님 자신이 기업이 되어 주셨다. 예수님은 우리를 위해 자신을 내어 주셨다. 엘리사는 생업을 위해 밭을 갈던 그 쟁기를 쪼개 화목으로 삼고 밭을 갈던 소를 잡아 하나님에게 번제로 드린 후 엘리야를 따랐다.

어릴 때부터 약하게 살아온 탓에 지금까지도 기도 중에 "나의 건강을 주께 드립니다" 하는 기도를 한다. 하지만 우리 전 재산을 하나님에게 드리는 것보다, 건강을 드리는 것보다, 우리가 가진 지위나 명예, 능력, 재능의 모든 것을 드리는 것보다 우리 자신을 드리는 것이 더 중요하다. 재물이나 건강은 부분적이다. 하나님은 전부를 드리는 것을 기뻐하신다. 바로 나 자신을 드리는 것이다.

사무엘이 돌을 취하여 미스바와 센 사이에 세워 이르되 여호와께서 여기까지 우리를 도우셨다 하고 그 이름을 에벤에셀이라 하니라 사무엘상 7:12

블레셋을 이긴 기념으로 쌓았던 돌무더기 흔적 _ 이스라엘 에벤에셀

여기까지 도우신 하나님

_에벤에셀

"사사시대 말기 사무엘이 이스라엘의 지도자로 활동할 당시만 해도 이스라엘은 블레셋에 의해 여전히 괴롭힘을 당하고 있었다. 이에 사무엘은 백성을 미스바로 모이게 한 후 금식하며 회개 집회를 인도했다.
그러나 이를 계기로 블레셋이 침공하자 하나님은 우레를 발하게 해 블레셋 진영을 어지럽게 하셨다. 이스라엘은 블레셋을 쳐서 승리한 후 미스바와 센 사이에 돌을 쌓고 그곳을 에벤에셀이라 불렀다. 그리고 사무엘은 해마다 전국을 순례하며 이스라엘을 다스렸다사무엘상 7:3~17."

범죄, 징계, 회개, 사사를 통한 회복이 반복해서 일어나는 가운데 이스라엘은 여전히 블레셋에 의해 괴롭힘을 당하고 있었다. 실질적으로 이스라엘의 마지막 사사이자 선지자인 사무엘은 그 근본 원인이 여호와를 버리고 이방 신을 섬긴 데 있다는 것을 알고 이스라엘 백성을 미스바로 모이게 한 후 온종일 금식하며 회개 집회를 이끌었다.

한편 이스라엘이 미스바에 모여 있다는 것을 안 블레셋은 그 틈을 노리고 이스라엘을 치기 위해 올라왔다. 이스라엘 백성은 두려워 떨었고 사무엘은 백성의 간청에 따라 어린양 한 마리를 가져다가 번제를 드리고 이스라엘을 위해 간구했다. 이에 하나님은 블레셋 진영에 우레를 발해 혼란스럽게 하셨고 블레셋은 이스라엘 앞에서 패해 도망갔다.

이스라엘은 그들을 추격해 벧갈 아래까지 쫓아가 블레셋을 물리쳤다. 사무엘은 이 승리를 기념하기 위해 미스바와 센 사이에 돌을 세우고 그곳을 에벤에셀이라 불렀는데 "하나님이 여기까지 도우셨다"라는 뜻이다.

구약에서는 미스바라는 지명이 각기 다르게 다섯 곳에 나타난다(창세기 31:49, 여호수아 11:3, 사사기 10:17, 사사기 20:1, 예레미야 40:6). 그중 사무엘이 회개 집회를 가진 미스바의 위치도 여러 곳이 제기되고 있다. 그 한 곳이 예루살렘 북쪽으로 7.5킬로미터 지점, 사무엘 무덤이 있는 오늘날 네비 삼윌이다. 다음으로 언급되는 곳이 텔 엔 나스베 T. en-Nasbeh의 둔덕인데 이곳은 소위 족장 길을 따라 생긴 예루살렘 북쪽 12.8킬로미터 지점, 오늘날 라말라Ramalla 남쪽 외곽에 자리하고 있으며 구약에서 대로Great road가 지나는 간선도로에 있다. 이곳을 중심으로 남서쪽으로는 기브온, 북동쪽으로는 벧엘이 있으며 사면이 가파른 내리막길로 형성되어 있다.

미스바로 추정하는 나비 삼윌, 사무엘 무덤 위에 교회가 세워져 있다.

사무엘 무덤이 있는 미스바(네비 삼윌)는 예루살렘에서 436번 도로를 타고 서쪽으로 가다가 예루살렘을 벗어나 체크포인트를 지나면 바로 오른쪽으로 사무엘 무덤 표지판이 보인다. 언덕을 올라가면 앞으로는 마구간 터와 하스모니안 때의 성터 등 유적지가 남아 있고 그 뒤로 사무엘 무덤 위에 세워진 교회가 보인다. 교회 북쪽으로는 골짜기 너머로 기브온을 볼 수 있다.

텔 엔 나스베는 네비 삼윌에서 직선거리로 6킬로미터밖에 되지 않지만 이곳을 가려면 예루살렘을 거쳐 다시 북쪽으로 난 60번 도로를 타고 가야 한다. 에 람E-Ram 체크포인트를 지나 《성경》의 족장 길을 따라가면 라말라 외곽 왼쪽으로 언덕에 위치해 있다. 그러나 특별한 유적이 남아 있지 않고 처음 이곳을 답사했던 2000년만 해도 언덕에 집이 여러 채 있어서 그 위치를 찾기가 쉽지 않았다.

미스바는 사무엘이 백성을 다스린 곳이며, 사울은 이곳에서 왕

예루살렘 북쪽의 텔 엔 나스베, 이곳 역시 미스바로 추정된다.

위에 올라 백성을 다스렸다. 미스바는 기도와 예배의 장소로 신령한 성소이며, 군사적으로나 정치적으로 중요한 요지였다. 이곳은 예루살렘 함락 후에도 그달리야가 방백이 되어 주둔했다(열왕기하 25:22~24).

이런 역사적인 장소 미스바를 방문해 보니 다른 어떤 사건보다도 사무엘의 회개 집회가 가장 의미 깊게 다가왔다. 이스라엘이 블레셋에 패한 이유는 군사력 문제가 아니라 신앙 문제였다. 여호와를 떠날 때는 국력이 약해지고, 여호와를 섬길 때는 국력이 약해도 승리하는 것을 《성경》의 역사적 사건을 통해 확인할 수 있다. 미스바는 바로 사무엘의 인도로 회개한 이스라엘에게 승리를 줌으로써 하나님의 능력을 보여 주신 곳이다.

이스라엘이 하나님의 도움으로 블레셋을 물리친 후 돌을 세운 에벤에셀은 오랫동안 그 위치를 찾지 못했다. 그러다 2006년 출판을 위해 이스라엘을 답사하던 중 함께했던 목사님이 히브리어로 된 이스라엘 지도를 보다가 《성경》의 에벤에셀이 표시된 곳을 찾았다.

그다음 날 일정을 바꿔 가장 먼저 에벤에셀을 찾기로 했다. 지도에 표시된 대로 지프를 타고 로스 하 아인Rosh ha-Ayin이라는 곳으로 갔다. 그러나 5번 도로에서 빠져나와 정확한 지점을 찾지 못하고 동네를 몇 번 왔다갔다하다가 에벤에셀로 보이는 한 언덕을 발견했다. 언덕을 올라가 보니 실제로 '도움의 돌'이라는 뜻처럼 에벤에셀임을 확인시켜 주는 돌 유적이 다소 남아 있었다. 옆에는 채석한 흔적도 있었다.

아직 한국 사람 중에는 에벤에셀을 찾은 이가 없다고 알고 있었기에 그 역사의 현장을 찾았다는 기쁨이 너무 컸다. 성지를 연구하는 사람으로서 《성경》 속 장소를 찾는 것은 마치 밭에 감추어진 보화를 캐내는 것과 같다.

에벤에셀은 하나님의 도움으로 이스라엘이 블레셋을 물리친 것을 기념하기 위해 돌을 세운 곳이다. 비무장 상태에서 집회를 열고 있던 이스라엘은 블레셋에게 전멸당할 수밖에 없는 처지였다. 그러나 하나님은 그런 상황에서도 우레 소리를 내어 이스라엘이 이길 수 있도록 도우셨다.

'여기까지 도우셨다'는 의미의 에벤에셀. 이는 우리가 생각하지 못한 상황에서도 하나님의 도우심의 손길은 뻗힌다는 뜻이다. 나는 끝났다고 생각하지만 하나님의 도우심은 그런 상황에서 더욱 크게 일어나는 것이다. 에벤에셀 곳곳에 흩어져 있는 돌을 바라보며 하나님의 크신 힘과 위로를 느낄 수 있었다.

여호와께서 사무엘에게 이르시되 백성이 네게 한 말을 다 들으라 이는 그들이 너를 버림이 아니요 나를 버려 자기들의 왕이 되지 못하게 함이니라 사무엘상 8:7

하나님의 뜻대로 구해야

_기브아

사울의 고향 기브아에 남아 있는 요르단 국왕 별장 _ 이스라엘

사무엘은 늙고 그의 뒤를 이을 아들들은 그 행위가 사무엘 같지 않아 자신의 이익을 위해 악행을 저질렀다. 이에 이스라엘은 하나님을 버리고 이방 나라처럼 왕을 구하게 되었다.

그런 이스라엘에게 하나님은 사무엘을 통해 사울을 첫 번째 왕으로 기름 붓게 하셨다. 그러나 40세에 왕위에 오른 사울은 길갈에서 사무엘이 오기를 기다리지 못하고 제사를 드릴 뿐만 아니라 아말렉의 진멸 명령을 어김으로써 하나님으로부터 버림받게 되었다사무엘상 8~15장.

이스라엘이 가나안을 점령할 당시 이웃 나라는 이미 왕이 있었다. 이스라엘은 그 이후에도 250여 년 동안 왕 없이 사사가 통치했다. 12지파로 형성된 이스라엘을 하나로 결집하는 원동력은 야훼에 대한 신앙이었다. 그러나 이스라엘은 하나님을 떠난 자신들의 악행으로 계속해서 주변 나라로부터 약탈과 괴롭힘을 당하자 그들과 같이 왕이 있어야 한다고 생각하게 되었다. 더욱이 영적 지도자 사무엘의 뒤를 이은 그의 아들들이 자신의 이익을 위해 뇌물을 받고 판결을 굽게 하는 악행을 저지르자 왕을 필요로 하는 이스라엘 백성의 요구는 더욱 강해졌다.

그때 베냐민 지파 기스의 아들로 기브아 출신 사울이라는 사람이 있었다. 그는 외모가 준수하고 보통 사람보다 어깨 위로 키가 더 컸다. 그는 아버지의 잃어버린 암나귀를 찾는 중에 사무엘을 만나게 됐다. 사무엘은 하나님의 명령에 따라 사울의 머리에 왕으로 기름을 부었다. 얼마 후 사무엘이 백성을 미스바로 모이게 한 후 사울을 왕으로 선택하고 백성은 왕의 만세를 부르며 응답했다. 이때 사울의 나이 사십이었다.

사울은 유다 지파 3만 명과 나머지 지파에서 30만 명의 군사를 모집해 길르앗 야베스를 암몬 사람 나하스로부터 구하는 첫 승리를 거뒀다. 이에 사무엘은 백성을 길갈로 모이게 한 후 사울 왕의 대관식을 거행했다. 드디어 기브아 사람 사울이 이스라엘 역사상 첫 번째 왕이 되었다. 그러나 그는 두 가지 큰 잘못으로 하나님 앞에 버림받았고 왕위도 오래가지 못했다.

사울이 암몬 사람으로부터 구한 길르앗 야베스 _ 요르단

첫 번째 실수는 왕위 대관식을 행하던 길갈에서 일어났다. 사울 왕 초기에 블레셋은 예루살렘 근교 게바까지 점령해 수비대를 주둔시킬 정도로 이스라엘을 압박하고 있었다. 이때 사울의 아들 요나단이 게바에 있는 블레셋 수비대를 치자 블레셋은 병거 3만과 마병 6,000명의 중무장 병력과 해변의 모래와 같이 많은 군사로 이스라엘을 공격하기 위해 게바 바로 북쪽에 있는 믹마스로 올라와 진을 쳤다.

상황이 다급해지자 이스라엘 백성은 굴과 수풀, 바위틈, 은밀한 곳으로 숨었고 일부 사람은 요르단을 건너 길르앗 땅으로 도망가기도 했다. 이때 아직 길갈에 있던 사울과 그의 군사 역시 공포감에 휩싸여 있었다.

더욱이 사무엘이 정한 기한대로 7일을 기다렸으나 사무엘은 오지 않았다. 사울은 자신을 따르던 백성이 하나둘씩 흩어지자 급한 나머지 사무엘 대신 자신이 번제와 화목제를 드리는 실수를 범했다. 제

사울 왕의 대관식을 거행했던 길갈 _ 이스라엘 여리고

사를 드리자마자 사무엘은 도착했고 사무엘은 여호와의 명령을 지키지 않은 사울의 나라가 오래가지 못할 것을 예언했다.

길갈은 오늘날 확장된 여리고 경내에 있다. 《성경》에서는 두 번 큰 사건이 일어난 곳으로 한번은 이집트를 벗어난 이스라엘이 가나안 입성 후 첫 번째로 진을 친 곳이며, 또 하나는 사울 왕의 대관식을 거행하고 번제를 드린 곳이다. 사울은 이곳에서 하나님의 명령을 어김으로써 왕위를 오래 이어가지 못했다.

블레셋이 진을 친 믹마스와 사울이 있던 길갈은 불과 20킬로미터 거리밖에 되지 않았다. 사울 입장에서는 초조할 수밖에 없었다. 그러나 사무엘이 볼 때는 그 급한 상황이 하나님의 규례를 어겨 가면서까지 번제를 드릴 만한 이유는 되지 못했다.

살다 보면 급한 상황에 처할 때가 많다. 문제는 아무리 급하다 해도 그 급한 상황이 하나님 말씀을 어기는 조건이 되지는 못한다는 점이다. 이스라엘이 홍해 바닷가에서 바로의 군대를 만났을 때도 불과 구름기둥으로 그 사이를 막아 주신 하나님이다. 하나님은 하룻길 거리에 있는 블레셋 군대를 사무엘이 길갈로 사울을 만나러 올 때까지 쳐들어오지 못하도록 막아 주셨다.

사울의 두 번째 실수는 아말렉을 진멸하라는 하나님의 명령을 어긴 것이다. 당시 아말렉은 이스라엘 남쪽에 거주하고 있었다. 하나님은 출애굽 여정 중 이스라엘을 대적한 아말렉을 쳐서 그들의 모든 소유를 진멸하라고 명령하셨다. 그러나 견물생심이라고, 아말렉을 공격해 모든 백성을 칼로 쳐 죽인 사울은 짐승 중 하찮은 것만 죽이고 좋은 것은 끌고 왔다. 후에 사무엘이 길갈에서 사울을 만나고 아말렉을 진멸하지 않은 일을 책망하자 사울은 이렇게 대답했다.

> 사울이 이르되 그것은 무리가 아말렉 사람에게서 끌어 온 것인데 백성이 당신의 하나님 여호와께 제사하려 하여 양들과 소들 중에서 가장 좋은 것을 남김이요 그 외의 것은 우리가 진멸하였나이다 하는지라 사무엘상 15:15

사울은 하나님에게 제사를 드리기 위해 짐승 중 좋은 것을 가져왔다고 했으나 그것은 핑계에 불과했다. 사울은 하나님이 무엇을 기뻐하는지 자신의 판단으로 결정하고 행동했다. 그러나 사무엘은 사울에게 이렇게 말했다.

> 사무엘이 이르되 여호와께서 번제와 다른 제사를 그의 목소리를 청종

하는 것을 좋아하심 같이 좋아하시겠나이까 순종이 제사보다 낫고 듣는 것이 숫양의 기름보다 나으니 사무엘상 15:22

우리 역시 하나님이 보시는 것보다 자신의 생각과 판단으로 신앙생활을 할 때가 많이 있다. 우리도 아는 한 이야기가 있다. 어느 동네에 효자로 소문난 아들이 있어 어떤 사람이 그 아들을 보러 찾아갔다. 그러나 아들은 자기가 어머니의 발을 씻어 주는 것이 아니라 어머니가 발을 씻어 주도록 오히려 자기 발을 어머니에게 내미는 것이었다. 밥상 앞에서도 어머니가 자기 입에 밥을 넣어 주면 받아먹기만 했다. 이 모습을 본 사람은 그 아들은 효자가 아니라 불효자식이라고 생각했다. 그러나 알고 보니 아들은 어머니가 자기 발을 씻어 주고 밥을 입에 넣어 주는 것을 기뻐해서 그랬던 것이다.

그렇다. 내가 좋아하는 방식대로 하기보다는 하나님이 원하시는 방식대로 하는 것이 하나님을 기쁘시게 하는 것이다.

하나님은 자신을 따르지 않고 명령을 어긴 사울을 왕으로 세운 것을 후회하셨고 사무엘은 근심 속에 온 밤을 하나님에게 부르짖었다. 이후 사무엘은 사울을 다시 보지 않았다. 결국 사울은 길보아 산에서 블레셋과의 전투에 나갔다가 아들 요나단과 함께 사망함으로써 비극적 최후를 맞았다.

사울의 고향 기브아는 예루살렘 북쪽 약 6킬로미터 지점의 오늘날 텔 엘 풀T. el Full로 불리는 폐허의 구릉이다. 기브아는 사울의 고향이기도 해 '사울의 기브아'라고도 부른다. 베냐민 지파 영지 안에 있었던 이곳은 유다와 에브라임 산지를 통과하는 대로변 옆 높은 언

사울의 고향 기브아, 언덕 정상에는 건설이 중단된 요르단 국왕 별장이 보인다.

덕에 위치해 있어 전망이 매우 좋다.

정상을 올라가 보면 이스라엘 독립 이전에 건설하다가 중단된 요르단 국왕의 별장이 남아 있다. 그러나 하나님에게 버림받아 아들과 함께 전쟁에서 최후를 맞은 사울의 생애를 보여 주듯 그의 고향 기브아는 오늘날 온통 쓰레기로 덮여 있다.

사진을 찍기 위해 대충 쓰레기를 치우며 사울의 삶과 이스라엘 왕국의 비극적인 역사를 되새겨 보았다. 사람이 선택한 왕 사울과 하나님이 택한 왕 다윗 사이에는 얼마나 큰 차이가 있는지 말씀을 통해 살펴볼 수 있다.

> 이제 너희가 구한 왕, 너희가 택한 왕을 보라 여호와께서 너희 위에 왕을 세우셨느니라 사무엘상 12:13

나는 그에게 아버지가 되고 그는 내게 아들이 되리니 그가(다윗) 만일 죄를 범하면 내가 사람의 매와 인생의 채찍으로 징계하려니와 내가 네 앞에서 물러나게 한 사울에게서 내 은총을 빼앗은 것처럼 그에게서 빼앗지는 아니하리라 사무엘하 7:14~15

우리가 하나님을 선택한 것이 아니라 하나님이 우리를 선택해 예수를 그리스도로 믿게 하셨다. 누가 예수를 구주로 믿을 수 있겠는가? 예수님이 베드로에게 하신 말씀처럼 이는 혈육이 아니요 하늘에 계신 하나님이다. 그래서 믿음은 선물이다.

5

주 님 가 신 그 길 을 따 라

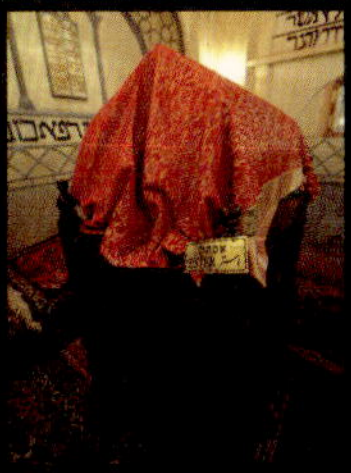

다윗이 광야의 요새에도 있었고 또 십 광야 산골에도 머물렀으므로 사울이 매일 찾되 하나님이 그를 그의 손에 넘기지 아니하시니라 사무엘상 23:14

하나님이 숨기시면

_다윗의 도피처

다윗이 골리앗을 죽인 엘라 골짜기

사울을 떠난 후 사무엘은 하나님의 명령에 따라 다윗을 찾아가 왕으로 기름을 부었다. 사울은 악령에 의해 괴롭힘을 당했고 그때마다 다윗은 사울 곁에서 수금을 연주해 악령을 물러가게 했다.

블레셋과 이스라엘이 서로 대진하고 있는 가운데 다윗은 골리앗을 죽이는 공적을 세우지만 민심이 다윗에게 쏠리자 사울은 다윗을 시기해 죽이려고 했다. 이에 다윗은 사울을 피해 그가 죽기까지 도피 생활을 했다사무엘상 16~사무엘하 1장.

사울이 아직 왕위에 있을 때 다윗은 사무엘로부터 베들레헴에서 왕으로 기름 부음을 받았다. 사울은 베냐민 지파요, 다윗은 유다 지파에 속한 자였다. 그런데 다윗이 왕으로 기름 부음 받은 소식이 사울의 귀에 들어가면 어떻게 될까? 그래서 사무엘은 사울 몰래 베들레헴으로 내려가 다윗에게 기름을 부었을 것이다.

이런 가운데 블레셋과 이스라엘은 엘라 골짜기를 사이에 두고 대치하고 있었다. 군사력이 서로 비슷해 대치 상태는 오랫동안 지속되었다. 이스라엘은 군사 수가 많은 반면 블레셋은 전투력이 강했다. 블레셋은 골리앗을 내세우며 단판 승부를 조장했고, 이스라엘은 넓은 지역에서 한꺼번에 싸우는 전략이 유리했다. 이는 엘라 골짜기가 넓은 지역으로 이루어진 골짜기이기 때문이다.

엘라 골짜기는 오늘날 에멕 엘라로 히브리어로 '에멕'은 비교적 넓은 지역의 골짜기를 나타내는 데 사용한다. 즉, 우리가 생각하는 좁은 골짜기가 아니라 산과 산 사이를 의미한다.

이때 왕으로 기름 부음 받은 소년 다윗은 아버지의 심부름으로 전쟁에 참여한 형들의 안부를 묻기 위해 골리앗이 있는 싸움터로 왔다. 골리앗은 여전히 하나님을 모욕하며 일대일로 결판낼 것을 외쳤다. 이에 다윗은 골리앗을 향해 이렇게 외치며 나아갔다.

> 다윗이 블레셋 사람에게 이르되 너는 칼과 창과 단창으로 내게 나아 오거니와 나는 만군의 여호와의 이름 곧 네가 모욕하는 이스라엘 군대의 하나님의 이름으로 네게 나아가노라 사무엘상 17:45

〈물맷꾼〉, 앗수르 부조 _ 대영 박물관

결국 물맷돌 다섯 개를 가지고 나간 다윗은 블레셋의 거장 골리앗을 물리쳐 이스라엘에 승리를 가져다 주었다.

그 역사의 현장 엘라 골짜기는 여러 차례 답사도 하고 성지 순례를 인도하기도 했다. 이스라엘에서 하루 일정을 더해 순례할 경우 브엘세바를 코스에 넣도록 권장한다. 예루살렘을 출발해 브엘세바를 답사한 후 다시 예루살렘으로 올라오는 길에 라기스를 거쳐 벧 구브린 앞에 있는 휴게소에서 점심 식사를 한다. 그후 35번 도로로 북쪽으로 가다 보면 예루살렘 남쪽으로 향하는 375번 도로를 만나는데 이 도로를 따라 생긴 작은 골짜기가 바로 엘라 골짜기이다. 이 골짜기를 따라 2~3분 달리면 길 오른편에 지구국이 보이는데 바로 다윗이 골리앗을 죽인 곳이다. 지구국을 향해 펼쳐진 엘라 골짜기를 바라보니 이제 막 추수를 끝내고 여기저기 쌓아 놓은 노적가리가 눈에 들어왔다. 우리는 〈사무엘상〉 17장 45절을 함께 읽으며 기도했다.

칼과 창으로가 아니라 만군의 여호와 이름만 의지하고 물맷돌 다섯 개만으로 골리앗을 무너뜨린 다윗처럼 이 악한 세상을 하나님을 믿는 믿음으로 이기게 하소서.

무릇 하나님께로부터 난 자마다 세상을 이기느니라 세상을 이기는 승리는 이것이니 우리의 믿음이니라 요한일서 5:4

그렇다. 악한 세상을 이기는 것은 내 힘과 능력에 있지 않고 하나님을 향한 믿음에 있다. 비록 칼과 창에 비하면 물맷돌은 아무것도 아니지만 하나님의 능력이 함께할 때 물맷돌 같은 우리 또한 세상의 악을 물리칠 수 있는 능력자로 쓰임받을 수 있다.

엘라 골짜기는 우기에만 물이 흐르는 와디(건천)에 가까운 시냇가이지만 골짜기 주변 산에는 상당히 많은 나무가 자라고 있다. 또한 오랜 세월 계곡을 따라 흐르는 물로 인해 지금도 계곡에는 둥근 모양의 돌이 있다.

엘라 골짜기에서 골리앗을 물리치고 그의 머리를 예루살렘으로 가지고 오는 다윗을 향해 예루살렘 여인들은 이렇게 노래했다.

> 여인들이 뛰놀며 노래하여 이르되 사울이 죽인 자는 천천이요 다윗이 죽인 자는 만만이로다 한지라 사무엘상 18:7

골리앗의 고향 가드에 있는 골리앗 무덤

그러나 이 노래는 사울에게 시기심을 유발했다. 다윗은 블레셋을 물리치고 이스라엘을 구한 영웅이 되었지만 그 때문에 왕위에 대한 불안을 느낀 사울은 다윗을 죽이려고 몇 차례나 그를 향해 창을 던졌다. 〈사무엘상〉 18장 29절에 보면 "사울이 다윗을 더욱더욱 두려워하여 평생에 다윗의 대적이 되니라"고 했다. 이는 사울이 얼마나 다윗을 두려워했는지 알 수 있다.

결국 다윗은 사울을 피해 도망했고 사울은 끈질기게 다윗을 죽이려고 추격했다. 다윗의 도피 생활은 사울이 죽기까지 계속되었다. 다윗이 사울을 피해 처음으로 도망한 곳은 놉•이었다. 놉은 블레셋에 법궤를 빼앗기고 실로가 파괴되면서 제사장들이 에봇을 가지고 피난해 와서 정착한 곳이다. 다윗은 사울을 피해 이곳으로 온 후 배가 고픈 나머지 제사장만 먹을 수 있는 진설병을 먹었다.

이후 골리앗의 칼을 얻은 다윗은 사울을 두려워해 그날 바로 놉을 떠나 블레셋 지역에 있는 가드로 갔다. 당시 놉은 예루살렘에서 4킬로미터밖에 떨어져 있지 않았고 사울의 고향 기브아에서는 더 가까운 거리에 있었다. 오늘날에는 확장된 예루살렘 북쪽 외곽에 위치해 있으며 구릉 지대에는 현대 건물이 점차 세워지고 있다.

훗날 사울은 다윗이 놉의 제사장 아히멜렉의 도움을 받았다는 사실을 그의 신하 도엑을 통해 들었다. 이에 사울은 다윗을 도와준 제사장 85명과 젖 먹는 아이까지 칼로 죽였다. 이로 인해 훗날 이 성읍은 '제사장들의 성읍'으로 불리게 됐다.

이런 피의 역사가 깃든 놉을 바라보며 끝까지 옳은 말을 전한 제사장 아히멜렉과 그로 인해 죽임을 당한 성읍 사람, 또 백성의 영웅이 된 다윗을 시기해 그를 도와주었다는 이유만으로 젖먹이

• 놉 : 예루살렘 북동쪽에 있는 베냐민 지파의 성읍으로 두 곳이 주장되고 있다. 한 곳은 아나돗 서남쪽 2킬로미터, 예루살렘 동북쪽 4킬로미터 지점에 위치한 해발 806미터 고지대 라스 엘 메샤리프Ras el-Mesharif 부근의 고대 성읍지이다. 다른 한 곳은 라스 움 엣 탈라Ras Umm et Tala로 예루살렘 북쪽 1.6킬로미터 지점의 스코프스 산 동쪽 산기슭에 위치한 성읍이며 최근 학자들이 지지하는 곳이다.

다윗이 사울을 피해 처음으로 도망한 곳 놉
_ 오늘날 예루살렘 근교 이사위예

까지 죽이는 사울의 악행을 생각해 보았다. 한 지도자의 시기가 얼마나 무서운 결과를 초래하는지. 그래서 예수님은 형제를 미워하는 자마다 살인하는 자라고 말씀하시지 않았던가! 미움이나 시기가 큰 죄로까지 자라지 않도록 우리 마음을 말씀으로 날마다 정결하게 해야 한다.

놉을 떠난 다윗은 사울이 추격하지 못하는 블레셋 지역에 있는 가드로 피했다. 당시 가드 왕은 아기스였다. 그의 신하들이 골리앗을 죽인 다윗을 알아보자 다윗은 아기스 왕 앞에서 대문짝을 그적거리고 침을 흘리며 미친 척해 죽을 위기를 모면했다.

현재 가드 유적지 정상에는 골리앗 무덤이 있다. 이곳을 두 번째로 답사했을 때는 한 가정이 목축을 하고 있었는데 한여름이라 무척 더웠다. 정상에는 유적지 안내판도 세워져 있었다. 정상에서 사방으로 펼쳐진 블레셋 평야를 바라보며 살기 위해 미친 척했던 다윗을 떠올려 보았다.

하나님으로부터 마음에 합한 자라는 칭찬을 받은 다윗, 사무엘에게 이스라엘 왕으로 기름 부음 받은 다윗, 골리앗을 죽이고 이스라엘을 구한 이스라엘의 영웅, 그러나 그 일 때문에 사울에게 쫓겨 이방 땅 블레셋으로 와서 미치광이 흉내까지 내야 했다.

〈시편〉 56편에서 다윗은 가드에서 블레셋 사람에게 잡힌 때를 생각하며 이렇게 고백했다.

다윗이 미친 척했던 가드

> 하나님이여 내게 은혜를 베푸소서 사람이 나를 삼키려고 종일 치며 압제하나이다 내 원수가 종일 나를 삼키려 하며 나를 교만하게 치는 자들이 많사오니 내가 두려워하는 날에는 내가 주를 의지하리이다 내가 하나님을 의지하고 그 말씀을 찬송하올지라 내가 하나님을 의지하였은즉 두려워하지 아니하리니 혈육을 가진 사람이 내게 어찌하리이까 …… 나의 유리함을 주께서 계수하셨사오니 나의 눈물*을 주의 병에 담으소서 이것이 주의 책에 기록되지 아니하였나이까 내가 아뢰는 날에 내 원수들이 물러가리니 이것으로 하나님이 내 편이심을 내가 아나이다……

다윗은 가드에서 사람들이 자기를 삼키려고 하는 가운데서도 하나님만 의지하며 하나님이 자신의 편임을 고백했다. 그리고 하나님이 자기 편이 되시니 사람이 그에게 어떻게 할 수 없다는 확신 가운데 있었다.

가드에서 미친 척함으로 죽을 위기를 넘긴 다윗은 그곳을 떠나 아둘람 굴로 갔다. 가드에서 아둘람까지는 18킬로미터 거리이다. 다윗이 아둘람으로 도망했다는 소식을 들은 그의 부모와 형제는 다윗을 찾아왔고, 그 외에도 환난 당한 자와 빚진 자, 원한이 있는 자 등 400여 명이 다윗에게 왔다.

눈물병_이란 에스파한

아둘람은 예루살렘 남서쪽, 헤브론 북서쪽 16킬로미터 지점인 텔 에스 세이커 마드쿠르T. esh Sbeikh Madhkur로 전해진다. 오늘날 이스라엘 지도에는 《성경》 표현대로 아둘람 굴Adulam Caves로 표기되어 있다. 예루살렘에서 그렇게 먼 곳은 아니지만 포장도로에서 굴이 있는 유적지까지 들어가는 길이 비포장 도로여서 일반 승용차로는 답사하기가 어렵다.

1번 도로에서 38번 도로를 만나 남쪽으로 내려가다 20킬로미터 조금 못 가서 왼쪽으로 아둘람으로 들어가는 좁은 도로가 있다. 입구를 찾아 들어가면 바로 갈래길이 나오는데 아둘람 공원 표지판이 세워져 있다. 이곳부터 유적지까지는 전문가의 도움 없이는 가기가 힘들다. 자동차 한 대가 겨우 지나갈 정도로 길이 좁은 데다 양쪽으로 가시나무가 있어 조심해야 한다. 또한

나의 눈물 : 고대 중근동 지방에서는 눈물을 신성하게 여겨 슬픔의 눈물을 받아 두는 눈물병이 있었다. 보통은 유리로 만들어졌으며 7~8센티미터에서 20센티미터까지 크기는 다양했다. 바닥은 넓고 몸통은 얇았으며 입구가 깔때기 모양으로 생겼다. 가난한 자는 토기로 만든 병을 눈물병으로 사용했다. 가정에 재난이나 마음이 상해 눈물을 흘릴 때 가족은 제각기 가지고 있는 눈물병에 눈물을 담아 집 안 잘 보이는 곳에 보관했다. 특히 남편이 전쟁터에 나가거나 먼 곳에 떠나 있을 때 아내는 남편을 그리워하며 흘리는 눈물을 담았다. 이는 그 가정의 소중한 소유물로 자신이 죽을 때 눈물병도 함께 매장하는 풍습이 있었다.

산지 형태로 되어 있어 가까이 가서도 어디가 《성경》의 아둘람인지 쉽게 파악하지 못해 헤맬 수도 있다.

현장에 도착하고 보니 특별한 유적은 남아 있지 않았다. 그러나 다윗이 사울을 피해 숨었던 아둘람 굴은 꼭 확인해 보고 싶었다. 언덕 위에서 약간 경사진 곳으로 가자 사람이 숨을 만한 굴이 보였다. 자연 동굴이기는 하지만 가시덤불을 헤치고 안으로 들어가 보니 사람이 머물렀던 인위적인 구조가 보였다. 10여 명 정도가 간신히 몸을 숨길 수 있는 굴 속에 사울을 피해 머물렀던 다윗의 심정은 어떠했을까?

> 하나님이여 내게 은혜를 베푸소서 내게 은혜를 베푸소서 내 영혼이 주께로 피하되 주의 날개 그늘 아래에서 이 재앙들이 지나기까지 피하리이다 …… 그들이 내 앞에 웅덩이를 팠으나 자기들이 그 중에 빠졌도다…… 시편 57편

그렇다. 하나님이 숨겨 주시는 자는 결코 사람이 찾을 수 없다.

아둘람 굴에서 나온 다윗은 함께한 사람들과 요르단 건너 모압 땅으로 갔다. 그러나 얼마 후 갓 선지자의 말에 따라 다시 유다 땅으로 들어가 헤렛 수풀에 거했다.

이때 다윗은 제사장 아히멜렉의 아들 아비아달을 통해 자기를 도와준 놉의 제사장과 주민이 사울에게 학살당했다는 소식을 들었다. 다윗이 이 일을 생각해 쓴 시가 〈시편〉 52편이다.

다윗이 아직 유다 지역에 있을 때 블레셋이 그일라를 쳐서 타작마당의 곡식을 탈취했다는 소식을 들었다. 이에 다윗은 블레셋을 치

고 그일라를 구원하라는 응답을 받았다. 그러나 함께 도피 생활을 하고 있던 사람들이 적극적으로 반대했다.

다윗의 사람들이 그에게 이르되 보소서 우리가 유다에 있기도 두렵거든 하물며 그일라에 가서 블레셋 사람들의 군대를 치는 일이리이까 한지라 사무엘상 23:3

다윗이 머물렀던 헤렛 수풀이 오늘날 하라스Kharas 근처라면 그일라는 5킬로미터 거리이다. 그러나 하나님으로부터 응답을 받은 다윗은 도망하는 가운데서도 동족의 어려움을 살펴 블레셋을 치고 그일라를 구원했다. 문제는 이 일로 다윗의 위치가 노출되어 사울에게 전해졌고 사울은 온 군사를 모아 그일라로 내려왔다.

아둘람 굴 앞에서

다윗이 블레셋으로부터 구한 그일라

위급한 상황에 처한 다윗은 자기가 구해 준 그일라 거민이 오히려 사울에게 자기를 넘겨 줄 것이라는 하나님의 말씀을 듣고 그일라를 떠났다. 이에 사울은 다윗 쫓는 것을 멈췄다.

그일라는 헤브론 북서쪽 13.5킬로미터 지점의 오늘날 키르벳 킬라Kh. Qila, Kh. Qeila, keila이다. 《성경》에서 열일곱 번이나 언급되는 그일라는 여호수아의 가나안 정복 후 유다 지파에게 분깃으로 주어진 성읍이다. 다윗이 블레셋의 침공으로 위기에 처한 그일라를 도와 블레셋을 물리치기도 했던 이곳은 〈사무엘상〉 23장 7절에서는 '문과 문 빗장이 있는 성읍'이라고 표현하고 있다.

마을에 차를 세우고 골짜기에 있는 감람 산지를 지나 그일라 꼭대기로 올라갔다. 허물어진 돌 유적만 군데군데 남아 있었다. 그 옛날 자신들을 구해 준 다윗을 오히려 살기 위해 사울에게 넘겨주려 했던 이곳 주민의 배신이 떠올랐다. 그러나 사울이 아무리 다윗을 죽이려 해도 하나님은 다윗을 사울에게 넘기지 않으셨다.

사울을 피해 그일라를 떠난 다윗은 십 광야 수풀로 갔다. 십 광야는 헤브론 남동쪽에 있는 오늘날 키르벳 십Kh. Zif 주변 지역이다. 그일라에서는 현대 도로 기준으로 27킬로미터 거리로 다른 도피 지역에 비해 멀리 떨어져 있다.

이때 사울의 아들 요나단은 이곳 수풀에 숨어 있는 다윗을 찾아와 이스라엘의 왕이 될 것을 알려 주고 떠났다. 그러나 십에 있는 사람들은 사울에게 다윗이 하길라 산 수풀 요새에 숨어 있다고 일러 주었다. 이에 사울이 군사를 이끌고 추격해 오자 다윗은 광야 남쪽 마온 황무지로 피했다. 사울 군대가 산 하나를 두고 가까이 다가오면서 다윗은 잡힐 위험에 처했으나 때마침 블레셋의 침공 소식을 들은 사울은 다윗을 포기하고 블레셋을 막기 위해 돌아갔다.

이후 다윗은 마온 황무지에서 엔게디 요새로 가서 머물렀다. 그러나 다윗이 도피하는 곳마다 그가 있는 곳을 사울에게 일러 주는 사람은 계속 있었다. 블레셋을 쫓은 후 다윗이 엔게디에 있다는 말을 들은 사울은 다시 다윗을 잡기 위해 엔게디로 내려오기도 했다. 언제 침공해 올지 모르는 블레셋의 위협 속에서도 다윗의 은신처만 알면 바로 병력을 동원하는 사울의 모습은 다윗에 대한 그의 시기가 얼마나 컸는지를 보여 준다.

엔게디는 쿰란 남쪽 35킬로미터, 마사다 북쪽 10킬로미터 지점에 위치해 있다. 이곳은 헤브론에서 거의 정동 쪽에 있는 샘과 여기에 딸린 내(개울)의 이름으로, 사해 서쪽에 있는 석회석 벼랑 아래서 약 30톤의 물이 솟아나와 이루어진 곳이다. 그래서 다윗은 도피 생활

바위 절벽에 있는 엔게디의 굴

에 적합한 엔게디로 도망 온 것 이다.

그러나 사울이 여기까지 쫓아오자 다윗은 한 굴에 숨었다. 공교롭게도 사울은 다윗이 숨은 굴로 볼일을 보기 위해 들어왔다. 이는 그 굴이 매우 깊었음을 알 수 있다. 지금도 엔게디의 석회석 바위로 된 벼랑에는 굴이 많이 있다. 다윗은 사울을 죽일 수 있는 절호의 기회를 가졌다. 그러나 하나님이 기름 부음 받은 자를 죽이는 것은 금하신 것이라 하여 사울의 겉 옷자락만 베고 자기 수하에 있는 사람도 사울을 죽이지 못하도록 했다. 사울이 굴에서 나간 후 다윗도 굴에서 나와 사울 뒤에서 외쳤다.

> 오늘 여호와께서 굴에서 왕을 내 손에 넘기신 것을 왕이 아셨을 것이니이다 어떤 사람이 나를 권하여 왕을 죽이라 하였으나 내가 왕을 아껴 말하기를 나는 내 손을 들어 내 주를 해하지 아니하리니 그는 여호와의 기름 부음을 받은 자이기 때문이라 하였나이다 사무엘상 24:10

이에 사울은 양심에 찔림 받아 대답했다.

> 나는 너를 학대하되 너는 나를 선대하니 너는 나보다 의롭도다 사무엘상 24:17

그리고 사울은 다윗 쫓는 것을 포기하고 자기 집으로 돌아갔으며 다윗도 요새로 올라갔다.

엔게디를 처음 방문했을 때 사울이 왜 다윗을 바라보고도 추격하지 못했는지 이유를 알 수 있었다. 양심의 가책을 느껴 돌아가긴 했지만 이후에 다시 다윗을 죽이려고 한 것을 보면 엔게디에서 다윗 잡는 것을 포기한 것은 잠깐이었음을 알 수 있다.

또 다른 이유는 계곡이 절벽으로 되어 있어 많은 군사를 동원할 수 없었기 때문이다. 당시 사울의 군사는 3,000명이었고 다윗은 엔게디를 떠나 바란 광야로 갔을 때 600명이었으니 엔게디에도 그 정도의 사람이 있었을 것이다. 군사의 수로 다윗을 쫓을 수 없는 지형 요건이다 보니 사울은 다윗을 보고도 그냥 돌아갈 수밖에 없었다.

엔게디는 성지 순례 시 빠지지 않고 들르는 곳이다. 그러나 보통은 일정상 폭포가 있는 계곡까지는 가지 못하고 전망대에서 전경을 보는 것으로 그친다. 엔게디는 BC 3000년 전부터 사람이 살았던 유적이 남아 있고, 실제로는 그보다 이전인 청동기시대(BC 5000)까지 거슬러 올라간다. 당시의 신전과 제단 유적이 엔게디 샘 위에 세워졌으며 물과 관련된 의식이 이 신전에서 행해진 증거가 있다.

엔게디를 자세히 보기 위해 엔게디 국립공원 주차장에 차를 세워 놓고 표를 구입해 들어갔다. 유대 광야에 어떻게 이런 곳이 있을까 할 정도로 나무 숲이 주위를 두르고 있었다. 오른쪽 계곡으로는 여름철에도 유대 광야에서 솟아나온 물이 흘러 산양이 자유롭게 풀을 뜯고 물을 마시고 있었다.

계곡을 따라 조금 올라가니 다윗이 사울의 옷자락을 벤 사건을 생각할 수 있는 동굴이 벼랑 중간에 여러 개가 보였다. 계단과 돌길

위에는 작고도 지혜로운 동물 사반이 있었다. 이곳에 사는 사반은 사람을 봐도 잘 도망가지 않았다. 입구에서 20분 정도 올라가자 계곡 위에서 떨어지는 큰 폭포가 나타났다. 폭포 앞 바위에 앉아 잠시 쉬면서 엔게디에서 일어난 《성경》 사건을 떠올려 보았다.

다윗이 사울을 죽이지 않고 옷자락만 벤 사건을 생각하니 악에게 지지 말고 선으로 악을 이기라는 〈로마서〉 12장 21절 말씀이 떠올랐다. 그렇다. 세상에는 영원한 승자가 없다. 내가 한 대 때리면 상대방은 두 대 때릴 것이고 그러면 난 다시 그 이상을 때려야 하는 것이 사람의 마음이다. 복수는 또 다른 복수를 낳는다는 평범한 진리를 다윗이 사울을 죽일 기회를 포기하고 원수 갚는 것을 하나님에게 맡긴 이곳 엔게디 폭포 아래서 되새겨 보았다.

이후 사무엘이 죽자 다윗은 다시 남쪽에 있는 바란 광야로 내려갔다. 양식이 부족해진 다윗은 마침 마온 부자 나발이 양털을 깎기 위해 갈멜로 내려오자 소년을 시켜 양식을 구해 오도록 했다. 그러나 나발은 이를 거절했고 다윗은 나발을 치기 위해 400명을 무장시켜 갈멜로 갔다. 이를 안 나발의 아내 아비가일은 떡 200덩어리와 양고기와 곡식을 준비해 다윗을 맞이함으로써 남편을 살렸다. 그러나 나발은 하나님이 치심으로 죽었고 그의 아내는 다윗의 아내가 되었다.

그후 다윗은 바란 광야에서 하길라 산으로 다시 올라왔다. 이곳에서도 다윗이 숨은 사실을 사울에게 일러바친 사람이 있었다. 그 사람 역시 자신에게 돌아

엔게디에 사는 사반

다윗이 사울을 살려 준 엔게디 계곡

올 보상을 생각하며 그런 행동을 했을 것이다.

다윗의 도피 여정지를 답사하면서 계속 깨닫는 것은 다른 사람의 이익을 위해 내 것을 포기해야 한다는 사실이다. 그러면 내가 포기한 것보다 더 많은 것으로 하나님이 채워 주신다. 끊임없이 다윗이 숨은 곳을 일러바치고 그 말을 듣고 다윗을 추격하는 사울로부터 하나님은 다윗에게 피할 길을 주셨으며 다윗은 오히려 사울을 죽일 수 있는 기회까지 얻었다.

엔게디에서 다윗이 살려 주었음에도 사울은 다시 다윗을 죽이려고 3,000명을 이끌고 하길라 산으로 내려와 길가에 진을 쳤다. 다윗은 정탐꾼을 보내 사울이 진영 가운데에 있는 것을 알아내고 한밤중에 아비새와 함께 자고 있는 사울의 막사에 숨어들었다. 다윗은 엔게디에서처럼 사울을 죽일 두 번째 기회를 얻었다. 그러나 이번에도 죽이기를 꺼려해 그의 머리 곁에 있는 창과 물병만 가지고 나왔다.

다윗이 사울을 피해 잠시 거했던 바란 광야 _ 이집트

이튿날 아침 다윗은 멀리 떨어진 산꼭대기에서 사울의 호위를 맡은 아브넬을 향해 사울을 지키지 못한 것을 책망했다. 이 소리를 들은 사울은 다시 양심의 가책을 받고 돌아갔다.

다윗이 두 번째로 사울을 살려 준 하길라 산은 헤브론 남동쪽 십 근처에 위치해 있으나 정확한 장소는 알 수 없다. 다만 주위에 있는 갈멜과 마온을 답사하면서 그 분위기만 알 수 있었다.

다윗은 끈질기게 자기를 잡으려는 사울을 피해 다시 가드로 갔다. 이때도 사울에게 다윗을 일러바친 사람이 있었으나 사울은 블레셋 지역이기 때문에 더 이상 다윗을 쫓지 못했다.

다윗은 가드의 통치자 아기스로부터 시글락 성을 얻어 1년 4개월을 지냈다. 이 기간에 사울은 블레셋과 길보아 전투에서 아들 요나단과 함께 사망했으며 이로써 다윗의 도피 생활은 막을 내리게 되었다.

다윗이 마지막으로 도피한 장소 시글락은 여러 곳이 주장되는데 그중 한 곳이 브엘세바와 가사 사이, 곧 가사 남동쪽 25킬로미터, 텔 엘 쿠웨일페 서쪽 17킬로미터 지점에 있는 텔 에시 셰리아T. esh-Sheria 혹은 텔 세라T. Sera이다. 이곳은 그랄 강Nahal Geral 가에 위치해 여러 개의 샘이 있으며 역사적인 텔 에시 셰리아는 최근 발굴을 통해 밝혀졌다.

또 한 곳은 가사 동쪽 28.8킬로미터 지점의 텔 엘 말리하T. el-Malihah로 오늘날 텔 밀하T. Milkha이다. 브엘세바에서 북쪽으로 40번 도로를 타고 가다 보면 도로 바로 동쪽에 있다.

이 두 곳 중 텔 엘 말리하를 찾았다. 지도상으로는 새로 난 6번 도로와 40번 도로 사이에 있지만 6번 도로를 타면 빠져 나가는 길이 멀기 때문에 브엘세바나 예루살렘에서 올 때는 북쪽에서 내려오는 40번 도로를 타는 것이 좋다.

브엘세바를 답사할 때마다 달리는 차 안에서 시글락을 바라보기만 하다가 현장까지 찾아간 것은 2010년이었다. 지프를 빌려 40번 도로를 타고 가다 시글락이 보이는 곳으로 빠져 나갔다. 작은 개울을 건너 언덕을 올라가자 사방으로 평지가 한눈에 들어왔다. 그러나 물이 부족한 지역이다 보니 아직 많은 땅이 농사를 짓지 못해 그대로 비어 있었다. 다윗 시대에도 이 지역에 대한 약탈이 심해 아말렉은 다윗 군사가 시글락을 떠나자 이곳을 침략해 약탈하고 사람을 잡아가기도 했다.

다윗의 마지막 도피처 시글락. 사울이 싸움터에서 죽었다는 소식을 듣고 예루살렘으로 올라가는 다윗의 심정은 어떠했을까? 비록

다윗이 두 번이나 사울을 피했던 블레셋 가드 _ 이스라엘

원수인 사울이었으나 다윗은 오히려 사울의 시체를 장사지내 준 길르앗 야베스 거민에게 은혜를 베풀고 그 아들 요나단의 죽음을 크게 슬퍼했다.

> 다윗이 이 슬픈 노래로 사울과 그의 아들 요나단을 조상하고 명령하여 그것을 유다 족속에게 가르치라 하였으니 곧 활 노래라 야살의 책에 기록되었으되 이스라엘아 네 영광이 산 위에서 죽임을 당하였도다 오호라 두 용사가 엎드러졌도다 사무엘하 1:17~19

이런 다윗이기에 하나님은 다윗을 향해 “나의 마음에 합한 사람”이라고 하지 않았는가! 다윗의 마음이야말로 오늘날 우리 그리스도인이 가져야 할 마음이다.

왕의 마음이 심히 아파 문 위층으로 올라가서 우니라 그가 올라갈 때에 말하기를 내 아들 압살롬아 내 아들 내 아들 압살롬아 차라리 내가 너를 대신하여 죽었더라면 압살롬 내 아들아 내 아들아 하였더라 사무엘하 18:33

다윗이 점령해 수도로 삼았던 다윗 성 _ 예루살렘

아들의 반역에 우는 아버지

_ 마하나임

"사울 사후 다윗은 예루살렘에서 왕위에 올랐다. 그러나 사울의 아들 이스보셋이 아브넬 장군에 의해 이스라엘 왕으로 추대되어 한동안 다윗 왕조와 전쟁을 빚었다. 이스보셋이 죽자 다윗은 30세에 통일왕국의 왕이 되어 헤브론에서 7년 반, 예루살렘에서 33년을 통치했다.
다윗의 통치 초기는 전쟁으로 일관되었고 그는 연전연승하며 통치 영역을 넓혀 갔다. 다윗의 생애 중 밧세바를 범한 일과 인구 조사 외에는 하나님 앞에 정직했다. 그에게 가장 불행했던 일은 아들 압살롬의 반역이었다. 아들의 반역으로 망명 생활을 하던 다윗은 압살롬이 죽은 후 성에 돌아왔지만 또다시 세바의 반란을 겪었다. 말년에는 아도니야의 반란 속에 솔로몬을 후계자로 삼은 후 죽어 다윗 성에 장사되었다사무엘하 2~열왕기상 2장."

사울이 죽은 후 다윗은 예루살렘에서 왕위에 올랐다. 그때 사울의 군대장관이었던 아브넬은 사울의 아들 중 이스보셋을 데리고 오늘날 요르단 지역의 마하나임으로 건너가 이스라엘 왕으로 추대해 다윗과 2년 동안 전쟁을 벌였다. 그러나 아브넬이 사울의 첩 리스바와 통간한 사건으로 이스보셋과의 관계가 악화되었고 그런 중에 아브넬은 다윗과 화해했다.

한편 다윗의 군대장관 요압은 자기 동생 아사헬을 죽인 아브넬을 헤브론으로 다시 오게 해 칼로 찔러 죽였다. 이에 다윗은 그의 죽음을 슬퍼했으나 자신의 뜻을 어기고 아브넬을 죽인 요압, 아비새 등을 제어할 힘이 없었다.

아브넬이 죽었다는 소식을 들은 사울의 아들 이스보셋은 맥이 풀렸고 이미 전세가 다윗에게 기운 것을 안 그의 부하 바아나와 레갑 형제의 반역으로 죽임을 당했다. 이후 바아나와 레갑은 이스보셋의 목을 가지고 다윗에게 왔으나 오히려 다윗에게 죽임을 당했다. 다윗은 이스보셋의 머리를 가져다가 헤브론 아브넬 무덤에 장사지냈다.

오늘날 헤브론에는 아브넬 무덤이 있다. 다윗은 비록 자신을 죽이려는 사울이었지만 그의 죽음을 슬퍼하고 그 사실을 보고한 자를 오히려 죽였다. 또 사울의 아들 이스보셋의 머리를 가져온 바아나와 레갑의 수족을 베었다. 이곳 아브넬 무덤은 원수까지도 사랑하라는 예수님의 말씀을 실천한 다윗을 생각하게 하는 귀한 장소이다.

이후 다윗은 통일 왕국의 왕이 되었다. 그는 남북 지파의 화합을 위해 중간 지점 예루살렘에 사는 여부스 족을 치고 그곳을 점령한 후 수도를 옮겨 다윗 성이라 했다. 이때부터 예루살렘은 점차 유명한 도시가 되었고 솔로몬 이후로는 국제적인 도시로 명성을 갖기 시작했다.

처음 다윗이 점령했을 때 다윗 성 예루살렘은 오늘날 시온 산과 분문Dung Gate에서 기드론 골짜기로 향하는 아래 지역에 국한되었다. 성지 순례 시 예루살렘 통곡의 벽을 순례한 후 분문에서 골짜기 쪽으로 조금만 내려오면 다윗 성이란 영어 표지판이 있고 성을 지키는 유대 군인을 볼 수 있다. 그리고 내리막길을 계속 내려가면 골짜기 끝에 실로암 못이 있고 겟세마네 동산 쪽으로 올라가면 다윗 때 예루살렘 성벽 일부가 남아 있는 것을 볼 수 있다.

예루살렘으로 수도를 옮긴 다윗은 기럇여아림 아비나답에 있는 법궤를 수도로 옮기도록 했다. 이에 아비나답의 아들 웃사와 아효가

다윗 왕 때까지 법궤가 머물렀던 아부고시(《성경》의 기럇여아림)

새 수레에 법궤를 옮기던 중 나곤의 타작마당에 이를 때 소들이 뛰자 웃사가 손으로 법궤를 붙들면서 죽임을 당하게 됐다. 이에 다윗이 두려워해 그날에 법궤를 예루살렘으로 옮기지 않고 가드 사람 오벧에돔의 집에 석 달 동안 안치하게 했다.

법궤가 벧세메스에서 옮겨져 다윗 때까지 20여 년 동안 머문 기럇여아림은 오늘날 예루살렘에서 1번 도로를 중심으로 동쪽으로 17킬로미터 거리에 있다. 현재는 아부고시 지역에 속한 오벧에돔 집터 위에는 프란체스코회 교회가 세워져 있다. 예루살렘에서 1번 도로를 따라가다가 동쪽으로 13킬로미터 지점에서 아부고시 방향 3975번 도로로 들어서면 산꼭대기 가장 높은 곳에 교회가 하나 보이는데 바로 법궤가 있었던 오벧에돔의 집터에 세워진 교회이다. 산꼭대기에 있어 쉽게 찾을 수 있지만 도로가 경사지고 좁아 운전에 조심해야 한다. 교회는 옛 비잔틴 때 세웠는데 당시 모자이크가 그대로 남아 있다.

웃사가 죽은 지 3개월이 지나 법궤로 인해 오벧에돔의 집에 하나님이 복을 내리셨다는 소식을 들은 다윗은 마침내 법궤를 예루살렘으로 옮겼다. 이때는 수레 대신 사람이 직접 메고 왔으며 다윗은 너무 기뻐 힘을 다해 춤을 추었다.

> 다윗이 여호와 앞에서 힘을 다하여 춤을 추는데 그 때에 다윗이 베 에봇을 입었더라 다윗과 온 이스라엘 족속이 즐거이 환호하며 나팔을 불고 여호와의 궤를 메어오니라 사무엘하 6:14~15

하나님을 그토록 사랑했던 다윗, 사울을 피해 도망 다니면서 비참하고 위험한 시절에도 오직 하나님만이 자신의 피난처임을 확신했던 다윗, 훗날 하나님의 성전 건축을 그토록 원했던 다윗, 그래서 법궤가 예루살렘으로 들어올 때 왕의 체면도 아랑곳하지 않고 어린아이같이 힘을 다해 춤추며 기뻐했던 것 아닐까.

법궤를 예루살렘으로 옮긴 이후 다윗의 정복 활동은 본격적으로 이루어졌다. 블레셋을 정복하고, 모압은 다윗의 종이 되어 조공을 바치게 되었다. 북쪽의 소바 왕 하닷에셀 역시 무장 해제되고, 다메섹 아람은 소바 왕을 돕다가 2만 2,000명이 죽임을 당했다. 다윗은 가는 곳마다 승리했고 그의 영토는 하나님이 아브라함에게 약속하셨던 유프라테스 강에서부터 남쪽 이집트 시내까지 이르렀다.

그러나 다윗 생애에 두 가지 아쉬운 점이 있었다. 바로 밧세바를 범한 일과 인구 조사였다. 다윗이 직접 전쟁에 나가지 않아도 될 만큼 정복 사업이 어느 정도 마무리되어 갈 무렵 그의 군대장관 요압은 오늘날 요르단 수도 암만에 있는 랍바 성을 포위하고 있었다. 왕이 출전할 때가 되었음에도 다윗은 예루살렘에 그대로 머물러 있었다.

혹자는 밧세바가 다윗을 유혹하기 위해 대낮에 다윗 왕궁에서 볼 수 있는 곳에서 목욕했다고 말하기도 한다. 그러나 이때는 왕이 출전할 때였기 때문에 밧세바는 다윗이 보고 있다는 생각을 하지 못했다. 실제로 후에 랍바 성을 함락시킬 때는 다윗이 그곳으로 갔다.

다윗은 예루살렘에 남아 있다가 목욕하는 밧세바를 보고 사람을 보내 밧세바를 데려다 강제로 동침했다. 그리고 그 사실을 은폐하기 위해 그의 남편 우리아를 랍바로 보내 의도적으로 죽게 했다. 이후 다윗은 밧세바를 아내로 맞아들였다.

랍바 성은 오늘날 암만 중심가 근처에 있다. 지금까지도 랍바 성벽이 원형에 가깝게 남아 있는 것을 보면 요압 장군이 쉽게 성을 함락하지 못한 이유를 알 수 있다. 랍바 성을 방문할 때마다 아직도 철옹성 같은 성벽을 바라보며 다윗이 우리아를 죽인 사건을 되새기곤 한다. 다윗같이 훌륭한 왕이 어떻게 그런 실수를 했을까? 그는 매사에 일을 하기에 앞서 하나님에게 먼저 묻고 실행에 옮긴 사람이었다. 그러나 사울을 피해 도망하던 중 블레셋으로 피신할 때는 하나님에게 묻지 않는 실수를 범했다.

그러나 다윗의 훌륭한 점은 그런 실수 후에 갖는 태도이다. 그는 왕으로서 신하의 아내를 취한 일을 아무도 모르게 덮을 수 있었으며 감히 왕의 행실에 대해 언급할 사람도 없었다. 그러나 나단 선지자가 그 일로 책망했을 때 다윗은 그의 책망을 하나님의 책망으로 받아들이고 철저히 회개했다(시편 51편).

우리아가 죽은 오늘날 랍바 성벽 _ 요르단 암만

> 하나님이여 주의 인자를 따라 내게 은혜를 베푸시며 주의 많은 긍휼을 따라 내 죄악을 지워 주소서 나의 죄악을 말갛게 씻으시며 나의 죄를 깨끗이 제하소서 무릇 나는 내 죄과를 아오니 내 죄가 항상 내 앞에 있나이다 …… 우슬초로 나를 정결하게 하소서 내가 정하리이다 나의 죄를 씻어 주소서 내가 눈보다 희리이다 …… 하나님이여 내 속에 정한 마음을 창조하시고 내 안에 정직한 영을 새롭게 하소서 나를 주 앞에서 쫓아내지 마시며 주의 성령을 내게서 거두지 마소서 …… 하나님께서 구하시는 제사는 상한 심령이라 하나님이여 상하고 통회하는 마음을 주께서 멸시하지 아니하시리이다

우슬초

또 밧세바를 범한 후 지은 〈시편〉 6편에서는 침대의 요가 적기까지 눈물로 기도했다. 그러한 다윗의 모습은 지금의 영적 지도자 모두가 본받아야 한다. 랍바 성벽을 볼 때마다 세상의 쾌락과 욕심으로 영적 영향력을 상실한 영적 지도자에게 필요한 것은 다윗과 같은 진정한 회개의 눈물임을 외치고 싶다.

다윗은 밧세바를 범하고 그의 남편 우리아를 죽게 한 일로 나단 선지자를 통해 하나님의 말씀을 들었다.

> 이제 네가 나를 업신여기고 헷 사람 우리아의 아내를 빼앗아 네 아내로 삼았은즉 칼이 네 집에서 영원토록 떠나지 아니하리라 여호와께서 또 이와 같이 이르시기를 보라 내가 너와 네 집에 재앙을 일으키고 내가 네 눈앞에서 네 아내를 빼앗아 네 이웃들에게 주리니 그 사람들이 네 아내

들과 더불어 백주에 동침하리라 사무엘하 12:10~11

그리고 이 말씀은 압살롬의 반역에서 이루어졌다.

다윗에게는 많은 아내와 아들이 있었다. 그중 압살롬은 다윗이 가장 사랑하는 아들 중 하나였다. 그에게는 다말이라는 누이가 있었다. 그런데 압살롬과 이복형제인 암논이 다말을 강제로 범한 후 버리자 압살롬은 암논을 죽이게 되었다. 이로 인해 압살롬은 아버지 다윗을 피해 오늘날 요르단 북쪽에 있는 그술 왕 달매에게로 도망했다.

3년이 지나자 다윗 왕의 마음도 많이 누그러져 압살롬을 그리워하게 되었다. 이를 본 요압이 다윗 왕에게 건의해 압살롬은 예루살렘으로 돌아오지만 왕의 얼굴을 보지 못한 채 2년을 보냈다.

이 일 후 압살롬은 자기를 위해 병거와 군사를 준비하고 왕에게 재판을 받으러 오는 사람 중 억울하게 생각하는 이들의 마음을 빼앗아 자기 사람으로 만들어 갔다. 그리고 4년 만에 헤브론으로 내려가 아버지 다윗 왕을 반역했다. 이에 다윗은 후궁 열 명을 궁에 남겨 두고 기드론 시냇가를 건너 감람 산길로 도망했다. 이때 나이 많은 다윗은 너무나 급한 나머지 감람 산길로 올라갈 때 신발도 신지 못하고 맨발로 가면서 울며 도망했다.

예루살렘은 골짜기 사이에 있는 도시이다. 기드론 골짜기를 사이에 두고 동쪽에는 감람 산이, 서쪽에는 다윗 성이 자리 잡고 있다. 다윗은 요르단 북쪽 마하나임으로 도망했기 때문에 기드론 골짜기를 건너 감람 산길을 지나 예루살렘 동북쪽에 있는 바후림을 거쳐 요르단 강을 건넜다.

시므이가 도망하는 다윗을 저주했던 바후림 _ 예루살렘

한편 다윗을 따르려던 후새는 다윗의 말을 듣고 압살롬에게 돌아가 다윗을 죽이려는 아히도벨의 계략을 파기하도록 했다. 이에 압살롬은 다윗을 죽일 기회를 놓치고 말았다.

다윗이 예루살렘을 떠나 3~4킬로미터 정도 떨어진 바후림에 이르렀을 때 사울의 친족 시므이가 다윗과 그의 신하를 향해 돌을 던지며 저주했다. 그러나 다윗은 그런 그를 그대로 용납했다.

시므이가 다윗을 저주했던 바후림은 예루살렘에서 요르단 계곡으로 가는 길에 있는 베냐민 지파의 성읍이다. 오늘날 이스라엘 지도에는 엘 쯔임El Ze'eim으로 표시되어 있으며 예루살렘에서 여리고로 내려가는 1번 도로에서 체크포인트 지점 바로 북쪽에 있다.

현재 《성경》의 바후림은 아랍 마을이고 근처에 유대인 정착촌이 있다 보니 이곳은 장벽으로 둘려 있다. 짧은 시간이지만 차를 천천히 몰면서 장벽 너머 바후림을 바라보았다. 압살롬을 피해 이곳을 급히 지나갈 때 시므이의 저주를 받았지만 그를 죽이자는 요압 장군의 요청을 거절하고 훗날 예루살렘으로 돌아와서도 그에게 복수하지 않았던 다윗의 말을 되새겨 보았다.

혹시 여호와께서 나의 원통함을 감찰하시리니 오늘 그 저주 때문에 여호와께서 선으로 내게 갚아 주시리라 사무엘하 16:12

그렇다. 다윗은 이전에 엔게디에서 사울을 죽일 수 있는 기회를 얻고도 그를 선대했던 것처럼 이번에도 사울의 친족 시므이를 살려 주었다. 다윗이야말로 악을 선으로 바꾸시는 하나님의 섭리를 몸소 체험한 사람이다.

헤브론에서 예루살렘으로 올라온 압살롬은 다윗이 남겨 두고 간 후궁을 이스라엘 무리가 보는 앞에서 범함으로써 선지자 나단이 다윗에게 말한 재앙이 이루어졌다. 후새의 모략으로 무사히 요르단 강

상수리나무로 덮여 있는 마하나임 _ 요르단

을 건넌 다윗은 오늘날 요르단 지역 마하나임으로 가서 망명 생활을 했다. 이에 압살롬은 요압을 대신해 아마사로 군대장관을 삼고 마하나임에 있는 다윗을 치기 위해 올라왔다. 그러나 에브라임 수풀 전투에서 패해 노새를 타고 도망하다가 상수리나무 가지에 머리카락이 걸려 요압에 의해 칼로 살해당했다.

압살롬의 시체는 수풀 가운데 큰 구멍에 던져졌고, 요압 무리가 그 위에 큰 돌무더기를 쌓았다. 요압은 압살롬의 사망 소식을 다윗에게 전하도록 구스 사람을 보냈다. 그러나 압살롬의 사망 소식을 전해 다윗으로부터 상을 받고자 했던 사독의 아들 아히마하스는 요압의 만류에도 불구하고 앞서 떠난 구스 사람보다 먼저 다윗에게 도착해 압살롬의 사망 소식을 전했다. 그러나 요압 장군의 말대로 다윗은 오히려 자기를 대적한 압살롬이지만 아들의 죽음을 심히 슬퍼했다.

아버지를 반역하고 맨발로 도망하는 아버지를 쫓아 멀리 요르단 강 건너 마하나임까지 가서 아버지를 죽이려 했던 압살롬, 그런 자식의 죽음 앞에 아버지 다윗은 아들의 이름을 부르며 심히 통곡했다.

마하나임은 야곱이 하란에서 20년의 도피 생활을 마치고 가나안으로 돌아올 때 하나님의 사자를 만난 사건에서 유래했다(창세기 32:2). 마하나임으로 추정되는 장소는 요르단 얍복 강 중류의 툴룰 에드 다합 엘 가르비Tulul edh Dahab el Garbi, 얍복 강 상류의 텔 에르 르힐T. er Rehil, 얍복 강 북쪽의 키르벳 메흐나Kh. Mehna, Mahna 등 여러 곳이 있다. 이중 가장 설득력 있는 곳이 지리적으로 《성경》 사건과 가장 부합하는 키르벳 메흐나이다. 요르단 동쪽 14.4킬로미터 지점에 고대 이름이 남아 있는 이 지역은 오늘날에도 상수리나무 숲을 이루고 있다.

마하나임은 일반 지도에는 나와 있지 않아 전문 안내자가 함께해야 한다. 요르단에 있는 지인을 통해 1/25만 지도를 구입해 마하나임을 찾았다. 이 지도에는 미흐나Mihna로 표기되어 있다.

이곳은 암만에서 35번 도로를 타고 북쪽 제라시까지 가서 서쪽 아즐룬 방향으로 가면 된다. 아즐룬은 비교적 큰 도시여서 쉽게 찾아갈 수 있다. 아즐룬에서 마하나임까지는 북쪽으로 직선거리 5킬로미터밖에 되지 않지만 험한 산길에 표지판도 잘 갖춰져 있지 않아 찾아가는 데 어려움이 많다. 아즐룬에서 동북쪽으로 4킬로미터 가면 세 갈래길이 나오는데 거기서 왼쪽으로 1킬로미터 가면 다시 갈래길이 보인다. 그곳에서 왼쪽으로 1.5킬로미터 정도 가면 《성경》의 마하나임인 미흐나 마을이 나온다.

아즐룬에서 마하나임으로 가는 길은 사방이 온통 상수리나무로 덮여 있어 압살롬이 상수리나무에 걸려 죽임당한 사건을 확실히 인식시켜 준다. 마을로 들어가 옛 고대 지역을 찾아가자 그곳에도 철조망 안으로 아주 오래된 상수리나무가 있었다.

상수리나무를 사진에 담으면서 불효자식의 죽음에 통곡하며 우는 아버지 다윗의 마음을 헤아려 보았다. 배신한 이스라엘 백성을 향해 그토록 참으셨던 하나님, 자신을 십자가에 못 박은 자들을 위해 오히려 용서의 기도를 올렸던 예수님처럼 다윗은 아들이기에 자신을 반역하고 마하나임까지 와서 죽이려 했던 압살롬의 죽음 앞에 눈물짓고 있는 것이다.

예루살렘 기드론 골짜기에 가면 압살롬이 자신을 위해 비석을 세

기드론 골짜기에 있는 압살롬 기둥 _ 예루살렘

우고 '압살롬 기념비'라고 이름 지은 것이 있다. 압살롬의 무덤으로 알려진 이곳은 당시보다 700년 이후인 제2성전시대에 세워진 것으로 압살롬 기둥으로 전해지는 석조 기념비다. 기드론 골짜기 동쪽 언덕의 암반을 네모지게 깎아 그 위에 세웠는데 높이 15미터, 하부는 4각, 상부는 원통형 동체에 뾰족한 지붕이 덮여 있다. 이집트 왕관처럼 보인다는 이유로 아라비아 사람들은 '바로의 모자'라고도 부른다. 이 기둥은 겟세마네 동산에서 기드론 계곡을 지날 때 계곡 밑으로 보면 볼 수 있다.

훗날 다윗은 편안하게 나이 들어 죽었다. 그의 무덤 위치는 정확하게 알 수 없지만 오늘날 유대인은 시온 산 마가의 다락방 밑에 가묘를 만들어 놓고 그 앞에서 기도하며 토라를 읽는다. 그리고 이스라엘 국기 가운데에 다윗 왕의 별을 그려 넣어 역사상 가장 위대한 왕으로 존경하고 있다.

솔로몬의 나이가 많을 때에 그의 여인들이 그의 마음을 돌려 다른 신들을 따르게 하였으므로 왕의 마음이 그의 아버지 다윗의 마음과 같지 아니하여 그의 하나님 여호와 앞에 온전하지 못하였으니 열왕기상 11:4

인생은 마지막이 승부수

_ 솔로몬의 후궁 터

솔로몬의 후궁 터 _ 예루살렘 기드론 골짜기

"다윗 말년에 아도니야는 왕위에 오르기 위해 자기 편 사람을 준비했다. 이에 솔로몬의 어머니 밧세바는 다윗에게 사실을 고하고 다윗은 이전에 약속한 대로 솔로몬을 왕으로 세웠다.

솔로몬은 아도니야와 함께 모의했던 반대 세력과 아버지 다윗을 저주했던 시므이 등을 모두 제거했다. 그리고 이집트와 정략결혼을 통해 호의적인 관계를 유지했다. 이어 기브온에서 일천 번제를 드린 후 지혜를 얻고, 성전과 궁전 등 많은 건축 사업을 전개했으며, 무역을 통해 나라의 큰 번영을 이루었다. 그러나 말년에는 이방 여인을 후궁으로 맞이함으로써 우상 숭배에 빠졌고, 북쪽 지파에 대한 막중한 노동과 과중한 세금 부과로 왕국 분열의 원인을 낳았다. 그는 예루살렘에서 40년을 통치한 후 죽어 다윗 성에 장사되었다 열왕기상 1~11장."

다윗 말년에 일어난 정권 다툼은 압살롬 다음으로 태어난 아도니야와 그의 이복동생 솔로몬 사이에서 벌어졌다. 아도니야는 군사적으로 가장 영향력 있는 요압 장군과 제사장 아비아달을 포섭했고, 밧세바의 아들 솔로몬에게는 후에 요압을 대신해 군대 장관이 된 브나야와 제사장 사독 그리고 선지자 나단 등이 있었다.

아도니야는 엔로겔 근처 소헬렛 바위에서 솔로몬 측 사람을 배제한 채 자기 쪽 사람들을 초청해 잔치를 베풀며 세력을 결집했다. 엔로겔은 예루살렘 부근에 있는 샘으로 기드론 골짜기와 힌놈 골짜기가 합류하는 지점 바로 위쪽에 있는 비르 아유브Bir Ayyub(욥의 우물)와 동일시되는 곳이다. 기혼 샘보다 27미터 낮은 이 우물은 바위로 된 지하수 층에까지 뻗어 있어 우기에는 샘물이 지표면으로 분출해 골짜기로 흐른다. 베냐민 지파와 유다 지파의 경계가 되는 지점으로 '정탐의 샘', '빨래하는 자', '방랑자' 등의 지명 뜻처럼 후에 압살롬 반역 시 요나단과 아히마하스가 다윗에게 비밀 정보를 전한 곳이기도 하다.

시온 산 베드로통곡 교회 입구에 있는 전망대에서 보면 기드론 골짜기와 힌놈 골짜기가 합해지는 지점을 볼 수 있다. 힌놈 골짜기 끝에는 가룟 유다가 목매 자살한 아겔다마가 있고 그 뒤 골짜기 옆이 엔로겔이다. 아도니야와 함께 모의에 가담한 모든 자가 죽음으로 삶을 마쳤던 《성경》 속 그 장소다.

세상에서는 줄을 잘 서야 출세한다고 생각한다. 그러나 악한 자의 모의에 줄을 서면 처음에는 잘되는 것 같으나 그 마지막은 멸망이

기드론과 흰놈 골짜기가 합류하는 지점인 엔로겔

다. 반면 선한 무리에 서면 처음에는 많은 어려움이 있지만 나중에는 뜻하는 바를 이루게 된다. 그리스도인은 사람의 편이 아니라 하나님 편에 서는 자이다. 하나님 편에 서는 자는 하나님이 자신의 편이 되어 주심으로 승리하게 된다.

결국 아도니야와 그 뜻을 같이했던 자는 다윗이 솔로몬에게 왕위에 물려줌으로써 뜻을 이루지 못하고 죽거나 제사장직을 박탈당했다. 다윗은 밧세바의 말을 듣고 이전의 맹세를 기억해 제사장 사독과 선지자 나단, 브나야 등 주요 요인 세 명을 불러 솔로몬을 왕위에 오르도록 명령했다. 이에 세 사람은 솔로몬을 다윗의 노새에 태워 기혼 샘으로 가서 솔로몬에게 왕으로 기름을 부었다.

기혼 샘Spring of Gihon•은 다윗 성 근처 기드론 골짜기에 있다. 골짜기를 따라 아래로 8분 정도 내려가면 분문에서 내려오는 길과 만나기 직전 오른쪽에 실로암 못이 있는데 거기서 좀 더 내려가면 힌놈 골짜기와 만난다. 엔로겔은 그곳 지척에 있다. 그러니까 솔로몬 왕 대관식 때 온 백성이 "솔로몬 왕은 만세수를 하옵소서"라고 만세 부르는 소리가 골짜기를 타고 엔로겔까지 들릴 수 있는 거리이다.

왕위에 오른 솔로몬은 반역을 꾀한 아도니야를 처음에는 살려 주지만 아비삭 여인을 구할 때 그를 죽였다. 군대장관 요압은 바로 죽였고, 제사장 아비아달은 아버지 다윗을 생각해 죽이지는 않고 제사장 직만 박탈한 후 성에서 추방했다. 그리고 다윗을 저주했던 시므이는 예루살렘의 감금 생활을 어겼을 때 죽였다.

왕정 초기 반란 세력을 정리한 솔로몬은 기브온으로 내려가 하나님에게 일천 번제를 드렸고 하나님은 지혜를 구한 그에게 부귀와 영광도 함께 주셨다. 그러나 솔로몬의 지혜는 외교에 있어 하나님이 기뻐하시지 않는 방법으로 사용되었다. 이집트를 비롯한 모압, 암몬, 에돔, 시돈 등 이방 여인을 후궁으로 맞이한 것이다. 후궁만 700명이요 첩이 300명이나 되었고 그들은 하나님이 솔로몬에게 주신 지혜로운 마음을 돌이키게 했다. 더욱이 솔로몬은 나이 들수록 이방 여인에 빠져 마침내 이방 신을 섬김으로써 하나님 앞에 악을 행했다. 이에 대해 《성경》은 이렇게 기록하고 있다.

그가 또 그의 이방 여인들을 위하여 다 그와 같이 한지라 그들이 자기의 신들

• 기혼 샘 : 예루살렘의 옛 다윗 성 동쪽 기드론 골짜기에 있는 샘이다. 기혼은 '넘쳐 나오는 샘'이란 뜻으로, 오늘날에도 이곳은 우기에 하루 다섯 번 정도 풍부한 물이 솟아오른다.

샘 입구에서 돌계단을 따라 내려가면 자연적으로 생긴 공간에 물이 모여 깔때기 모양의 굴을 통해 물탱크로 솟아오른다. 이 물을 퍼올리기 위한 초기 청동기시대 지하 구조가 발견되었는데 이 지하수로는 서쪽으로 12미터, 그곳에서 다시 북쪽으로 휘어져 8.3미터를 파고 물탱크에 저수된다. 바로 이 위에 발견자의 이름을 딴 와렌 샤프트Warren's Shaft라 불리는 수직 갱이 있다. 그리고 이 물이 실로암 못으로 흘러들어 간다.

솔로몬의 대관식을 거행했던 기혼 샘 _ 예루살렘

에게 분향하며 제사하였더라 솔로몬이 마음을 돌려 이스라엘의 하나님 여호와를 떠나므로 여호와께서 그에게 진노하시니라 여호와께서 일찍이 두 번이나 그에게 나타나시고 이 일에 대하여 명령하사 다른 신을 따르지 말라 하셨으나 그가 여호와의 명령을 지키지 않았으므로 여호와께서 솔로몬에게 말씀하시되 네게 이러한 일이 있었고 또 네가 내 언약과 내가 네게 명령한 법도를 지키지 아니하였으니 내가 반드시 이 나라를 네게서 빼앗아 네 신하에게 주리라 열왕기상 11:8~11

처음에 하나님 마음에 드는 지혜를 구했던 솔로몬, 그래서 지혜 외에도 이스라엘 역사상 전무후무한 부귀와 영광을 누렸지만 그는 그 지혜를 가지고 하나님을 의지하는 대신 이방국과 정략결혼으로 나라의 안정을 꾀했다. 더욱이 이방 여인에 빠짐으로써 하나님을 떠

멸망 산과 산 중턱의 솔로몬 후궁 터

나 이방 신을 섬기는 타락의 길로 갔다.

기드론 골짜기가 거의 끝나는 지점에는 골짜기 언덕 위로 '솔로몬의 스캔들 후궁 터'라는 곳이 있다. 그 위쪽은 《성경》에 나오는 멸망 산이다. 솔로몬 후궁 터는 실로암 못 지척에 있는데, 지금은 현대 건물이 들어서 있다.

처음 시작은 좋았으나 마지막을 실패한 인생으로 산 솔로몬. 멸망 산 아래 솔로몬 후궁 터에서 다져 본 교훈은 언제나 마지막이 좋게 되기를 기도해야 한다는 점이다. 인생은 마지막이 승부수다.

하나는 벧엘에 두고 하나는 단에 둔지라 이 일이 죄가 되었으니 이는 백성들이 단까지 가서 그 하나에게 경배함이더라 열왕기상 12:29~30

여로보암의 길

_단과 산당 터

단에 있는 여로보암 산당 터

"솔로몬이 죽고 르호보암이 왕위에 올랐다. 그러자 솔로몬 당시 이집트로 망명 갔던 여로보암은 북쪽 지파 대표와 함께 르호보암을 찾아와 고역과 세금을 완화해 줄 것을 요청했다. 그러나 르호보암은 오히려 강경 정책을 채택했다. 이에 북쪽 지파는 여로보암을 왕으로 추대해 왕국이 분열되었지만 르호보암은 하나님 말씀에 따라 전쟁을 하지 않았다.

한편 북왕국의 초대 왕이 된 여로보암은 제사를 위해 예루살렘으로 내려갔다. 민심이 떠나는 것을 염려한 그는 단과 벧엘에 금송아지를 세워 놓고 제사를 드리도록 했는데 그 일이 죄가 되었다. 이 일 후에도 여로보암은 일반인을 산당의 제사장으로 삼는 등 악행을 행했다. 남유다와는 통치기간 동안 계속 전쟁을 빚었다 열왕기상 12~15장."

솔로몬의 북쪽 지파에 대한 강경 정책은 이스라엘의 분열 원인이 되었다. 그러나 솔로몬 때는 그 불만이 표출되지 않았다. 솔로몬이 죽고 그 아들 르호보암이 왕위에 오르자 북쪽 지파 대표들은 이집트로 망명가 있는 여로보암을 불러와 르호보암을 찾아가 과중한 노역과 세금을 완화해 주도록 요청했다. 그러나 르호보암은 원로 정치인의 제안 대신 더 강경책을 요구하는 젊은 정치인의 요구를 수용했다.

> 어린 사람들의 자문을 따라 그들에게 말하여 이르되 내 아버지는 너희의 멍에를 무겁게 하였으나 나는 너희의 멍에를 더욱 무겁게 할지라 내 아버지는 채찍으로 너희를 징계하였으나 나는 전갈 채찍으로 너희를 징치하리라 하니라 열왕기상 12:14

결국 르호보암의 강경 정책은 북쪽 지파의 반항을 가져왔고 이스라엘은 분열되어 북쪽에서는 여로보암이 왕이 되어 세겜에서 통치했다. 중요한 것은 르호보암이 원로의 자문을 무시하고 강경 정책을 채택한 것이 하나님으로부터 나왔다는 사실이다. 그것은 솔로몬의 범죄로 인한 결과였다. 그래서 분열 후 르호보암이 북쪽을 치려고 할 때 하나님은 스마야 선지자를 통해 여호와로 인한 것이니 형제 이스라엘을 치지 말라고 하셨다.

사람의 마음은 하나님이 붙잡아 주셔야 한다. 사울에게서 하나님의 영이 떠난 후 그에게는 악령이 임했다. 그래서 사울은 자신의 마음을 다스리지 못하고 다윗에게 두 번이나 죽임당할 뻔한 상황에서 살아났음에도 다시 다윗을 죽이려고 했다. 그에 반해 다윗이 훌륭한 점은 잘못해서 징계를 받을 때에도 오직 놓지 않은 한 가지는 하나님의 영만 거두어 가지 말라는 기도였다.

남북 왕국의 분열 후 북쪽에서 초대 왕이 된 여로보암에게는 풀어야 할 과제가 생겼다. 나라는 분열되었어도 야훼 신앙으로 지파 간 유대관계가 결집된 이스라엘의 제도상 예루살렘 중심의 제사는 변하지 않았다. 따라서 북쪽 지파 사람들이 제사 드리기 위해 예루살렘으로 가는 것을 막을 수는 없었다.

이런 상황에서 여로보암은 제사로 인해 민심이 남쪽 르호보암에게 가는 것을 막기 위해 단과 벧엘에 두 금송아지를 만들어 놓고 이렇게 말했다.

> 너희가 다시는 예루살렘에 올라갈 것이 없도다 이스라엘아 이는 너희를 애굽 땅에서 인도하여 올린 너희의 신들이라 열왕기상 12:28

그리고 산당을 지은 후 레위 자손이 아닌 일반 백성으로 제사장을 삼아 임의대로 유다 절기와 비슷한 날짜를 정해 금송아지에게 제사를 드리고 단과 벧엘에 쌓은 제단에서 분향했다. 이 일에 대해 《성경》은 '여로보암의 길'이라고 표현하고 있는데 이는 여로보암 당대뿐만 아니라 북이스라엘 전 역사에서 큰 죄가 되었다. 그래서 역대 왕에 대한 평가를 할 때마다 "여로보암의 길로 행하여 그가 이스라엘에게 범하게 한 그 죄 중에 행하였더라"고 말하고 있다.

텔 단 표지판

여로보암이 세웠다는 단에 있는 산당 터를 찾았다. 단의 본래 이름은 레셈(여호수아 19:47) 또는 라이스(사사기 18:29)였는데 남쪽 소라 근방에 살던 단 지파가 북으로 올라와 이곳을 점령하고 단이라고 개명했다. 이곳은 예루살렘 북쪽 약 223킬로미터 지점, 티베리아로부터 약 65킬로미터 거리에 있다. 현재 지명으로 단은 단 키부츠를 말하고, 《성경》에 나오는 단은 단 키부츠로부터 북쪽으로 약 2킬로미터 거리에 있는 사람이 살지 않는 언덕으로 '텔 단T. Dan'이라고 부르는 곳이다.

갈릴리 바다 티베리아에서 90번 도로를 따라 북쪽으로 가다가 키리얏 시모네에서 헤르몬 산으로 향하는 동쪽 방향 99번 도로를 타고 가다 보면 왼쪽으로 텔 단 표지판이 보인다. 그러나 텔 단 직전에 단 키부츠가 있기 때문에 잘못하면 마을로 들어가기 쉽다. 유적지 표지판은 밤색으로 되어 있으며, 텔 단 표지판을 따라 좌회전해서 나무숲이 있는 좁은 길로 가면 숲속 가운데 자리한 단 국립공원 입구가 보인다.

입구로 들어가자마자 엄청난 양의 물이 계곡으로 흘러내리는 모습을 볼 수 있다. 이스라엘은 반 이상이 광야와 사막으로 이루어진 나라인데도 단 지역은 온통 숲과 나무로 덮여 있어 많은 유대인이 휴양지로 즐겨 찾는다. 더구나 이스라엘에서는 상상하지도 못할 만큼 많은 양의 물이 흘러내리는 모습을 보면 모두가 탄성을 자아낸다. 이는 겨울 동안 2,770미터의 헤르몬 산에 쌓여 있던 눈이 녹아 지하로 스며들어 여름까지 솟아나 흐르기 때문이다.

단에서 중요한 《성경》 사건은 단 지파의 이주 사건 외에도 여로보암이 금송아지를 만들어 놓은 산당 터이다. 이곳은 1966년에 시작된 발굴을 통해 밝혀졌다.

여로보암의 산당 터로 가려면 입구에서 숲길을 따라가다 긴 코스와 짧은 코스로 나뉘는 표지판에서 긴 코스로 들어서면 된다. 계곡 사이로는 우렁차게 단의 샘물이 흐르고 있고 마치 삼림욕하듯 길을 따라가다 보면 정글을 탐험하는 느낌이 들기도 한다.

단 국립공원 숲속에서 찬양하는 순례팀

샘물 근원지에서 조금만 더 가면 나무숲 가운데 표지판과 함께 여로보암의 산당 터가 나타난다. 한가운데에는 본래 크기의 제단을 보여 주듯 높은 쇠기둥이 세워져 있어 제단의 크기를 짐작해 볼 수 있다. 사람 키보다도 더 큰 제단이 세워진 이곳에서 북이스라엘 초대 왕이 된 여로보암의 악한 길을 생각해 보았다.

여로보암의 길, 그것은 자신의 정치적 권력만 유지하기 위한 길이었다. 그래서 하나님을 떠나 임의대로 제사를 드리고, 절기를 정하고, 편한 대로 아무나 제사장으로 세웠다.

우리 역시 하나님을 예배한다고 하면서 자기 중심적으로 예배할 때가 있다. 내가 생각한 대로 봉사하고, 물질을 드리고, 나의 판단에 따라 기준을 세워 놓고 신앙생활을 하는 것이다. 그러나 하나님은 어떤 예배를 기쁘게 받으실지, 어떤 봉사를 하기 원하실지 생각하면 우리 신앙생활을 점검해 봐야 한다. 하나님의 생각은 우리 생각과 다르기 때문이다. 그래서 금식에 대해서도 《성경》은 이렇게 가르치고 있다.

> 보라 너희가 금식하면서 논쟁하며 다투며 악한 주먹으로 치는도다 너희가 오늘 금식하는 것은 너희의 목소리를 상달하게 하려는 것이 아니니라 이것이 어찌 내가 기뻐하는 금식이 되겠으며 이것이 어찌 사람이 자기의 마음을 괴롭게 하는 날이 되겠느냐 그의 머리를 갈대 같이 숙이고 굵은 베와 재를 펴는 것을 어찌 금식이라 하겠으며 여호와께 열납될 날이라 하겠느냐 내가 기뻐하는 금식은 흉악의 결박을 풀어 주며 멍에의 줄을 끌러 주며 압제당하는 자를 자유하게 하며 모든 멍에를 꺾는 것

이 아니겠느냐 또 주린 자에게 네 양식을 나누어 주며 유리하는 빈민을 집에 들이며 헐벗은 자를 보면 입히며 또 네 골육을 피하여 스스로 숨지 아니하는 것이 아니겠느냐 이사야 58:4~7

금식은 단순히 음식을 끊고 기도하는 것만이 아니다. 그것은 구체적인 하나님 중심의 생활로 이어져야 한다. 나의 생각을 내려놓고, 내 판단을 버리고 오직 하나님은 어떻게 하실까를 생각하며 모든 일을 하나님 중심, 말씀 중심으로 해야 한다.

온통 숲과 나무로 덮여 있는 단 지역

그가 가서 엘리야의 말대로 하였더니 …… 여호와께서 엘리야를 통하여 하신 말씀같이 통의 가루가 떨어지지 아니하고 병의 기름이 없어지지 아니하니라

열왕기상 17:15~16

엘리야의 고향 디셉의 교회 터 _ 요르단

마중물의 기적

_디셉, 사르밧, 갈멜 산

"이스라엘이 북이스라엘과 남유다로 분열된 후 여로보암으로 시작된 북왕국은 그의 아들 나답 때 바아사의 반역으로 왕위는 2대에 그치고 이후 바아사가 정권을 쟁취했다. 그러나 바아사 역시 그 아들 엘라 때 시므리의 반역으로 몰살당했다. 시므리는 7일 통치로 끝나고 오므리가 왕위에 올라 그 아들 아합이 왕위를 이어 받았다. 한편 남왕국은 르호보암에 이어 아비얌, 아사, 여호사밧까지 왕위가 정통적으로 이어졌다.

북이스라엘의 아합 왕 때 디셉 출신 엘리야는 선지자로 활동을 시작했다. 그는 바알 숭배로 3년 동안 가뭄이 있을 것을 예언한 후 그릿 시냇가와 사르밧에서 지낸 다음 갈멜 산으로 돌아와 제단에 불이 임하는 능력으로 바알 선지자를 죽이고 하나님이 참 신임을 확인시켰다 열왕기상 15~18장."

여로보암에서 나답, 바아사, 엘라, 시므리, 오므리, 아합 등으로 이어지는 북왕국의 초기 역사는 반역으로 점철된 혼란한 시대였다. 아합이 북이스라엘을 통치할 때 길르앗 디셉 출신 엘리야가 선지자로 나타나 북이스라엘에 재앙이 임할 것을 예언했다.

> 길르앗에 우거하는 자 중에 디셉 사람 엘리야가 아합에게 말하되 내가 섬기는 이스라엘의 하나님 여호와께서 살아 계심을 두고 맹세하노니 내 말이 없으면 수 년 동안 비도 이슬도 있지 아니하니라 하니라 열왕기상 17:1

이스라엘이 분열된 후 62년째 아합이 북이스라엘을 통치하기까지 일곱 명의 왕은 모두 여로보암의 악행의 길을 걸었다. 특히 아합 때는 바알 숭배의 극치를 이루어 하나님의 진노는 참을 수 없는 데까지 이르렀다. 마침내 엘리야를 통해 이스라엘에 가뭄이 있을 것을 예고하셨다.

팔레스타인 지역은 건기(여름)와 우기(겨울) 두 계절로 이루어진다. 건기에는 비 한 방울 내리지 않는다. 그래서 곡식은 우기가 시작되는 10~11월경에 씨앗을 파종해 이듬해 늦은 비가 그치는 4~5월에 보리와 밀을 수확한다.

이스라엘에서 "이슬로 농사를 짓는다"는 말을 처음에는 잘 이해하지 못했다. 이스라엘은 서쪽 지중해에서 불어오는 습한 바람이 중앙 산악 지대와 유대 광야를 지나면서 그 일교차로 인해 많은 양의 이슬을 내린다. 비가 내리지 않는 이곳에서 아침에 내리는 이슬은 나

헤르몬 산 리프트에서 _ 이스라엘

무와 풀이 생존하는 데 필수 요건이다. 그래서 《성경》에서 이슬은 하나님의 은혜를 상징하며 생명과 같은 은혜를 가리킨다.

> 헐몬의 이슬이 시온의 산들에 내림 같도다 거기서 여호와께서 복을 명령하셨나니 곧 영생이로다 시편 133:3

헤르몬 산은 이스라엘 최북단에 있는 2,770미터의 높은 산이다. 이 산에서 내린 이슬이 이스라엘 중앙에 위치한 시온(예루살렘)까지 간다는 것은 전 이스라엘을 덮는 것을 뜻한다. 곧 최북단 가장 높은 곳에서 내린 생명과 같은 은혜가 이스라엘을 온통 에워싸는 것이다.

1997년 1월 처음으로 헤르몬 산 정상을 올라갔다. 이스라엘 사람은 겨울이 되면 헤르몬 산으로 스키를 타러 간다. 헤르몬 산을 제외하고는 눈이 거의 내리지 않는 나라이기에 눈이 오면 모두 신기하게 생각한다. 우리가 헤르몬 산을 찾았을 때도 마침 눈이 내려 아름다운 모습이었다. 산 주차장에 차를 세우고 리프트를 이용해 정상에 올라가자 발이 빠질 정도로 많은 눈이 내려 있었다.

헤르몬 산은 시리아와 레바논, 이스라엘 세 나라의 국경에 인접해 있는 산이다. 사방으로 쌓여 있는 눈을 바라보며 생명 같은 하나님의 은혜가 하루속히 이 땅에 있는 유대인과 팔레스타인 사람에게 임하기를 기도했다.

아합 때에 비뿐만 아니라 이슬도 내리지 않을 것이라는 엘리야의 예언은 바알 숭배에 대한 하나님의 진노가 얼마나 컸는지를 보여 준다. 결국 하나님의 말씀대로 3년(혹은 3년 반) 동안 가뭄이 들었다. 이때 하나님은 엘리야로 하여금 가뭄을 피해 요르단 동쪽 그릿 시냇가에 가서 숨어 지내도록 했다. 또한 그릿 시냇가에서 시냇물을 마시며 숨어 지내는 엘리야에게 까마귀를 통해 아침저녁으로 떡과 고기를 가져다 주셨다. 그러나 가뭄이 계속되자 그릿 시냇가의 물도 말랐다. 이에 하나님은 오늘날 레바논 사르밧에 있는 과부에게 가서 음식을 공급받도록 하셨다.

그릿 시냇가는 요르단 북쪽에 자리하고 있다. 이 시내는 《성경》의 얍복 강과 갈릴리 바다 남쪽으로 흘러드는 야르묵 강 사이에 있는 와디 야비스이다.

그릿 시냇가와 엘리야의 고향 디셉을 찾기 위해 요르단에서 택시를 하루 대절해 수도 암만을 출발했다. 암만에서 아즐룬까지는 지도를 보면서 큰 길을 따라가면 비교적 쉽게 찾아갈 수 있다. 아즐룬에서 북쪽 대도시 이르비드로 가는 길에 보면 산속에 작은 계곡이 있는데 바로 그릿 시냇가이다. 우리는 하류 쪽 그릿 시냇가를 보기 위해 엘리사

그릿 시내 _ 요르단

의 고향인 아멜므홀라 앞의 그릿 시냇가를 찾았다. 계곡 위로 놓인 다리를 지나자마자 표지판이 있어 그릿 시냇가임을 확인할 수 있었다.

비가 내리는 겨울임에도 물은 그렇게 많이 흐르지 않았다. 계곡 서북쪽으로는 멀리 산꼭대기에 자리한 아멜므홀라가 보이는데 엘리야의 고향 디셉 역시 이곳과 가까운 거리에 있다.

디셉의 위치에 대해서는 그릿 시냇가의 한 지류로 보는 와디 엘 마스쿠프Wd. el-Masquf 부근 언덕 꼭대기에 자리한 키르벳 리스팁Kh. Listib과 마르 일리야스Mar Iiyas(현대 지명은 Mar Elyass) 두 곳이 주장되고 있다. 그러나 두 곳 모두 가까이 있어 위치상 문제될 것은 없다.

마르 일리야스, 곧 엘리야의 산으로 불리는 이곳은 로마 가톨릭에서 요르단 5대 성지로 지정한 곳으로 로마와 비잔틴시대에 도기 조각과 교회 터가 발견되었다. 2000년에 방문했을 때에도 발굴이 계속 진행되고 있었는데 교회 터에서 발견된 모자이크가 엘리야에 관련된 것이라는 말을 들었으나 진위는 알 수 없었다.

지금까지 발굴을 통해 확인한 것은 올리브를 짜던 도구와 포도주

틀, 저수조 등이다. 후에 다시 이곳을 방문했을 때는 교회 터 한 곳이 더 발굴되었다. 그리고 이곳에서는 바로 북쪽에 키르벳 리스팁이 보이는데 그곳에는 폐허로 남은 많은 돌 유적이 있다.

엘리야의 고향은 다른 선지자와 달리 왜 요르단 강 동편에 있었을까? 길르앗 지역에 위치한 디셉은 출애굽 당시 갓 지파가 분배받았던 땅이다. 그러나 아합 왕 때는 이스라엘의 영향력이 상당히 약화된 상태였다. 그래서 아합은 비록 실패했어도 이 지역에 있는 길르앗 라못을 되찾기 위해 남 유다 여호사밧 왕과 연합해 공격하기도 했다.

이때 엘리야는 아합을 피해 그의 영향력이 미치는 않는 디셉 그릿 시냇가로 몸을 숨겼다. 그러나 계속된 가뭄으로 하나님은 다시 북쪽 사르밧으로 가서 한 과부에게 음식을 공급받도록 했다. 왜 하나님은 그릿 시냇가로 피하게 한 후 까마귀까지 동원해 엘리야를 먹이셨는데 다시 사르밧으로 피하라고 하셨을까?

> 너는 일어나 시돈에 속한 사르밧으로 가서 거기 머물라 내가 그곳 과부에게 명령하여 네게 음식을 주게 하였느니라 열왕기상 17:9

엘리야가 가뭄이 끝날 때까지 머물렀던 사르밧은 지중해 북쪽, 오늘날 레바논의 해안 항구인 시돈과 두로 사이에 위치한 소도시이다. 헬라인은 이곳을 사라판드Sarafand라 불렀고, 지금까지도 이 지명을 사용한다. 사라판드가 《성경》의 사르밧이라는 것은 '사렙다의 거룩한 신

그릿 시내 표지판 _ 요르단

디셉의 교회 터에서 발견된 모자이크

에게'라는 글씨가 새겨진 비문의 발견으로 확인되었다.

두로나 시돈은 큰 유적이 남아 있어 찾는 데 어려움이 없다. 그러나 두 도시 사이에 위치한 사르밧에서 옛 흔적을 찾기란 쉽지 않다.

사르밧은 1969년 펜실베이니아 대학 박물관의 발굴 과정에서 AD 1~6세기로 추정되는 로마인의 항구를 발굴했는데, 당시 정박 시설이 있는 부두와 바위를 다듬어 만든 갑문을 지나 부두 입구까지 이어진 수로 시설과 부두 근처의 공장 건물 터 등도 함께 발견했다.

이 사실을 확인할 수 있는 행운이 이번 답사에 주어졌다. 아니, 그것은 성지 연구를 향한 열정을 보시고 하나님이 주신 선물이었다.

이곳을 답사하던 중 마침 항구 터가 있는 바다 밑을 촬영한 주민을 만나 항구 터를 찾을 수 있었다. 그가 가르쳐 주는 대로 한여름에 모래사장의 바닷가를 따라 항구 터와 그 옆에 있는 텔을 보고 올라갔다. 바닷가에 위치한 고대 사르밧 주거지 텔 위에서 동쪽으로 형성된 오늘날 사르밧 지역의 집들을 바라보며 오래전 이곳에서 일어난 한 과부와 엘리야의 사건을 떠올렸다.

가뭄으로 그릿 시냇가를 떠나 사르밧에 도착한 엘리야는 성문에

엘리야가 가뭄이 끝날 때까지 머물렀던 사르밧

이르렀을 때 한 과부가 나뭇가지를 줍고 있는 모습을 보고 말했다.

"네 손의 떡 한 조각을 나에게 달라."

이에 과부가 대답했다.

"당신의 하나님 여호와께서 살아 계심을 두고 맹세하노니 나는 떡이 없고 다만 통에 가루 한 움큼과 병에 기름 조금뿐이라. 내가 나뭇가지 둘을 주워다가 나와 내 아들을 위하여 음식을 만들어 먹고 그 후에는 죽으리라."

가뭄은 북이스라엘에만 임하지 않았다. 오늘날 레바논에 있는 사르밧까지 번졌고, 엘리야를 만난 과부는 마지막 한 끼를 만들어 아들과 함께 먹고 죽으려고 나뭇가지를 줍고 있었다. 그런 과부에게 떡을 달라고 하는 엘리야를 우리는 과연 이해할 수 있을까? 그러나 하나님은 엘리야가 이곳에 오기 전 이미 과부를 통해 음식을 제공받도록 하셨으니 하나님의 역사는 사람의 생각을 뛰어넘는 것이다.

엘리야는 계속해서 과부에게 말했다.

"이스라엘 하나님 여호와의 말씀이 나 여호와가 비를 지면에 내리는 날까지 그 통의 가루가 떨어지지 아니하고 그 병의 기름이 없어지지 아니하리라 하셨느니라."

이에 과부는 자기가 먹고 죽으려 했던 그 떡을 엘리야에게 만들어 주었다. 그러자 엘리야의 말대로 가뭄이 끝날 때까지 통에 가루가 떨어지지 아니하고 병에 기름도 떨어지지 않았다.

이 사건을 생각할 때마다 옛날 작두펌프로 물을 퍼올릴 때 있었던 마중물이 생각난다. 특히 사르밧 현장에서는 더 가슴 깊이 다가왔다.

마지막 남은 물 한 바가지, 그것은 사르밧 과부가 먹고 죽으려 했던 마지막 한 끼 식사와 같았다. 한 바가지의 물을 그대로 마셨다면 그는 당장은 갈증을 면할 수 있지만 이후로는 갈증을 해결하지 못했을 것이다. 그러나 그 마지막 남겨 놓은 물을 작두펌프에 넣고 펌프질을 하면 물은 펌프질을 멈출 때까지 계속해서 나오게 된다. 마찬가지로 마지막 한 끼의 식사를 아들과 함께 먹었다면 그것을 먹고 이후에는 굶어죽었을 테지만 그 마지막 식사를 하나님의 사람 엘리야에게 주니 그의 말대로 가뭄이 끝날 때까지 가루와 기름이 떨어지지 않는 기적이 일어났다.

마지막 남은 마중물, 하나님은 내가 드린 마지막 전부보다 더 많은 것으로 이 세상 다할 때까지 베푸시는 분임을 사르밧• 현장에서 다시 한 번 확인시켜 주셨다.

• **사르밧 :** 항구 터 외에도 로마인 거주층 밑에서 베니게인의 거주층과 20개가 넘는 도기가마, 진흙을 가루로 만드는 그릇, 불량 도기류 더미 등이 발견되었다. 또한 제단과 의자를 갖춘 봉헌물이 채워진 작은 성소도 발견되었으며 제단 근처에서는 적갈색의 작은 입상과 조각 상아 제품도 발굴됐다. 그 외에도 사르밧에서 섬겼던 타닛Tanit 여신의 상징이 새겨진 유리 인장과 미케네 도기류가 들어 있는 후기 청동기시대의 무덤도 발굴되었다.

갈멜 산의 엘리야 동상

예고된 3년의 가뭄이 끝나 갈 무렵 비를 내리겠다는 하나님의 말씀을 들은 엘리야는 사르밧에서 아합 왕을 만나기 위해 남쪽으로 내려왔다. 그리고 아합을 만난 자리에서 바알과 아세라 선지자와의 대결을 제안했다.

그런즉 사람을 보내 온 이스라엘과 이세벨의 상에서 먹는 바알의 선지자 사백오십 명과 아세라의 선지자 사백 명을 갈멜 산으로 모아 내게로 나아오게 하소서 열왕기상 18:19

마침내 많은 백성과 함께 바알 선지자 450명이 갈멜 산으로 모였다. 엘리야는 아합 왕과 백성이 보는 앞에서 바알과 여호와를 위한 제단을 쌓고 나무 위에 제물을 올려놓았다. 하지만 불은 붙이지 않고 각자 자기의 신을 부를 때 불로 응답하는 신이 참 신임을 알게 하자는 제안을 했다. 이에 모인 백성이 동의하자 바알 선지자가 먼저 그들의 신의 이름을 부르며 정오까지 외쳤으나 아무 응답도 없었다. 이에 옆에 있던 엘리야가 말했다.

정오에 이르러는 엘리야가 그들을 조롱하여 이르되 큰 소리로 부르라 그는 신인즉 묵상하고 있는지 혹은 그가 잠깐 나갔는지 혹은 그가 길을 행하는지 혹은 그가 잠이 들어서 깨워야 할 것인지 하매 열왕기상 18:27

이에 그들이 더 큰소리로 부르며 칼과 창으로 자기의 몸을 상하게 하면서 저녁 소제를 드릴 때까지 부르짖었으나 아무런 응답도 소리도 없었다. 그러자 이번에는 엘리야가 무너진 여호와의 제단을 바로잡고 12지파대로 열두 개의 돌로 제단을 쌓은 후 물을 떠다 제단 아래 도랑에까지 물이 흐를 정도로 번제물과 나무 위에 부었다. 그리고 여호와를 향해 "여호와여 내게 응답하옵소서. 내게 응답하옵소서. 이 백성에게 주 여호와는 하나님이신 것과 주는 그들의 마음을 되돌이키심을 알게 하옵소서"라고 부르짖었다.

이에 여호와의 불이 내려 모든 번제물과 나무와 돌과 흙까지 태우고 도랑의 물도 핥아 버렸다. 모인 백성은 여호와가 참 하나님임을 외쳤고 엘리야는 바알 선지자를 잡아 산 아래 기손 시냇가로 데려다 죽였다.

갈멜 산은 성지 순례 때 꼭 들르는 곳이다. 갈멜 산 정상에는 바알을 칼로 죽인 엘리야 동상이 세워져 있다. 엘리야의 손에는 구부러진 칼이 있는데 가끔 안내자가 왜 칼이 구부러졌는지 순례객에게 질문을 던지기도 한다. 그리고 그 대답으로 불칼이라 칼이 녹아서 그렇다고 이야기해 준다.

그 옆에는 엘리야 기념 교회가 있는데 2층 계단을 통해 옥상으로 올라가면 북쪽으로 이스르엘 평야가 보이고 평야 가운데 나무가 자라는 길을 따라 기손 강이 흐른다. 평상시에는 물이 거의 흐르지 않지만 우기에는 많은 양의 물이 흐르는데 이 시냇물을 보려면 이스르엘 평야로 내려가야 한다.

갈멜 산에 오면 보통은 위치만 확인하고 내려가는데 잠시라도 기손 시냇가를 바라보며 《성경》 속 사건을 묵상해 보는 것도 좋다. 묵상과 기도 없이 현장만 찾는 성지 순례는 일반 여행과 다를 것이 없지 않은가. 이제 우리는 불로 응답해 주시는 하나님을 체험하는 신앙이 다시 한 번 일어나기를 소원하자. 하나님의 말씀이 우리 생활에서 능력 있는 삶으로 나타나기를 기도하자.

기손 시냇가, 뒤로 보이는 것이 갈멜 산

자기 자신은 광야로 들어가 하룻길쯤 가서 한 로뎀 나무 아래에 앉아서 자기가 죽기를 원하여 이르되 여호와여 넉넉하오니 지금 내 생명을 거두시옵소서 나는 내 조상들보다 낫지 못하니이다 열왕기상 19:4

바란 광야의 로뎀나무 _ 이집트

로뎀나무 아래서

_브엘세바와 호렙 산

엘리야는 갈멜 산에서 바알 선지자를 죽임으로써 승리를 이루었지만 이세벨이 자기를 죽이려 하자 브엘세바까지 도망가 로뎀나무 아래서 죽기를 구했다. 그러나 자신의 힘으로는 더 이상 일어날 기력조차 없을 때 천사를 통해 음식을 먹고 힘을 얻은 그는 호렙 산까지 내려가 그곳에서 새로운 사명을 받았다 열왕기상 19:1~18.

갈멜 산에서 거둔 통쾌한 승리로 백성은 여호와가 참 하나님이심을 확인했다. 이어 3년 동안의 가뭄도 끝이 났다. 그 현장에는 북이스라엘 왕 아합도 함께 있었다.

그런데 엘리야는 바알을 섬기던 왕후 이세벨이 자신을 죽이려 하자 그의 낯을 피해 도망하게 되었다. 여기서 이해할 수 없는 것은 아합 왕의 태도이다. 불로 응답하신 여호와가 하나님이심을 직접 확인하고도 왜 왕후가 엘리야를 죽이려고 하는 것을 막지 않았을까? 이는 아합 왕 역시 하나님보다 여자의 말에 약한 신앙의 소유자임을 보여 준다. 또 하나는 하늘에서 불을 임하게 함으로써 하나님의 능력을 보여 주고 백성의 힘을 얻어 바알 선지자 450명을 죽이기까지 했던 엘리야가 이세벨을 피해 도망한 점도 쉽게 납득이 가지 않는 부분이다.

이 두 사람의 모습에서 내린 결론은 인간은 역시 나약한 존재라는 사실이다. 그러나 우리는 사람에게 약한 자가 아니라 하나님 앞에서 약한 자가 되어야 한다. 하나님은 자기에게 약한 자를 도우시는 분이지 않는가.

어쨌든 엘리야는 이세벨을 피해 유다 땅으로 갔다. 유다의 가장 남쪽 도시 브엘세바까지 도망 온 엘리야는 더 이상 피할 기력을 잃고 한 로뎀나무 아래서 하나님 앞에 죽기를 구했다. 그런데 북이스라엘 갈멜 산에서 이곳까지 도망 왔으면 이제 안전할 텐데 엘리야는 왜 죽기를 구했을까?

이는 당시의 정치적 상황과 지리적 여건을 살펴보면 이해할 수 있다. 북이스라엘과 남유다로 갈라진 후 남북관계는 전쟁으로 치달

사람이 살 수 있는 남방 한계선상에 있는 브엘세바

았다. 그러나 엘리야가 활동하던 당시 북이스라엘 아합 왕과 남유다 여호사밧 왕은 동맹관계를 맺고 있었다. 따라서 엘리야가 국경을 넘어 남유다로 피해 왔어도 북이스라엘의 요구를 거절할 수 없는 상황이었다.

또 하나 지리적 측면에서 보면 브엘세바는 인간이 살 수 있는 남방 한계선상에 있는 도시이다. 보통 1년 강우량이 100밀리미터 미만이면 양을 방목하기가 어렵다. 그런데 브엘세바는 1년 강우량이 100~200밀리미터 정도로 더 남쪽으로 내려가면 사람이 살기 어려운 지역이다. 그렇기에 엘리야는 브엘세바에서 자기의 사환을 더 이상 따라오지 못하게 하고 자신은 광야로 하룻길쯤 가서 로뎀나무 아래에서 죽기를 구했던 것이다.

사막에는 그늘이 귀하다. 사막에서 그늘이 될 수 있는 나무는 싯딤나무가 유일하다. 그러나 엘리야가 죽기를 구했던 로뎀나무Juniper[•]는 싯딤나무보다 좀 더 좋은 조건에서 자란다. 싯딤나무는 뿌리를 깊게 내리기 때문에 비가 60밀리미터 이하에서도 지하수만 있으면 자라지만 로뎀나무는 어느 정도 비가 있는 사막에서는 자라도 지하수가 깊은 사막에서는 자라지 못한다. 그래서 로뎀나무는 물이 있는 곳에서는 사람 키보다 더 크게 자라지만 물이 적은 사막에서는 사람 키보다 작게 자란다.

청소비처럼 생긴 로뎀나무는 가지가 많은 관목으로 싯딤나무와 달리 좋은 그늘이 되지 못한다. 사막에서는 그늘을 찾기 어렵기 때문에 로뎀나무 아래라도 피할 수밖에 없다. 그래서 로뎀나무 아래서 죽기를 구한 엘리야의 모습 속에는 휴식의 의미가 아니라 그의 도피 생활이 얼마나 초라하고 비참했는가를 보여 주는 뜻이 더 크다.

교회에서 성지 순례를 부탁해 오는 경우 일정이 가능하면 브엘세바를 코스에 넣도록 권한다. 브엘세바에는 지금도 아브라함이 심은 것과 같은 종류의 에셀나무가 자라고 있고 엘리야가 그늘로 삼았던 로뎀나무도 있다. 물론 이스라엘 북쪽에도 많은 로뎀나무가 자라고 있다. 특히 브엘세바에서 벧세메스로 가는 길에 보면 봄에는 아름다운 노란 꽃이 핀 로뎀나무도 볼 수 있다. 엘리야를 피해 도망하다가 브엘세바의 한 로뎀나무 아래서 죽기를 구했던 엘리야, 그에게 브엘세바는 더 이상 피할 수 없는 마지노선이었다. 우리도 살다 보면 브엘세바의 로뎀나무 아래에 있는 엘리야처럼 더 이상

• 로뎀나무 : 대싸리나무라고도 하며, 히브리어는 로템으로, 《한글개역성경》에는 발음 그대로 로뎀나무 또는 대싸리Broom(욥기 30:4)로 번역했고, 영역본 AV에는 노간주나무juniper, RSV에는 금작화broom로 번역했다.

길이 없는 삶, 더 이상 물러설 수 없는 마지노선과 같은 자리에 있을 때가 있다. 그러나 하나님의 역사는 인간이 어찌할 수 없는 마지막 지점에서 더 크게 일어난다.

하나님은 로뎀나무 아래서 누워 자는 엘리야를 천사를 통해 깨우시고 어루만져 주시며 떡과 물을 주셨다. 자신의 힘으로는 더 이상 일어날 기력이 없을 때도 하나님은 어루만져 주시며 새 힘을 주시는 분이다.

브엘세바에서 천사가 주는 음식을 먹고 힘을 얻은 엘리야는 40일

엘리야가 머물렀던 시내 산 중턱, 앞에 엘리야 예배당이 보인다.

을 걸어 호렙 산(시내 산)에 도착했다. 그곳에서 엘리야는 한 굴에 들어가 하나님으로부터 세 명에게 기름을 부으라는 세미한 음성을 들었다. 다메섹 하사엘에게 아람 왕으로 기름 붓고, 예후에게는 북이스라엘의 왕으로 기름 부으며, 엘리사에게 기름을 부어 자신을 대신할 선지자로 세우라는 것이었다.

오늘날 시내 산 중턱에는 엘리야 예배당chapel이 있다. 낙타를 타고 시내 산을 오르다 보면 낙타 종점에서 다시 가파른 계단을 올라가게 되는데 계단이 끝나고 또 다른 계단이 시작되는 곳에서 아래쪽을 보면 큰 나무가 보인다. 바로 그곳에 엘리야가 숨었던 동굴이 있으며, 모세가 시내 산을 올라갔을 때 장로 70인이 머문 곳이기도 하다.

엘리야가 머물렀던 시내 산 중턱에는 오늘날 우물이 남아 있다. 엘리야 예배당 앞에서 새로운 사명을 받은 엘리야를 생각해 보았다.

엘리야는 브엘세바의 로뎀나무 아래에서 사명을 다했다고 생각했지만 하나님은 그런 엘리야를 시내 산으로 불러 후계자를 세우는 아주 중요한 사명을 주셨다. 시내 산은 사명의 산이다. 모세가 사명을 받은 곳이요, 엘리야가 새로운 사명을 받은 곳이다. 바로 그곳에서 이제까지 나에게 주신 사명과 남은 생애에서 하나님이 주시는 새로운 사명이 무엇인지 묵상해 보았다.

두 사람이 길을 가며 말하더니 불수레와 불말들이 두 사람을 갈라놓고 엘리야가 회오리 바람으로 하늘로 올라가더라 열왕기하 2:11

엘리야 승천지

길이 험할수록 정상은 가깝다

_엘리야 승천 여정

시내 산에서 소명을 받은 엘리야는 아멜므홀라로 올라가 엘리사를 후계자로 삼았다. 이후 아람의 북이스라엘 침공과 아합이 나봇의 포도원을 빼앗는 사건이 일어났다. 이에 엘리야는 아합이 죽을 것을 예언했고, 아합은 길르앗 라못을 공격하다 부상당해 죽었다. 이때 엘리사는 엘리야를 따라 길갈과 벧엘, 여리고, 요르단 강을 건너 끝까지 함께함으로써 그의 겉옷을 받고 갑절의 능력을 부여받았다 열왕기상 19:19~열왕기하 2:15.

시내 산에서 엘리사를 후계자로 삼으라는 소명을 받은 엘리야는 남유다를 통하지 않고 오늘날 요르단 지역인 왕의 대로를 따라 엘리사가 있는 길르앗 아멜므홀라로 갔다. 이때만 해도 길르앗 라못에 대한 아합의 영향력이 약한 상태였기 때문에 엘리야는 아합의 왕후 이세벨의 추적을 피해 별다른 위험 없이 엘리사에게 갈 수 있었다.

엘리야가 브엘세바에서 시내 산까지 40일을 걸어간 것으로 계산하면 시내 산에서 아멜므홀라까지는 걸어서 100일 정도 걸린다. 그러나 실제로 걸어서 계속 가면 한 달이면 갈 수 있는 거리이다. 어쨌든 아멜므홀라에 도착한 엘리야는 12겨릿소로 밭을 갈고 있던 엘리사를 만나 자기의 겉옷을 그 앞에 던짐으로써 후계자로 지명했다.

당시 선지자의 겉옷은 선지자 직을 상징하는 것이었다. 따라서 겉옷을 던지는 행위는 선지자 직을 승계하는 것으로 엘리사를 자신의 후계자로 지명한다는 의미였다. 이에 엘리사는 밭을 갈던 12겨릿소 중 한 겨릿소를 잡고 소의 기구를 화목으로 삼은 후 잡은 소를 삶아 이웃 주민에게 나누어 주고 엘리야를 따랐다.

한 겨리는 두 마리 소가 한 멍에를 메고 밭을 가는 것을 말한다. 따라서 12겨릿소인 24마리를 가지고 밭을 간다는 것은 엘리사의 집이 그만큼 부유했음을 말해 준다. 그런데도 엘리사는 그 모든 것을 버리고 엘리야를 따랐다. 이는 예수님의 제자들이 자신의 생존도구인 그물을 버리고 예수님을 따른 것과 같다. 선지자의 길은 세상 것을 포기해야 갈 수 있는 길이다. 예수님을 따르는 것 역시 세상 것을

팔레스타인 쟁기 _ 요르단

붙잡고는 갈 수 없는 길이다. 특히 목회자의 길은 자신을 온전히 내어 드리지 않고는 갈 수 없는 길임을 이곳 엘리사의 고향 아멜므홀라에서 되새겨 보았다.

아멜므홀라는 엘리야의 고향 디셉과 아주 가까운 거리에 있다. 엘리야는 엘리사에 대해 이미 잘 알고 있었을 것이며, 그래서 하나님의 말씀에 따라 엘리사를 후계자로 지명했던 것이다.

2010년 아멜므홀라를 방문한 후 디셉으로 가던 중 마침 밭을 갈고 있던 요르단의 팔레스타인 농부를 보고 즉시 차를 세웠다. 엘리사가 12겨릿소로 밭을 갈던 그 지역에서 소는 아니지만 말을 사용해 밭을 가는 모습이 마치 하나님이 우리를 위해 연출해 주신 것 같다는 생각이 들었다.

농부가 쟁기를 건네 주며 밭을 갈아 보라고 했다. 그 옛날 엘리사를 떠올리며 쟁기를 잡고 밭을 갈았다. 생각처럼 밭은 반듯한 모양이

겨릿소로 밭을 가는 팔레스타인 농부 _ 요르단

나오지 않았다. 초등학교 시절 밭을 갈던 아버지가 해주신 말씀이 생각났다. 밭을 똑바로 갈려면 멀리 있는 한 지점을 바라보고 소를 몰아야 한다는 것이었다. 《성경》에서 예수님은 이런 말씀을 들려 주셨다.

> 손에 쟁기를 잡고 뒤를 돌아보는 자는 하나님의 나라에 합당하지 아니하니라 누가복음 9:62

그렇다. 쟁기를 잡은 사람이 앞을 보지 않고 뒤를 보면 밭을 반듯하게 갈 수 없다. 소돔과 고모라 성이 유황불로 멸망당할 때 롯의 아내가 두고 온 재물과 사위를 생각하며 뒤를 돌아봄으로써 소금기둥이 되었던 것처럼 하나님을 따른다고 하면서 자꾸 세상 것을 바라보면 올바르게 따를 수가 없다.

이후 엘리사는 엘리야를 길갈에서 따르게 되었다. 그러나 엘리

야는 자신은 곧 승천할 것이기 때문에 더 이상 따라오지 말라고 강권했다.

길갈의 위치는 여리고 외에 또 다른 곳이 제기된다. 여리고 부근의 길갈은 가나안에 입성한 이스라엘이 처음으로 진을 친 곳이다. 그러나 엘리야가 승천을 앞두고 출발한 길갈은 일반적으로 벧엘에서 직선거리로 북쪽 방향 약 12킬로미터, 현대 길로는 20킬로미터 정도 떨어진 오늘날 질지야Jiljiya이다.

그러나 엘리사는 벧엘로 가는 엘리야를 따라갔다. 이에 두 사람은 함께 벧엘에 이르렀고 엘리야는 다시 엘리사를 향해 "너는 여기 머물라. 여호와께서 나를 여리고로 보내시느니라" 하면서 만류했다. 그러나 이번에도 엘리사는 "여호와께서 살아 계심과 당신의 영혼이 살아 있음을 두고 맹세하노니" 하며 여리고까지 엘리야를 따라갔다.

벧엘에서 여리고까지는 현대 길로 20킬로미터 정도 된다. 여리고에 도착하자 선지자의 제자들이 이제 곧 승천하는 엘리야를 따르는 엘리사를 향해 비난 섞인 말을 하기도 했지만 엘리사는 아랑곳하지 않고 엘리야를 따라 요르단 강을 건넜다. 이에 엘리야는 엘리사에게 구하는 것을 말하라 했고, 엘리사는 엘리야의 성령이 하시는 역사의 갑절을 구했다. 엘리사는 그 구한 것을 받았을 뿐만 아니라 엘리야가 승천하면서 떨어진 겉옷을 받고 여리고로 돌아왔다.

엘리야가 승천한 곳은 《성경》의 베다니 지역으로 지금은 요르단 강 세례 터로 가다 보면 왼쪽으로 볼 수 있다. 이스라엘과 국경 지대에 위치해 있어 여리고 앞 요르단 강을 찾기 위해서는 일정한 절차를 밟은 후 따로 국경을 오가는 버스를 이용해야 한다. 그러나 개인적으로 방문하면 엘리야가 승천한 가까운 지점까지 가는 것도 가능하다.

아멜므홀라에서 길갈까지 75킬로미터, 길갈에서 벧엘까지 20킬로미터, 벧엘에서 여리고까지 20킬로미터, 여리고에서 요르단 강까지 10킬로미터, 요르단 강에서 엘리야의 승천 지점까지 2킬로미터, 점점 짧아지는 엘리야의 승천 여정은 엘리사에게는 갈수록 따라가기 힘든 길이었다. 그러나 엘리야의 만류를 뿌리치고, 선지자 제자들의 비웃음 속에서도 끝까지 따라갔다가 마침내 능력 있는 선지자가 되었던 엘리사, 그것은 끝까지 하나님을 따르는 자에게 주시는 하나님의 은혜였다.

길이 험할수록 정상은 가깝다는 말이 있다. 하나님을 따르는 길이 힘들고 험할수록 안식의 날은 가깝게 다가온다. 기도의 시간이 길어지고 힘들수록 응답의 때는 더 가깝다는 사실을 기억하자.

그러나 요나가 여호와의 얼굴을 피하려고 일어나 다시스로 도망하려 하여 욥바로 내려갔더니 마침 다시스로 가는 배를 만난지라 여호와의 얼굴을 피하여 그들과 함께 다시스로 가려고 배삯을 주고 배에 올랐더라 요나 1:3

요나가 다시스로 가는 배를 탄 욥바 _ 이스라엘

니느웨냐, 다시스냐

_욥바와 니느웨

요나는 북이스라엘 여로보암 2세 때 예언가로 활동한 사람이다. 요나는 원수의 나라 앗수르의 수도 니느웨에 가서 심판을 선포하라는 하나님의 말씀을 어기고 다시스로 가는 배를 타고 가다 풍랑을 만나 바다에 던져졌다. 그러나 하나님은 큰 물고기로 요나를 삼키게 해 육지에 토하게 하셨고, 결국 요나는 니느웨로 가서 회개를 외쳤다.

요나의 선포로 니느웨는 회개해 심판을 면하게 되었다. 이 일로 불평하는 요나를 깨닫게 하기 위해 하나님은 박넝쿨이 자라다 시들게 하는 기적으로 니느웨 성 구원에 대한 하나님의 사랑을 알게 하셨다 요나 1~3장.

요나가 활동했던 시기에 대해서는 두 가지 연대가 있으나 대체로 여로보암 2세 때로 본다. 이때는 BC 800년 이후 앗수르가 다메섹을 정복하고 아람에게 조공을 받고 있는 상황이었다. 따라서 아람은 북이스라엘에게 더 이상 위협이 되지 못했다. 이에 여로보암 2세는 하맛 어귀까지 영토를 확장했고 북쪽은 앗수르와 국경을 접하게 되었다.

이런 세력의 균형 속에서 요나는 당시 이스라엘에게 증오의 대상인 앗수르의 수도 니느웨로 가서 하나님의 심판을 선포하고 회개를 외치라는 명령을 받았다. 그러나 그 명령에 따르기가 싫었던 요나는 욥바로 내려가 다시스•로 가는 배를 탔다.

당시 욥바는 북이스라엘과 남유다의 국경 지역에 속한 항구 도시로 블레셋 북쪽에 위치했다. 오늘날 욥바는 이스라엘의 두 번째 도시 텔아비브 남쪽에 있으나 텔아비브가 확장되면서 사실상 도시가 합해진 상태이다. 욥바 항구는 지금 작은 배만 드나들고 있으며, 항구 위에는 요나의 사건을 기념하는 고래 동상이 세워져 있다.

그동안 단체로 성지 순례를 한 탓에 욥바는 방문하기가 어려웠다. 욥바를 찾는다 해도 매번 시간에 쫓겨 항구까지는 가지 못했는데 뒤늦게 욥바 항구를 찾고 보니 지중해를 바라보는 감격이 더 크게 다가왔다.

그 옛날 욥바 항구에서 다시스로

• 다시스 : 다시스의 위치에 대해서는 아직도 학자마다 의견이 다르다. 이 땅에 실제로 있는 것이 아닌 이상향으로 그려진 항구라는 설도 있고, 레반틴Levantin 항구, 스페인 지브랄타Gibraltar 근처에 있는 타르테서스Tartessus, 이탈리아 남부 시칠리아 섬, 《성경》의 깃딤 또는 구브로(키프로스 섬) 등의 의견이 있다. 1973년 사르디니아Sardinina에서 발견된 BC 9세기경 페니키아 비문에는 다시스가 섬으로 언급되어 있으며, 그곳에 제련소가 있었던 것으로 나타났다.

가는 배표를 산 후 배를 기다리는 요나의 심정은 어떠했을까? 그는 하나님의 명령을 어기고 여호와의 낯을 피해 다시스로 도망하려고 배를 기다리고 있었다. 그리고는 니느웨로 갈 것이냐, 다시스로 갈 것이냐 하는 두 갈림길에서 다시스를 선택했다. 요나에게 욥바 항구는 잘못된 선택의 장소였던 것이다.

요나의 물고기 _ 이스라엘 욥바

우리도 살다 보면 요나처럼 두 갈림길에서 선택을 해야 할 때가 있다. 원하진 않지만 하나님이 가라는 길인가, 아니면 내가 원하는 길인가? 사명의 길인가, 사명을 피해 도망하는 길인가? 하지만 사명자가 하나님을 피해 어디로 도망할 수 있겠는가?

결국 요나는 다시스로 가는 배를 타고 도망하다가 풍랑을 만나 바다에 던져지게 되었다. 그러나 그런 요나를 니느웨를 구원하는 데 다시 쓰시기 위해 하나님은 미리 큰 물고기를 준비하시고 바다에 떨어지는 요나를 삼키도록 하셨다. 오늘날 욥바 항구에는 이 물고기를 고래 모습으로 조각해 놓은 조각상이 있다.

물고기 뱃속에서 3일을 머물렀던 요나는 이렇게 기도했다.

> 주께서 나를 깊음 속 바다 가운데에 던지셨으므로 큰 물이 나를 둘렀고 주의 파도와 큰 물결이 다 내 위에 넘쳤나이다, 내가 산의 뿌리까지 내려갔사오며 땅이 그 빗장으로 나를 오래도록 막았사오나 나의 하나님 여호와여 주께서 내 생명을 구덩이에서 건지셨나이다, 나는 감사하는

목소리로 주께 제사를 드리며 나의 서원을 주께 갚겠나이다 구원은 여호와께 속하였나이다 요나 2:3, 6, 9

훗날 예수님은 표적을 구하는 악한 세대를 향해 이 요나의 표적밖에 보여 줄 것이 없다고 말씀하셨다(누가복음 11:29~30). 요나의 표적이란 요나가 지옥 같은 물고기 뱃속에서 3일 만에 나온 것처럼 예수님 자신이 죽어 물고기 뱃속 같은 무덤에서 3일 만에 부활할 것을 말씀하신 것이다.

요나가 물고기 뱃속에서 나온 곳은 욥바에서 그리 멀지 않은 지중해 해안가였을 것이다. 아마 그는 고향인 갈릴리 가드헤벨로 가서 잠시 머문 뒤 니느웨로 갔을 것이다. 가드헤벨은 나사렛 북동쪽 4.3킬로미터 지점에 있는 오늘날 엘 메시헤드로 알려져 있다.

가드헤벨에서 니느웨로 가려면 당시 고대 대상의 무역로를 따라가야 한다. 만약 욥바에서 떠났다면 바닷길을 따라 므깃도와 가버나움을 거쳐 다메섹을 지나 니느웨로 갔을 것이다. 그리고 다메섹에서 남쪽 시리아 사막길은 힘들고 위험하기 때문에 그보다 북쪽

요나의 고향 가드헤벨

인 하란을 거쳐 갔을 것이다. 그렇지 않고 가드헤벨에서 잠시 머문 뒤 두 번째 명령을 받고 떠났어도 같은 길을 향해 니느웨로 갔음에 틀림없다.

요나가 살던 시대에는 국제적으로 세력 균형이 이루어진 상황이기 때문에 국경을 지나는 데 큰 어려움이 없었을 것이다. 그러나 욥바에서 니느웨까지는 무려 1,100킬로미터나 되는 먼 거리이다. 하루에 20킬로미터씩 간다 해도 거의 2개월이 걸린다.

지금까지 이 길의 대부분을 답사했는데 특히 2001년 이라크를 방문하게 된 것은 하나님의 섭리였음을 확신한다. 그때 니느웨를 답사하면서 요나의 무덤이 있는 엣살핫돈 궁전 터를 방문할 수 있었다. 건물 안으로 들어가자 요나의 무덤 위에서 많은 사람이 참배하고 있었다. 반지하 계단으로 내려가 보니 요나의 무덤은 철조망으로 둘려 있어 무덤까지는 가지 못하고 철조망 사이로 볼 수밖에 없었다.

그런데 지금까지도 풀리지 않는 궁금증이 있다. 왜 요나의 무덤은 그가 하나님의 말씀을 전하기 싫어했던 니느웨에 있는 것일까? 말씀을 전하면서도 그들이 회개하는 것을 못마땅하게 여긴

엣살핫돈 궁전 터 지하에 있는 요나의 무덤 _ 이라크 니느웨

요나가 아닌가. 사실 요나는 물고기 뱃속에서 나와 두 달이나 걸려야 만 올 수 있는 이곳 니느웨에서 마지못해 하나님 말씀을 전했다.

> 요나가 그 성읍에 들어가서 하루 동안 다니며 외쳐 이르되 사십 일이 지나면 이 니느웨가 무너지리라 하였더니 요나 3:4

니느웨는 사흘 동안 걸어야 모두 다닐 수 있는 큰 성이었다. 발굴 결과로 추정한 바에 의하면 당시 니느웨 성의 둘레는 13킬로미터이고 직경은 하루를 걸어야 하는 길이었다. 우리가 방문했을 때도 큰 성문과 성벽 터가 일부 남아 있었다. 성벽 터에서 주위를 살펴보면 고대 니느웨가 얼마나 큰 성읍이었는지 확인할 수 있다.

하나님의 말씀을 전하면서도 그들이 회개하지 않고 멸망당하기를 은근히 바랐던 요나. 그러나 3일을 걸어야 모두 다닐 수 있는 니느웨에서 단 하루를 외쳤음에도 니느웨 사람은 하나님을 믿고 회개했다. 신분을 불문하고 모든 사람이 금식하며 베옷을 입고 회개했다. 왕까지도 왕복을 벗고 회개했으며, 조서를 내려 금식하며 물도 마시지 않고 힘써 하나님에게 부르짖고 악행에서 떠날 것을 명했다. 뿐만 아니라 짐승까지도 금식시켜 먹이를 주지 않았다.

하나님은 그들이 악한 길에서 돌이킨 것을 보시고 재앙을 내리지 않았다. 이에 요나는 하나님을 향해 불평을 토했다.

> 여호와여 내가 고국에 있을 때에 이러하겠다고 말씀하지 아니하였나이까 그러므로 내가 빨리 다시스로 도망하였사오니 주께서는 은혜로우시

《성경》에 박넝쿨로 나와 있는 아주까리

며 자비로우시며 노하기를 더디하시며 인애가 크시사 뜻을 돌이켜 재앙을 내리지 아니하시는 하나님이신 줄을 내가 알았음이니이다 여호와여 원하건대 이제 내 생명을 거두어 가소서 사는 것보다 죽는 것이 내게 나음이니이다 요나 4:2~3

요나는 원수의 나라 사람들이 회개하고 멸망에서 벗어난 것이 견딜 수 없을 만큼 싫었다. 그때 하나님은 요나에게 "네가 성내는 것이 옳으냐?" 말씀하시고 그를 깨닫게 하기 위해 박넝쿨을 준비하셨다.

아마 그때는 무더운 여름철이었던 것 같다. 요나는 니느웨 성 밖 동쪽에 가서 초막을 짓고 성읍에 무슨 일이 일어나는지 알기 위해 그늘에 앉아 있었다. 이때 하나님은 박넝쿨을 급히 자라게 해 요나에게 그늘을 만들어 주셨다. 요나는 박넝쿨 그늘로 크게 기뻐했다. 그러나 하나님은 이튿날 새벽에 벌레가 박넝쿨을 갉아먹게 하고 해가 뜰 때

현대 니느웨, 중앙 건물은 요나의 무덤이 있는 옛살핫돈 궁전이다.

뜨거운 동풍을 불게 해 요나의 머리에 쪼이게 하자 요나는 괴로워 스스로 죽기를 구할 지경에까지 이르렀다.

박넝쿨은 우리나라의 아주까리를 가리킨다. 중동에서 자라는 야생 아주까리Gourd는 우리나라 것보다 훨씬 큰 4미터 이상까지 크는데 성장 속도가 빨라 하루에도 31~46센티미터나 자란다. 넓적한 잎은 더운 중동 지역에서는 좋은 그늘을 만들어 준다. 그러나 속이 비어 있기 때문에 벌레가 먹으면 금방 시들어 버린다.

우리는 한여름에 니느웨를 방문했다. 바그다드에서 우르로 내려가는 길이었는데 기온이 무려 섭씨 55도가 넘었다. 엔진 과열로 달리던 버스가 멈춰 설 정도였다. 니느웨는 그보다 북쪽에 있지만 그래도 한여름 무더위는 우리가 생각하는 것보다 더 견디기 힘들다.

그런데 하나님은 뜨거운 동풍까지 불게 해 요나를 깨닫게 하셨다. 요나는 하나님에게 떼를 부리듯 계속해서 불평을 토해 냈다.

"사는 것보다 죽는 것이 내게 나으니이다."

그러자 하나님은 요나에게 말씀하셨다.

"네가 이 박넝쿨로 말미암아 성내는 것이 어찌 옳으냐?"

요나는 더욱 불만스러운 투로 대답했다.

"내가 성내어 죽기까지 할지라도 옳으니이다."

다시 하나님이 요나에게 말씀하셨다.

"네가 수고도 아니하였고 재배도 아니하였고 하룻밤에 났다가 하룻밤에 말라 버린 이 박넝쿨을 아꼈거든 하물며 이 큰 성읍 니느웨에는 좌우를 분변하지 못하는 자가 십이만여 명이요, 가축도 많이 있나니 내가 어찌 아끼지 아니하겠느냐?"

요나의 무덤에서 나와 오늘날 이라크 모슬(니느웨)의 현대 도시를 보며 그 옛날 마지못해 외친 요나의 말에도 회개해 구원을 얻었던 니느웨 백성을 생각했다. 구원은 하나님에게 있다. 요나는 마지못해 외쳤지만 하나님은 니느웨 사람을 회개하게 함으로써 구원을 베푸셨다. 그래서 때를 얻든지 못 얻든지 말씀을 전해야 한다.

아마 요나의 무덤이 고향이 아닌 이곳 니느웨에 있는 것은 박넝쿨을 통해 이방인을 향한 하나님의 사랑을 깨달은 요나가 이후에도 계속해서 니느웨에 머물며 죽을 때까지 하나님의 말씀을 전했기 때문이 아닌가 생각해 보기도 한다. 원수까지도 회개해 구원에 이르는 것을 기뻐하시는 하나님이 바로 니느웨에서 만난 나의 하나님이셨다.

이 강물이 이르는 곳마다 번성하는 모든 생물이 살고 …… 또 이 강 가에 어부가 설 것이니 엔게디에서부터 에네글라임까지 그물 치는 곳이 될 것이라

에스겔 47:9~10

죽은 바다가 살아나듯이

_에네글라임

에스겔 환상에서 언급되는 엔게디 샘

에스겔은 예레미야, 다니엘과 같은 시대를 산 사람으로 BC 598년 유다 왕 여호야긴과 함께 제2차 포로 때 사로잡혀가 바벨론 그발 강변에서 이상異象 중에 소명을 받아 22년간 예언 활동을 했다. 에스겔은 강직한 예언자로서 우상 숭배를 준엄하게 경고하다 체포되어 순교한 것으로 알려졌다.

〈에스겔〉서의 많은 환상 가운데 가장 인상적인 것은 마른 뼈가 살아나는 환상(37장)과 성전 문지방에서 흘러나오는 물에 대한 환상(47장)으로 두 환상 모두 이스라엘의 회복을 예언하고 있다.

하나님이 약속한 땅, 젖과 꿀이 흐르는 땅, 이스라엘은 여호수아 때 가나안을 점령한 후 남유다 마지막 왕 시드기야 때까지 819년의 역사를 유지했다. 우리나라 5000년 역사에 비하면 1/6밖에 되지 않는 짧은 기간이다.

하나님은 일찍이 가나안에 들어오기 전 "나의 명령을 지키고 다른 신들을 섬기지 않으면 이 땅에서 장구할 것이나 그렇지 않으면 급속히 멸망당하고 그 땅에서 쫓겨날 것이다"라고 권고 겸 경고하셨다. 그러나 이스라엘은 가나안에 들어온 후 살 만해지자 너무나 빨리 그 말씀을 잊었다. 결국 북이스라엘은 BC 721년 앗수르 살만에셀 5세에게 멸망당하고 남유다는 그로부터 134년이 지난 BC 587년 앗수르를 멸망시킨 바벨론 느부갓네살에게 멸망당했다.

때는 남유다 여호야긴 왕이 사로잡힌 지 5년, 바벨론 제2차 포로 때 잡혀간 에스겔은 바벨론의 그발 강가에서 성전에서 물이 흘러내리는 환상을 보았다. 성전 문으로 이끌려가서는 성전 앞면이 동쪽으로 향한 문지방에서 물이 나와 흐르는 환상을 본 것이다. 에스겔을 데리고 온 사람이 일천 척을 측량한 후 물을 건너게 하자 물이 그의 발목에 올랐다. 다시 일천 척을 측량할 때마다 물은 무릎에 차고 다시 허리에 찼으며 마침내 헤엄칠 정도로 물이 가득했다. 그리고 성전 문에서 흘러나온 물은 성전 동쪽으로 흘러 아라바 바다(사해)까지 이르고, 그 물이 닿는 곳마다 죽은 바다가 살아나 생물이 살고 고기가 심히 많아지는 환상이었다.

20미터 높이의 엔게디 폭포

이 강물이 이르는 곳마다 번성하는 모든 생물이 살고 또 고기가 심히 많으리니 이 물이 흘러 들어가므로 바닷물이 되살아나겠고 이 강이 이르는 각처에 모든 것이 살 것이며 또 이 강가에 어부가 설 것이니 엔게디에서부터 에네글라임까지 그물 치는 곳이 될 것이라 그 고기가 각기 종류를 따라 큰 바다의 고기 같이 심히 많으려니와 에스겔 47:9~10

성전에서 흘러나온 물이 강이 되어 엔게디에서부터 에네글라임까지 그물 치는 곳이 되리라는 말은 물고기가 살지 못하는 죽은 바다가 성전에서 나온 물을 통해 물고기가 사는 살아 있는 바다가 된다는 말이다. 여기서 물은 하나님으로부터 오는 풍성한 영적 축복을 상징하며(시편 45:9), 그 물이 닿는 곳마다 생명력이 넘침을 말한다. 곧 그리스도의 성육신 이후 복음으로 성도의 삶이 생명력을 갖게 됨을 상징한다. 더 나아가 이스라엘의 회복을 가리키기도 한다.

엔게디는 쿰란 남쪽으로 35킬로미터 지점, 마사다 북쪽 10킬로미터 지점에 위치해 있다. 이곳은 헤브론에서 거의 정동쪽에 있는 샘과 이에 딸린 내(개울)의 이름으로, 사해 서쪽에 있는 석회석 벼랑 아래서 약 30톤의 물이 솟아나와 이루어진 곳이다. 유대 광야 중 가장 이상적인 오아시스 엔게디 근처에는 굴이 많고, 20미터 높이의 엔게디 폭포는 남부 지방의 유일한 폭포요, 그 부근은 자연보호 지역으로 뛰어노는 들짐승을 볼 수 있다.

에네글라임•은 '두 송아지의 샘', '어린 암소의 샘'이란 뜻이며, 위치는 사해 근교의 키르벳 쿰란 남쪽 3~4킬로미터 지점, 엔게디 북쪽 25~26킬로미터 지점에 있는 에인 파스카Ein Fashkha로 알려져 있다. 대부분의 학자는 이곳을 에스겔 환상에 나타난 성전 문에서 나온 물이 바다(사해)로 흘러 들어와 만나는 곳으로 보고 있다.

1958년 에인 파스카(에네글라임)에는 거주민이 살고 있었다. 쿰란 종파 사람들은 이곳을 농경 중심지로 삼아 야채와 곡식을 재배했으며, 가죽이나 양피지를 다듬는 곳도 있었다.

오늘날 사해는 물고기가 살지 못하는 바다이다. 그러나 사해 옆 에인 파스카는 최근 이스라엘 정부에서 지하에서 솟아나는 민물을 이용해 에덴동산의 꿈을 가지고 개발하고 있다. 이제는 기초적인 개발이 끝나 많은 나무가 숲을 이루고 있고 물고기가 살고 새가 날아드는 곳이 되었다. 그리고 2006년부터는 민물 수영장을 개장해 운영하고 있다. 우리나라를 생각하면 아주 작고 초라한 수영장이지만 물이 귀한 이스라엘에서 야외 민물 수영장은 어린이나 어른 모두에게 아주 귀한 것이다.

나무숲 사이로 새가 날아들고 흐르는 물속에서 노니는 물고기를 바라보며 성전에서 흘러나오는 물이 모든 생물에게 생명력을 주는 에스겔 선지자의 환상을 생각해

• 에네글라임 : 한때는 사해 북쪽 4.8킬로미터 지점에 있는 에인 하즐라Ein Hajla와 동일하게 여겼다. 그러나 이곳은 〈에스겔〉 47장 10절의 '그물 던지는' 표현에 맞는 장소로 보기는 어렵다. 오히려 대부분의 학자는 언어학상 벧 호글라로 본다.

민물로 형성된 에네글라임 샘물

보았다. 단체 성지 순례팀을 이곳으로 인도할 때면 〈에스겔〉 47장을 함께 읽고 기도한다.

성전에서 나온 물이 죽어 있는 바다에 닿는 곳마다 살아나는 역사를 보여 주신 주님, 오늘 복음이 전해지는 곳마다 죽은 영혼이 살아나는 역사를 베푸소서. 교회를 통해 흘러나오는 영적 축복의 말씀이 들리는 심령마다 우리 죽은 신앙이 살아나는 역사가 일어나게 하옵소서. 그래서 강물이 닿는 곳마다 각종 과실나무가 자라 열매가 끊이지 않고 새 열매를 맺는 것처럼 이 땅에도 그런 새로운 역사가 이루어지게 하옵소서.

엔게디에서 에네글라임까지는 약 31킬로미터 거리이다. 엔게디에서 에네글라임 가까이로 올수록 사해 주변으로 나무와 숲이 자라는 모습을 볼 수 있다. 사해는 남북 길이가 해마다 약간씩 변하지만 대략 80킬로미터 정도이다.

유대인이 팔레스타인 지역에 들어오기 전에는 요르단 강에서 살던 물고기가 사해로 들어오는 순간 죽어 사람들은 이 물고기를 건져 예루살렘에 팔았다. 그래서 에네글라임 북쪽 사해 최북단 지역에는 어촌이 형성되어 있었다. 그러나 지금은 국경 지대가 되어 어촌은 사

나무와 숲으로 이루어진 에네글라임, 건너편은 요르단이다.

라졌고 군데군데 폐허로 남은 집만 눈에 띌 뿐이다.

에스겔의 환상처럼 엔게디에서 에네글라임까지 나무가 자라고 사해에서 그물을 쳐 물고기를 잡는 어촌이 형성되는 영적 회복이 하루속히 오기를 기도해 본다.

다니엘은 뜻을 정하여 왕의 음식과 그가 마시는 포도주로 자기를 더럽히지 아니하리라 하고 자기를 더럽히지 아니하도록 환관장에게 구하니 다니엘 1:8

시대를 초월한 신앙

_ 다니엘 무덤

다니엘 무덤이 있는 수산, 중앙 원뿔 모양의 건물 _ 이란

"〈다니엘〉서의 저자 다니엘은 바벨론 포로 중에 있는 유대인에게 하나님이 역사를 주관하신다는 것과 포로 생활에서 회복될 것을 예언했다. 곧 〈다니엘〉서는 느부갓네살 시대로부터 그리스도 재림에 이르기까지 유대인과 이방인의 역사에 대해 서술한 것으로 〈요한계시록〉을 이해하는 데 중요한 자료가 된다. 많은 주석가는 〈다니엘〉서의 큰 신상(다니엘 2:31~49), 네 짐승(다니엘 7:2~27), 일흔이레(다니엘 9:24) 등을 그리스도의 초림에 관련된 것으로 본다."

다니엘은 이사야, 예레미야, 에스겔과 더불어 4대 예언자 중 한 명이다. 그는 바벨론 느부갓네살 왕이 예루살렘을 처음 침략했을 때(BC 605년) 포로로 잡혀갔다. 왕은 환관장 아스부나스로 하여금 다니엘을 비롯해 왕궁에 설 만한 소년을 훈련시키도록 했다. 곧 그들에게 갈대아의 학문과 언어를 가르치고 왕이 지정한 음식을 먹고 왕이 마시는 포도주를 마시며 3년 동안 교육시키도록 했다.

그러나 다니엘은 왕의 음식으로 자신을 더럽히지 않기로 뜻을 정하고 환관장에게 구했다. 환관장은 다니엘의 제안대로 그들에게 왕의 음식 대신 채식을 주어 10일 동안 시험한 후, 왕의 음식을 먹은 소년보다 얼굴빛이 더 좋은 것을 확인하고 채식 먹는 것을 허락했다. 다니엘은 포로로 잡혀간 곳에서도 이렇듯 절개 있는 신앙을 지켰다.

이후 다니엘은 느부갓네살 왕의 꿈을 해석함으로써 바벨론 전국 총리가 되었다. 그러던 중 그의 세 친구가 느부갓네살이 만든 금 신상에 절하지 않아 풀무불에 던져졌다가 오히려 구원받은 사건으로 다니엘과 세 친구에 대한 신임은 더욱 두터워졌다.

느부갓네살이 죽은 후 갈대아 사람 벨사살 왕이 섭정할 때도 잔치 때 나타난 글씨를 해석함으로 인해 다니엘은 세 총리 중 하나가 되었다. 또한 벨사살이 죽고 메대 사람 다리오가 62세에 왕위에 올랐을 때도 고관 120명 위에서 나라를 다스리는 총리 중 한 명으로 여전히 그 자리를 유지했다.

그러나 두 명의 총리나 다른 어떤 고관보다도 다니엘이 뛰어나자 그들은 다니엘을 고발할 근거를 찾다가 결국 찾지 못하고 계략을 꾸몄

〈풀무불 속의 다니엘 세 친구〉 _ 네덜란드, 암스테르담

다. 곧 왕의 신 외에 다른 신에게 절하면 사자 굴에 던지도록 왕을 설득해 조서를 받아낸 것이다.

그러나 다니엘은 조서의 사실을 알면서도 예루살렘을 향해 창문을 열어 놓고 하루 세 번씩 무릎 꿇고 하나님에게 감사기도를 올렸다. 그것은 죽을 줄 알면서도 하는 기도였다. 결국 다니엘은 사자 굴에 던져졌지만 하나님이 사자 입을 봉함으로써 다니엘은 건짐 받았고 오히려 그를 모함한 자들이 사자 굴에 던져져 죽임을 당했다.

이처럼 다니엘은 포로 생활을 하면서도 하나님을 잊지 않았으며, 죽을 수 있는 위험한 자리에서도 하나님에게 기도하는 신앙을 유지했다. 특히 그는 바벨론을 멸망시킨 페르시아(바사) 왕 고레스가 해방령을 내려 포로를 고국으로 돌아가도록 허락했을 때도 돌아가지 않고 BC 536년까지 남아 있으면서 유다 백성을 격려하고 예언활동을 계속했다.

2002년 다니엘의 무덤이 있는 수산(수사)을 찾았다. 오늘날 《성경》에서 직접적으로 언급하는 이란 지역의 성지는 수산과 악메다 두 곳뿐이다. 그외 관련된 곳으로 아하수에로 왕의 겨울 궁전이 있던 페르세폴리스가 있다.

수산은 이란 남서쪽 아와즈에서 북서쪽으로 117킬로미터 떨어져 있다. 이란의 수도 테헤란에서 아와즈까지는 철도가 있지만 실제로 기차로는 이곳까지 갈 수 없다. 또 도로 사정이 좋지 않고 위험할 뿐만 아니라 장거리이다 보니 우리는 비행기로 아와즈까지 가서 그 곳에서 자동차를 이용했다.

오늘날 수스Shush로 불리는 수산Shushan•은 선사시대에서 페르시아 제국에 이르기까지 이란 문명의 정치·경제 중심이었던 고대 도시이다. 특히 이곳은 터키 서쪽 끝에 위치한 사르디스(《성경》의 사데)와 엑바타나(《성경》의 악메다), 페르세폴리스로 가는 길의 중심지 역할을 했다.

수산에 도착해서 가장 먼저 수산 궁터를 찾았다. 수산 궁터는 시내 외곽 산 언덕에 있는데, 궁터의 전체 모습을 보기 위해 19세기 말 프랑스 고고학 봉사회에서 아랍 족 방어를 위해 수산 궁터에서 발굴한 벽돌로 세운 성 위로 올라갔다. 한쪽으로는 수산 성터가 텔 형태로 자리 잡고 있고 다른 한쪽은 수산 궁터가 한눈에 들어왔다. 건물에서 내려와 궁터에 가 보니 화려해 보였던 수산 궁터는 건축물의 기초 흔적만 남아 있고 유일하게 북쪽 끝에 돌로 만들어진 쌍사자 석상만이 홀로 궁터를 지키듯 서 있었다.

《성경》에서 수산은 〈느헤미야〉와 〈다니엘〉에서 각각 한 번 소개되었고 〈에스더〉에서는 여러 번 기록되었다. 아하수에로 왕 시대에 화려했던 수산 궁은 그 사치가 극에 달했다. 다리우스 대왕

• 수산 : 고고학 연구 결과 수산의 5000여 년 이상이나 되는 역사적 사실이 밝혀졌다. 이 지역은 BC 4000년경부터 엘람Elam 민족이 거주해 신석기 문화를 일구었고 아케메니아인 지배 기간에 전성기를 이루었다. BC 324년에는 알렉산더 대왕의 신하와 군인 1만 명이 이 지역 여성과 집단 결혼한 역사도 지니고 있다. 이후 사산조 왕조의 사푸르 2세Shapur II(309~379)는 기독교인이 반란을 일으킬 것이라는 것을 알고 수산을 파괴시켰다. 그러나 후에 에란샤르 사푸르라는 이름으로 재건되었으며 아랍이 점령한 이후로는 점차 쇠퇴해 오늘날 중소 도시의 규모를 이루고 있다.

수산 궁터 _ 이란 수스

때 비문에서 수산 궁 건축에 관해 언급된 부분을 보면 레바논과 간다라에서 많은 재물을 가져왔으며, 사르디스와 박트리아에서 금을 가져왔고, 코라스미아에서 터키옥을 가져왔다. 또한 은은 이집트에서, 벽 장식품은 이오니아에서, 상아는 에티오피아에서, 돌기둥은 엘람에서 가져왔다. 그리고 각국 각지에서 건축 기능공(목수, 석수, 벽돌공, 세공가 등)이 징발되어 왔다는 기록으로 보아 그 사치와 화려함이 얼마나 극에 달했는지 알 수 있다.

수산 궁터에서 내려와 아래 마을로 조금 가다 보면 사우르 강둑 동쪽에 다니엘 가묘가 있다. 이 묘는 이슬람 시아파 교도에게는 중요한 참배처가 되고 있다. 우리가 방문했을 때도 많은 사람이 다니엘 묘를 참배하기 위해 줄을 서고 있었다. 그때 관리인이 멀리 한국에서 온 우리를 위해 다니엘 묘가 있는 지하로 안내했다. 그리고 뜻밖의 특별대우를 받아 대리석 위에 천이 덮여 있는 다니엘 석관 바로 앞에까지 갈 수 있었다.

수산에 있는 다니엘 가묘 _ 이란

이곳에 있는 다니엘 묘는 일종의 가묘이나 순례자로서 다니엘 묘에 대한 언급은 9~18세기까지 아랍인 작가에 의해 나타났다. 1164~1173년 사이 이란을 여행했던 투델라의 벤자민Benjamin에 의하면 셀주크 왕조의 산자르Sanjar(1117~1157) 도시에 살던 두 지역 주민이 분쟁을 해결하기 위해 다니엘의 관을 유리 속에 넣어 그 도시 중앙에 있는 강 위 다리에 달아 두도록 했다고 전한다.

어렵게 찾은 수산의 다니엘 묘 앞에서 관리인으로부터 다니엘 묘에 대한 이야기를 듣고 보니 그의 이야기보다 이국 땅에서 다니엘이 가졌던 신앙이 더 크게 와 닿았다. 나라를 잃고 왕족(귀족) 소년으로서 바벨론으로 사로잡혀가 죽을 때까지 살았던 다니엘, 정권이 바뀌는 가운데서도 변함없는 신앙을 유지했던 그, 죽을 줄 알면서도 하나님에게만 기도하고 고국에 돌아올 수 있었음에도 바벨론에 남아 동족을 격려했던 다니엘. 무덤 앞에서 그의 생애를 되새겨 보며 다시 한 번 어떻게 살 것인가를 다짐해 본다. 오직 주님, 오직 충성, 하나님이 나를 통해 이루고자 하는 것을 다 이루실 때까지 남은 생애는 오직 주님만을 위해 살자.

당신은 가서 수산에 있는 유다인을 다 모으고 나를 위하여 금식하되 밤낮 삼 일을 먹지도 말고 마시지도 마소서 나도 나의 시녀와 더불어 이렇게 금식한 후에 규례를 어기고 왕에게 나아가리니 죽으면 죽으리이다 에스더 4:16

죽으면 죽으리라

_악메다와 에스더 무덤

악메다의 현대 거리 _ 이란

"에스더는 바벨론 느부갓네살 왕이 유다를 침공해 여호야긴 왕과 용감한 군인과 유능한 기능공을 포로로 잡아갈 때 함께 끌려갔다. 그는 어렸을 때 부모를 잃고 사촌오빠 모르드개의 양육을 받아 오던 중 페르시아 아하수에로 왕의 왕후가 되었다. 그리고 유대인을 몰살하려는 하만의 궤계를 알고는 죽음을 무릅쓰고 아하수에로 왕 앞에 나아가 그들의 흉계를 폭로해 하만을 죽게 하고 유대인을 구했다 에스더 1~10장."

페르시아가 바벨론을 점령한 후 고레스, 캄비세스, 가우마타, 다리오 1세에 이어 아하수에로가 페르시아의 수도 수산 궁에서 왕위 즉위식을 가졌다. 그는 통치 3년째 모든 방백과 신복을 위해 잔치를 베풀었다. 잔치는 180일 동안이나 계속되었고 이후에도 수산에 거주하는 백성을 위해 왕궁 후원 뜰에서 7일 동안 잔치를 베풀었다.

왕후 와스디도 여인들을 위해 잔치를 베풀었다. 왕의 잔치 7일째 왕이 술에 취해 왕후의 아름다움을 백성과 지방 장관에게 자랑하기 위해 잔치 자리로 불렀으나 왕후가 이를 거절했다. 이에 진노한 왕은 므무관의 말에 따라 와스디를 왕후 자리에서 폐위시켰다.

그후 왕은 측근의 의견에 따라 유대 여자 에스더를 왕후로 삼았다. 그가 왕후가 될 수 있었던 것은 일찍 부모를 잃었음에도 사촌오빠 모르드개 밑에서 정조 있는 신앙생활 교육을 잘 받았기 때문으로 보인다. 근본적으로는 유대 민족을 구하려는 하나님의 계획이 있었기에 가능한 일이었다. 포로민 유대 여자 에스더가 당시 세계를 호령하는 페르시아 아하수에로 왕의 왕후가 된다는 것은 하나님의 섭리가 아니고서는 있을 수 없는 일이었다.

그러나 하만이 왕의 신임을 얻어 지위가 오르면서부터 유대인에게 위기가 찾아왔다. 모든 사람이 자기에게 절하지만 모르드개만이 절하지 않자 그를 괘씸하게 여긴 것이다. 하만은 측근으로부터 모르드개가 유대인이라는 말을 듣고 모르드개뿐만 아니라 모든 유대인을 죽일 계획을 세웠다. 마침내 유대인을 죽인다는 조서가 각 지방에 전달되었고, 이 사실을 안 모르드개는 대궐문 앞에서 베옷을 입은 채 대

부림절에 〈에스더〉서를 읽는 유대인들
_ 예루살렘

성통곡하고 수많은 유대인도 베옷을 입고 금식하며 부르짖었다.

당시 베옷을 입고는 궁 안으로 들어가지 못했다. 모르드개가 궁 문 밖에서 베옷을 입고 통곡하고 있다는 소식을 들은 에스더는 사람을 보내 그 이유를 알아보았다. 이에 모르드개는 조서를 하닥에게 전해 주면서 하만이 유대인을 죽이기 위해 조서를 각 지방에 내려보낸 일을 에스더에게 전하도록 했다.

그러나 조서를 받아든 에스더는 왕 앞에 나갈 수 없는 상황이었다. 당시 왕궁의 법도는 왕의 허락 없이 왕 앞에 나가면 왕후라도 죽임을 당하기 때문이다. 단 왕이 자신의 규(지팡이)를 내미는 경우에는 살 수 있었다.

그때 모르드개는 에스더에게 이렇게 회답했다.

> 너는 왕궁에 있으니 모든 유다인 중에 홀로 목숨을 건지리라 생각하지 말라 이때에 네가 만일 잠잠하여 말이 없으면 유다인은 다른 데로 말미암아 놓임과 구원을 얻으려니와 너와 네 아버지 집은 멸망하리라 네가 왕후의 자리를 얻은 것이 이 때를 위함이 아닌지 누가 알겠느냐 에스더 4:13~14

이에 에스더는 모르드개에게 수산 궁에 있는 모든 유대인으로 하여금 물도 마시지 않고 단식하며 밤낮 3일 동안 자신을 위해 기도하도록 부탁했다. 그리고 3일 후에 에스더는 당시 법도를 깨뜨리고 죽으면 죽으리라는 각오로 왕의 허락도 없이 왕이 앉은 어전 맞은편 뜰로 나갔다. 이제 에스더의 목숨은 왕이 규를 내밀지 않으면 왕후라 할지라도 죽임을 면치 못하는 상황이 되었다.

그런데 왕은 에스더를 본 순간 매우 사랑스럽게 여기고 손에 잡았던 규를 에스더를 향해 내밀었다. 그것은 하나님이 유대인을 살리기 위해 아하수에로의 마음을 에스더에게로 향하게 하신 것이다.

하나님은 이방인의 마음을 통해서도 뜻을 이루신다. 하나님은 바벨론 때 포로로 잡혀간 이스라엘 백성에 대한 예레미야의 예언을 이루게 하기 위해 페르시아 초대 왕 고레스의 마음을 감동시켜 모든 유대인이 고국으로 돌아가도록 하셨다(에스라 1:1).

이 일로 말미암아 유대인은 부림절을 지킴으로 민족 구원의 은혜를 되새기게 되었고, 에스더는 민족 구원의 영웅으로 빛을 발하게 되었다. 특히 동족을 구하기 위해 왕의 허락 없이 왕 앞에 나간 에스더야말로 민족 구원을 위해 목숨까지도 아끼지 않은 신앙의 여인이었다.

그런 에스더의 신앙의 숨결을 느낄 수 있는 악메다를 찾았다. 악메다 Achmetha•는 메대 제국 수도로 헬라어 명칭은 엑바타나(에크바타나)이다. 후에 페르시아 제국과 파르티아 왕국의 수도

• 악메다(엑바타나) : BC 678년 메대 사람 데이오세스Deioces가 세운 것으로 전해진다. BC 550년 페르시아 고레스에게 점령당했으며, 헬라 알렉산더 대왕은 BC 330년에 아케메네스 왕조의 마지막 왕 다리우스 3세로부터 다리우스가 예루살렘 재건을 허용한다는 고레스의 칙령을 빼앗았다. 이후 악메다는 파르티아 왕들의 여름 휴양지가 되었으나 사산Sassan 왕조 때 쇠망했고 이슬람에 정복된 후 하마단이란 도시가 들어섰다. 오늘날 하마단은 옛터 위에 세워져 있어 발굴이 이루어지지 못하고 있다. 하마단에서는 아케메네스 왕조의 비문과 1923년 다리우스 1세의 이름이 새겨진 금과 은으로 된 두 개의 받침 쟁반, 아하수에로 2세의 기둥뿌리가 발견되었는데 이것은 이 두 왕이 악메다 궁을 세웠다는 사실을 보여 준다.

눈 덮인 악메다 궁터 _ 이란

이기도 했다. 이곳은 현재 이란 테헤란 남서쪽 약 337킬로미터 지점인 하마단hamadan으로 알반드Alvand 산 북동쪽 기슭 평야에 위치해 있다.

《성경》에 악메다로 나오는 하마단에 도착해 가장 먼저 찾은 곳은 악메다 궁터였다. 궁터에 세워진 박물관에는 이곳에서 발굴된 유물이 전시되어 있다.

악메다 궁터에서 발굴된 돌사자상 또는 상 쉬르Sang Shir라 불리는 사자상은 길이 2.5미터, 폭 1.5미터, 높이 1.2미터의 매우 큰 조각상이다. 전해 오는 이야기로는 마케도니아에서 전사한 헤파에스티온Hephaestion 장군을 기리기 위해 알렉산드리아의 석공이 조각했다고 한다.

또 하나 다리우스 왕의 명령에 따라 문서가 있는 보물창고를 조사하던 중 악메다 궁터에서 페르시아 초대 왕 고레스 즉위년에 예루살렘 성전을 재건하라는 왕의 조서가 기록된 두루마리가 발견되었다(에스라 6:1~12). 이로 인해 중단된 성전 건축이 재개되어 다리우스 왕

ㄴ 덮인 아하수에로 왕 비문 석비 _ 이란 하마단 근교

악메다 궁터에서 발굴한 사자상 _ 이란 하마단 공원

6년에 완성되었다.

악메다 궁터를 떠나 악메다 시내에서 서쪽으로 5킬로미터 지점의 압바스 아바드Abbas Abad 계곡에 있는 아하수에로 왕과 다리우스 왕의 돌비문이 있는 곳으로 향했다. 그러나 가는 도중 눈이 내려 50센티미터는 족히 쌓인 눈길에 빠져 가며 비문에 이르렀다.

바위에 새겨진 비문의 내용은 다음과 같다.

> 위대한 하나님 아후라마즈다Ahura Mazda, 모든 신 중에 가장 위대하시며, 이 땅과 하늘과 사람을 창조하신 분, 그분은 사람들에게 행복을 주셨고, 그분은 쎌서스(아하수에로) 왕을 세우셨다. 많은 왕 중에서 뛰어난 왕, 많은 통치자 중에서 뛰어난 통치자, 나는 위대한 왕 쎌서스, 왕 중의 왕이며 수많은 거민이 있는 땅의 왕, 끝이 없는 경계를 가진 거대한 왕국의 왕 아케메니안의 군주 다리우스의 아들이니라.

이 비문 하나를 사진에 담기 위해 어렵게 이곳을 찾은 것은 바로 에스더를 왕비로 삼은 아하수에로 왕의 비문이요, 그것이 《성경》에 기록된 사건이기 때문이다.

이곳을 나와 다시 악메다 시내에 있는 에스더와 모르드개의 무덤을 찾았다. 이 무덤은 사산 왕조의 야즈데기르드Yazdegird(399~420) 왕의 왕후 묘로 주장되기도 하지만 그보다는 에스더와 모르드개의 무덤이라는 것이 전통적인 해석이다.

어쨌든 에스더는 모르드개와 더불어 유대인을 몰살하려는 하만의 흉계로부터 민족을 구원한 유대인의 영웅이었다. 그래서 이곳은 유대인의 가장 중요한 순례지이기도 하다.

눈 내리는 복잡한 하마단 거리에서 에스더와 모르드개의 무덤 터를 보며 가장 먼저 떠오르는 것은 "죽으면 죽으리라"는 민족 구원을 위한 에스더의 각오였다. 과연 나는 무엇을 위해 죽으면 죽으리라는 외침을 할 수 있을까. 나를 위해 십자가의 죽음을 당하신 예수님을 위해 내 생명을 드리는 삶을 살아야 하지 않겠는가. 사랑하는 우리를 위해 자신의 모든 것을 내어 주신 예수님을 위해 생명 다하는 그날까지, 하나님이 우리를 통해 이루시고자 하는 것을 다 이루기까지 '죽으면 죽으리라'는 각오로 달려가자.

에스더 무덤 _ 이란 하마단

이원희 목사와 함께 떠나는

성지행전_구약

이원희 지음

발 행 일 초판 1쇄 2012년 8월 24일
초판 3쇄 2014년 3월 11일
발 행 처 평단문화사
발 행 인 최석두

등록번호 제1-765호 / 등록일 1988년 7월 6일
주 소 서울시 마포구 서교동 480-9 에이스빌딩 3층
전화번호 (02)325-8144(代) FAX (02)325-8143
이 메 일 pyongdan@hanmail.net
I S B N 978-89-7434-368-1 (03230)

이 도서의 국립중앙도서관 출판시도서목록(CIP)은 e-CIP 홈페이지(http://www.nl.go.kr/ecip)와
국가자료공동목록시스템(http://www.nl.go.kr/kolisnet)에서 이용하실 수 있습니다.
(CIP제어번호: CIP2012003201)